高等学校校园文化建设与创新发展研究

郑 丹 著

天津出版传媒集团
天津科学技术出版社

图书在版编目（CIP）数据

高等学校校园文化建设与创新发展研究 / 郑丹著
. -- 天津：天津科学技术出版社，2023.6
 ISBN 978-7-5742-1280-0

Ⅰ.①高… Ⅱ.①郑… Ⅲ.①高等学校-校园文化-建设-研究-中国 Ⅳ.①G647

中国国家版本馆CIP数据核字(2023)第099757号

高等学校校园文化建设与创新发展研究
GAODENG XUEXIAO XIAOYUAN WENHUA JIANSHE YU CHUANGXIN FAZHAN YANJIU

责任编辑：	王　冬
责任印制：	兰　毅

出　　版：	天津出版传媒集团 天津科学技术出版社
地　　址：	天津市西康路35号
邮　　编：	300051
电　　话：	（022）23332377
网　　址：	www.tjkjcbs.com.cn
发　　行：	新华书店经销
印　　刷：	河北万卷印刷有限公司

开本 710×1000　1/16　印张 14　字数 210 000
2023年6月第1版第1次印刷
定价：88.00元

前言 preface

文化是大学之魂,贯穿于整个大学教育体系,体现在人才培养、科学研究和服务社会等各个方面,是大学自身可持续发展的动力和源泉。文化传承创新是大学的重要职能,是大学努力的方向。大学应坚守使命,建设有鲜活个性特征的高校校园文化。

校园文化作为课堂教育的补充,扩大了课堂教育的范围,弥补了课堂教育的不足,延伸了课堂教育的内容,使校园生活变得更加充实与生动,更加丰富多彩。校园文化的形式多种多样,它由各种文化节、讲座、社团活动构成,如:校园文化节、校园艺术节、校园体育文化节、校园社团文化、校园图书馆文化、校园学术讲座、校园科创文化等。

校园文化作为学校建设的"软环境",对提升学校的品位,丰富大学生的课余生活具有重要意义。高校校园文化则是通过创造一种特殊的文化环境来实现对大学生潜移默化的教育效果,这是课堂教育无法实现的。丰富的高校校园文化,为大学生营造了一种努力学习、积极向上的精神氛围,让莘莘学子徜徉其中,情操得到陶冶。丰富多彩的校园文化使大学生活变得绚丽多姿,每一个大学生都可以在校园文化活动中找到属于自己的一片天空,发挥自己的个性、兴趣与特长,在校园文化活动中,让个性得到张扬,让人格得到完善,让能力得到提升,从而促使大学生健康成长。

由于时间较为有限,书中难免存在一些不足之处,敬请广大读者及同行给予批评指正,以便将来更好地完善本书。

目录 contents

第一章　高校校园文化概述 ·········· 001

第一节　校园文化与高校校园文化 ·········· 001

第二节　高校校园文化历史溯源 ·········· 014

第三节　高校校园文化的功能与作用 ·········· 021

第四节　建设高校校园文化的价值与重要意义 ·········· 026

第二章　高校校园文化建设体系 ·········· 031

第一节　高校校园文化建设主体 ·········· 031

第二节　高校校园文化建设目标与指导思想 ·········· 042

第三节　高校校园文化建设原则与机制 ·········· 047

第四节　高校校园文化建设成就与经验 ·········· 058

第三章　高校校园精神文化建设与创新 ·········· 062

第一节　高校校园精神文化的内涵与作用 ·········· 062

第二节　高校校园精神文化的建设途径与方法 ·········· 067

第三节　新时代高校校园精神文化的创新路径 ·········· 071

第四章　高校校园物质文化建设与创新 ·········· 076

第一节　高校校园物质文化内涵与特征 ·········· 076

第二节 高校校园物质文化建设原则与意义 ………………………… 084

第三节 高校校园物质文化建设载体 ………………………………… 088

第四节 新时代高校物质文化创新路径 ……………………………… 096

第五章 高校校园网络文化建设与创新 …………………………………… 102

第一节 信息化环境下的高校网络文化 ……………………………… 102

第二节 高校网络文化建设的意义 …………………………………… 113

第三节 高校校园网络文化建设管理分析 …………………………… 116

第四节 新时代高校网络文化建构的新路径 ………………………… 119

第六章 高校校园科技文化建设与创新 …………………………………… 130

第一节 高校校园科技文化的内涵与重要性 ………………………… 130

第二节 高校校园科技文化活动类别 ………………………………… 133

第三节 高校校园科技文化建设管理与创新路径 …………………… 135

第七章 高校校园文化品牌形象建设与传播 ……………………………… 141

第一节 高校校园文化品牌内容与价值 ……………………………… 141

第二节 高校校园文化品牌实物建设 ………………………………… 149

第三节 高校校园文化 IP 形象设计与推广 ………………………… 157

第四节 高校校园文化品牌传播规律与策略 ………………………… 164

第八章 高校校园文化创新与发展 ………………………………………… 177

第一节 高校校园文化创新 …………………………………………… 177

第二节 高校校园文化建设创新路径 ………………………………… 193

第三节 高校校园文化发展趋势 ……………………………………… 208

参考文献 …………………………………………………………………… 212

第一章　高校校园文化概述

第一节　校园文化与高校校园文化

文化是一种历史现象。每一个社会都有与之相适应的文化，并随着社会物质生产的发展而发展，它具有连续性和阶段性，同时还具有地域、民族和社会的差异性。校园文化泛指在学校教育基础上产生的文化现象，而高校校园文化则是在高校这一特定环境中，由全体师生共同创造与拥有的价值观念和文化体系。

一、文化

文化的内涵十分丰富，很难形成一个精准的定义。在拉丁文中，"文化"主要指"人的身体、精神特别是艺术和道德能力及天赋的培养，也指人类通过劳作创造的物质、精神和知识财富的综合。"①在汉语中,"文化"是指"文治教化,是对人心性的启迪与修炼,重点是教化人心"②,它与"自然"相对应,与"野蛮"相对比,属于精神文明的范畴。现代意义上的"文化",学者们的解读众说纷纭,各有侧重。人们对文化现象的认识随着社会的不断发展而不断深化。笼统地说,文化是一种社会现象,是人类长期实践的产物,是人们生存方式与生活样态的体现。同时文化也是一种历史现象,是社会历史积淀的结果。具体点说,文化蕴含在物质之中又折射于物质之外,是能够被普遍认可和传承的国家或民族的风土人情、传统习俗、生活方式、思维方式、价值观念等意识形态。文化是一个十分复杂的现象,是一定社会发展时代人们的物质生活在精神领域的折射与透视。"文化"一词既有名词和动词意义之分,也有广义和狭义之别。

从名词意义讲,文化是人类认知的客体。学者们从不同的视角、层面对文化有不同的解读,比如,文化是"一种活生生的有机体""人类文明的总称""人的第二自然""给定的和自在的行为规范体系""自觉的精神和价值观念体系""人的生活样法或生存方式"③,等等。从动词意义上讲,文化是指人向文明进化的动态过程,这一过程实际上就是人脱离原初的自然状态,走向社会化的过程,走向文明进步的过程。人的一切实践活动都可视为一种文化活动。

文化的概念可以从广义、中义和狭义三个层面来解读。广义的文化,也叫"大文化",泛指人类的一切社会实践活动及其成果。中义的文化,是指精神文化(亦即观念文化),是人类在长期的社会实践活动中形成的思想理念、价值取向、道德情操、审美趣味、宗教信仰、民族性格、风俗习惯等精神因素。④文化包含人类的一切精神现象。精神文化本身不能直观地表现出来,只能通过人的意识的表征——"符号"来表现,或者是存在于文化的载体——"产品"之中。狭义的文化,即指艺术,是主体对客体产生的审美反映和审美创造,是主体以典型形象来表现客体美的一种方式。艺术来源于人的社会生活实践,它不仅是人的实践活动的结果,也是人的实践活动本身。

---

① 谢晓娟.文化多样性与当代中国软实力建设[M].北京:人民出版社,2015:12.
② 涂成林,李江涛.当代文化发展新趋势研究[M].北京:中央编译出版社,2011:12.
③ 衣俊卿.文化哲学十五讲[M].北京:北京大学出版社,2004:6-12.
④ 周晓阳,张多.现代文化哲学[M].长沙:湖南大学出版社,2004:63.

这三个层次的文化，不是各自独立地存在，而是互融互动，有机地融合在一起。精神文化（即意识文化、观念文化）融于广义的文化之中，是广义文化的灵魂。没有精神文化内蕴其中，任何广义上的文化都不能称其为文化。而艺术又是精神文化的精华，是精神文化的升华和高雅品质的展现。文化可从不同的角度划分为不同种类型。就广义的文化而言，按文化形态可分为物质文化、制度文化和精神文化；按社会历史过程可分为传统文化、现代文化和未来文化；按文化的先进性可分为先进文化、普通文化、落后文化，等等。就精神文化而言，按文化存在的方式分为自在的文化与自觉的文化；按意识的高低层次分为社会意识形态和社会心理；按意识同政治的关系分为意识形态和非意识形态。就艺术而言，按艺术表现形式分，有语言艺术、音乐艺术、图像艺术、造型艺术、表演艺术；按艺术的高低层次分，可分为高雅艺术和通俗艺术等等。

二、校园文化

（一）校园文化的内涵

学术界关于"校园文化"一词内涵的界定，各不相同，显示出该词具有多义性和模糊性的特点，很难有一个既能包括其内容、特点、功能，又能显示其育人价值，推之四海皆准的定义。加之，我国关于校园文化建设的理论研究起步较晚，关于其认识至今不能统一。但认识的不统一有助于校园文化研究维度的多元化，内涵的丰富性，使人们更加全面、系统、深入地理解和把握校园文化的内涵、内容、功能、特点并加强与其他事物之间的联系，进一步丰富校园文化理论，对高等教育的发展和综合人才的培养具有重大意义。校园文化的建设是学生道德教育的主渠道，据校园文化的存在形式可分为内在的校园文化和外在的校园文化，内在的校园文化主要包括校风、学风、教风、制度和校园人际关系等，外在的校园文化主要包括校园物质文化和校园文化宣传等，两者的根本目的都是构建校园优秀精神文化，培育大学生综合素养。

（二）校园文化的要素

文化不仅是一种静态成果，更是一种动态的活动。任何一种文化的诞生，必须具备三个基本条件：文化创造的主体、对象以及一定文化得以创造的手段和环境。校园中既具备了文化创造的主体，也具备了从事文化活动的独特对象，同时具备了文化得以产生的独特手段和环境。文化随着学校的产生而成为一种客观存在。"在校园文化的实际运作过程中，它还表现出自身的特异性，即校园文化不仅是以一种文化成果存在的，它还扮演着一种文化指令的职能——体现着校园人的文化需要，体现着领导者的意图和导向，发挥着自身特有的功能"。①所谓校园文化的要素，就是开展校园文化活动不可或缺的因素，是校园文化建设的基础。

1. 校园文化的主体

校园文化的主体是校园文化的直接继承者、建设者、创造者和反映者，直接关系到校园文化的性质、特征和功能。校园文化的主体不仅包括学生，也包括教师，还包括学校管理人员。作为一个整体的校园文化，是全体师生员工各自在不同领域以不同的方式为创造和反映校园文化而协同活动的结果②。

校园文化主体是校园文化客体中具有主观能动性的组成部分。由唯物辩证法可知，校园文化主体同时也是校园文化客体的组成部分：当他们在校园文化建设过程中发挥积极主动的作用时，他们是主体；当他们成为校园文化结构中特定的研究和作用对象时，他们是客体。

2. 校园文化的对象

从受教育者个体文化素质（即主体的素质文化）的形成上，校园文化的对象主要体现为三种文化样式：一是智力文化活动——与知识掌握、智力发展有关的教学科研等文化活动及其成果，智力文化活动是人类文明进步的必然要求，也是校园文化的基础和重要特色；二是价值文化活动——与校园文化主体政治思想与道德品质形成有关的教育、自我教育活动及其成果，价值文化活动作为一种社会需要，决定着校园文化的性质和方向；三是个性文化活动——与形成校园文化主体个性和谐发展有关的文化活动及其成果，个性的和谐发展是校园文化活动追求的核心目标之一。

3. 校园文化的环境

环境是主体实践活动的各种背景条件的总和。校园文化是学校教育教学的总和，但作为校园主体的一种实践活动形式，校园文化本身也有自己的环境。

---

① 葛金国. 校园文化建设导论 [M]. 合肥：安徽大学出版社，2003：48.
② 王邦虎. 校园文化论 [M]. 北京：人民出版社，2000：43-45.

校园文化环境主要包括校园自然环境、人际关系环境和文化历史环境。

自然环境是指校园内外附设的种种教学、科研、生产和生活机构的领地。人际关系环境是由校园文化主体之间相互交往、相互影响作用而形成的，它是一种动态的环境。文化历史环境是指一所学校历史文化传统的积淀、社会大文化背景及其输入方式和校园文化主体进行文化活动的积极性和创造性。

（三）校园文化的特征

现代教育理论认为，学校是汇聚、传递、改制、创新文化的高级文化体。教育与文化的相互作用影响着人的发展，建设有利于青少年身心健康发展的校园文化，是学校教育的一项基础建设。校园文化应具有如下特征：

第一，整体性。校园文化是学校所具有特定的精神环境和文化气氛，它包括校园建筑设计、校园景观、绿化美化这种物化形态的内容，也包括学校的传统、校风、学风、人际关系、集体舆论。校园文化是学校本身形成和发展的物质文化和精神文化的总和。由于学校是教育人、培养人的场所，因而校园文化一般取其精神文化之含义，即学校全体成员在学校发展过程中，逐步形成的包括学校最高发展目标、价值观、校风、传统习惯、行为规范和规章制度在内的精神总和。

第二，渗透性。校园文化，像和煦的春风一样，飘散在校园的各个角落，渗透在教师、学生、员工的观念和言行举止之中，也渗透在他们的教学、科研、读书、做事的态度和情感中。

第三，丰富性。要针对青少年学生的特点，发挥校园文化在思想教育、知识传授、愉悦身心、艺术审美、陶冶个性、行为训练等方面的多种作用，促进学生素质的全面发展。

第四，互动性。校园文化是学校领导者与师生共同创造的。领导者的办学理念、办学意识和行为对师生和员工的影响不可低估，对校园文化建设的作用是巨大的。校园文化是以学生为主体，以校园为主要空间，以校园精神为主要特征的一种群体文化。

第五，传承性。校园文化应体现校园精神和风貌，既要反映社会主义的时代精神，又要继承民族的、本地区本学校的优良文化传统，并有所发展和创新，从而具有独特、持久的历史效应。校风、教风、学风、学术传统、思维方式的形成，不是一代人，而是几代人自觉或不自觉地缔造的，而且代代相传，相沿成习。任何一种校园文化，一经形成之后，不因时代、社会制度不同而消失，期间可能会有所损益。然而其精神实质却是永续的，永生的，校园文化可以促进社会文化的传承与发展。

（四）校园文化的功能

校园文化的功能，不是直接可以触摸到的，然而生活在校园之中的人时时处处可以感受得到。校园文化是学校的一种"教育场"，它不仅能陶冶师生的情操，规范师生的行为，而且能够激发全校师生对学校发展目标、制度准则的认同感和作为学校一员的使命感、归属感，形成强烈的向心力、凝聚力和群体意识，同时，还能对学生起到潜移默化的教育作用。

第一，育人功能。良好的校园文化以鲜明正确的导向引导、鼓舞学生，以内在的力量凝聚、激励学生，以独特的氛围影响、规范学生。健康的校园文化，可以陶冶学生的情操，启迪学生心智，促进学生的全面发展。通过各种文艺、体育、理论探讨、校规培训与教研活动等，形成一种生机勃勃、积极向上的文化氛围。学子们置身于这种环境之中，受这种精神的熏陶，久而久之就会成为一个有知识、有教养、有进取精神、有良好气质的人。

第二，激励的作用。校园文化是一个学校的活力与灵魂，一个学校若缺乏校园文化，就如鲜花缺少水分的滋润一样，没有发展的潜力，缺乏生存的活力。优秀的校园文化总是有愿景、有期望、环境舒畅、人际关系融洽、朝气蓬勃的。会激励师生开拓进取，不怕困难，追求卓越，努力把学校的各项任务出色地完成。一旦校园文化形成了传统，就会成为一股无形的力量，引导着师生的思维方式、生活态度、心理情趣和行为作风。师生会不假思索地按照校园文化的思维去思考并作出行动。

第三，促进师生、员工科学文化素质和思想道德素质的不断提升。素质的提升，不完全来自课堂，也来自课堂之外的活动，包括必要的社会实践、社会调查、社会公益活动也是提升素质的重要渠道。校园文化对校园中每一个人的影响和制约正好与管理的导向、凝聚、激励、约束等功能相吻合，因此，加强校园文化建设是一种新型的学校德育模式。

三、高校校园文化

高校校园文化是指以大学生为主体，以校园为固定场所，以教育活动为载体，以育人为导向，以物质文化、精神文化、制度文化、行为文化、网络文化为主要内容，以精神文化为核心的一种群体文化，是社会文化的重要构成。① 目前，我国学者关于校园文化的研究主要集中在教育活动、校园氛围、社会控制、文化、功能、结构等不同视角。高校校园文化具有互动性、渗透性、传承性、积淀性、整体性、社会性和建构性特点，以及教育、导向、约束、凝聚和创新的功能。在育人方面，以显性或隐性的方式发挥着人格塑造、氛围营造、精神传承、思想导向和情感熏陶的作用。最重要的是，高校校园文化在大学生的道德品质、人格修养、鉴赏能力方面具有独特的育人功能。

由此表明，新时代中华优秀传统文化与高校校园文化的建设之间具有紧密的内在关联，相辅相成、不可分割。前者为后者的建设和全面发展提供丰富的文化资源，为高校校园文化的建设提供方向指引。后者是前者传承和创造性发展的重要平台，高校师生是两者发展的有生力量。以校园为特定场域，将中华优秀传统文化的核心内容以课堂教育、课外活动、宣传的形式进行集中展示，促进其有序传播，并扩大其在师生群体中的影响力和感染力。在构建和完善校园文化环境、管理服务机制、传播平台体系和人才培养模式中融入中华优秀传统文化，也是提高高校发展水平的重要手段。

四、高校校园文化的逻辑结构

（一）物质文化是高校校园文化的基础保障

物质文化是构建高校校园文化的基础。校园物质文化作为一种物质化的客观存在，是人们感官可以直接触及的，具有形象直观的特点。它主要包括校园的地理位置、校园建筑、教学设备、景观建设等，这些校园物质文化对生活学习在其中的师生员工有着潜移默化的影响。

高校校园文化的形成与发展有其特定的自然和人文环境及物质基础，高校校园文化发展初始阶段往往通过不同的物质层面表现出来。校园物质文化是高

---

① 郝敏. 新时期高校校园文化建设实效性研究 [D]. 石家庄：河北师范大学，2011.

校校园文化建设的重要组成部分，也是高校校园文化存在和发展的基础。创建健康、高雅的学校物质文化，有利于大学生树立正确的世界观、人生观、价值观，帮助他们建立高度的责任心，促进社会化的完成，引导他们更快、更好地适应社会。校园物质文化内涵丰富，不仅包括学校建筑、教学实验设备和办公设施等为实现学校德育、智育、体育、美育和劳动教育等教育目标而提供的一切物质资源，还包括校园所处的区位环境、地域文化等自然与人文环境。概括起来可以分为以下三个方面：

1. 高校校园基础建设

校园基础建设是校园文化建设的重要组成部分和重要支撑，它以物化的形态展现着校园文化的基本特质。作为校园文化的载体，它为校园建设提供空间场所，展现校园精神，对孕育和积淀校园文化起着重要作用。校园基础建设的主要内容包括：

（1）高校校园基础设施建设。高校校园基础设施建设是高校的物质构成要件，其主要内容包括：学校建筑、教学设施以及后勤装备。高校校园基础设施建设集中反映了高校的办学条件和物质水平，是高校校园文化发展的空间物质基础。一所高校水平高低，不是看它拥有多少"大厦"，而是要看它拥有多少"大师"，这句话不无道理，但是如果没有一定的物质技术基础，也很难吸引高层次的人才。

（2）高校校园外部环境建设。校园外部环境建设是为人才培养和文化发展提供科学合理的环境资源和保障。高校校园外部环境建设和管理对校园文化的发展具有重要作用。挖掘和利用现有的文化资源和城市的物质条件，从而建设好校园外部环境，是校园文化发展的一个重要环节。

2. 高校校园景观建设

高校校园景观建设具有重要的意义。首先，校园景观建设为高等教育提供了一个水平相对较高的环境品质。山水草木透露出浓郁的自然气息，亭台雕塑洋溢着丰富的人文色彩。无论从景观的规模上，还是从寓意上，高校校园景观建设都具有其独特之处。它不仅有利于大学生的身体健康，还可以通过环境熏陶促使大学生思想进步。其次，校园景观建设渗透着"人本主义"的教育理念。高校校园景观建设始终在潜移默化地引导着大学生的思想观念和行为模式，体现着对大学生无微不至的关怀，让他们在校园生活中不仅感受到自然的亲和，还感受到人文的魅力。最后，校园景观建设的设计过程具有动态性，它强调环境的保护、设计的互动，便于大家参与和协作，使校园的规划、设计、建设、管理达到相对和谐的状态。校园环境、功能、经济、技术的优化和彼此协调发展、互为补充，有利于校园文化建设的和谐发展。

3. 标志性文化建设

特色鲜明、风格独特、底蕴厚重、品位高尚的标志性文化能够高度概括一所高校的形象，提升校园文化品位，发挥其教育人、感染人、熏陶人的作用，调动大学生求真向善的自觉性与积极性，滋养大学生的精神与心灵，积淀人文精神，从而推动校园文化建设。

标志性文化在高校校园文化建设中发挥着重要作用。建设标志性校园文化所要遵循的原则是：既要体现自然美，又要突出表现校园独特的人文气质，力求表达校园文化的精神美，构建特色文化，营造独特的文化魅力。这就要求在校园标志性文化建设的过程中，综合考虑地域文化、历史积淀以及校园环境等诸多方面的条件，进行整体性全局性的思索和策划。

（二）核心价值体系是高校校园文化的理论指导

1. 高校校园文化的核心理念

和谐文化是以和谐为思想内涵、以文化为表现方式的一种文化，它融思想观念、理想信仰、社会风尚、行为规范、价值取向为一体，是建设高校校园文化的核心内涵。从表现形式上看，和谐文化既有思想观念方面的内容，又有制度规范方面的内容；从思想观念上来说，和谐文化体现了人民对和谐社会的认知、感受和对和谐目标的追求，和谐思想古已有之，孔子在《论语》中说道："礼之用，和为贵，先王之道斯为美。"这就是说，注意"礼"的关键是不走极端和避免偏激；从制度规范上来说，和谐文化体现了人们在和谐思想的引导下建立的一系列制度和机制。对个体而言，和谐文化起着潜移默化的教育作用，影响着人们的思想和行为准则；对校园整体而言，和谐文化具有明确的价值导向作用，蕴含着人们高度认同的共同价值观念。

高校校园文化作为社会主义和谐社会的组成部分，建设校园和谐文化，对于培养现代化建设人才、发展社会主义先进文化具有重要意义。构建高校校园文化，必须着力建设和谐文化，用和谐文化培育人、塑造人，丰富师生员工的精神内容，使和谐校园文化与人的和谐发展及和谐社会的构建相互交融、相互促进、共同发展。建设和谐文化，实际上就是建设和发展先进文化，这也是高校校园文化建设必须承担的根本任务，是推进和谐校园建设和发展的必然要求，从更广阔的范围来看，也是构建社会主义和谐社会的一项基础工程。

2. 高校校园文化的道德规范

高校校园文化建设是中华民族传统美德与时俱进与时代精神的有机结合，是社会主义核心价值观的时代体现，对推动形成良好社会风气，构建社会主义和谐社会具有重要意义。校园文化的道德规范首先为构建社会主义和谐社会、引领转型时期的社会风气树立了道德模范，其次为建设和谐文化提供了道德规范。因此，校园文化要以社会主义荣辱观作为判断行为得失、确定价值取向的准则和规范，使广大师生不仅是社会先进文化的倡导者，还是社会的道德楷模。

3. 高校校园文化的共同理想

服务于中国特色社会主义事业是建设高校校园文化的共同理想。高等教育事业是中国特色社会主义事业的一个重要组成部分，高等院校则是从事这项伟大而艰巨的事业的物质场所，高校理应树立中国特色社会主义事业的共同理想，并用其打造师生的共同思想基础，引导师生为了共同理想而奋发向上，感召他们将自己的理想和追求融入建设中国特色社会主义的伟大实践之中。

4. 高校校园文化的精神指引

以爱国主义为核心的民族精神、以改革创新为核心的时代精神是新时期建设高校校园文化的精神指引。大学是培育和弘扬民族精神的重要场所，是倡导和引领时代精神的前沿阵地。爱国主义是我国的光荣传统，是我们应该继承和发扬的光荣传统。教育大学生们铭记祖国、社会、学校，对于高校文化建设十分重要。只有以爱国主义为核心，才能发挥并创新时代的精神，让我国的高校在新的时代展示新的特色。高校不能拘泥于传统的教条，应该有所创新、有所突破，创建师生同乐的新校园。

（三）精神文化是高校校园文化的思想引领

校园精神文化是校园文化的核心和灵魂，它集中反映了一个学校的特殊本质、个性及精神面貌，体现学校的办学宗旨、培养目标及其独特风格，是校园文化最深层次的东西。加强校园精神文化建设对学校理清办学思路、明确办学目标、促进学校管理、加强教师队伍建设、改善学生精神面貌、全面推进素质教育和提高办学效益起到关键的思想引领作用。

精神文化是所在高校珍贵的无形资产和第一生命，其主要内容可以概括为观念态度、人文素养、校园产品、校园精神。它们之间内在的逻辑关系是：思想观念决定人生态度，人生态度体现人文素养，人文素养的高低决定精神产品质量的优劣，以上这些条件共同形成了该高校的校园精神。

1. 观念态度

观念形态按照内容大致分为价值观、道德观、教育观、素质观、审美观、人生观、世界观等等。态度是观念的外在表现。观念决定态度，态度反映观念。有什么样的思想观念就会有什么样的态度和行为。而这些态度，诸如教育态度、学习态度、人际交往态度、责任态度、管理态度等，都直接关系到校园文化的发展。

2. 人文素养

思想观念是内在的东西，它们外化表现为人文素养。高校校园文化的人文素养主要包括师生的文史哲素养、艺术素养、道德修养、创新品质等，这些人文素养在一定程度上体现着校园精神文化。

3. 校园产品

人文素养是校园成员思想观念的自然流露，而校园产品则是校园人思想观念的自觉表达。校园人的思想观念除了通过语言和行为等动态形式表现外，还通过语言文字的形式凝固成文化产品，这些被称之为"校园产品"。校园产品的内容既包括自然科学技术产品，也包括人文科学产品。高校校园产品不仅是高校师生智慧的结晶，影响着高校的现状和未来，而且会提高全民族的文化素质。

（四）文化活动是高校校园文化的实施途径

校园文化活动是校园文化的载体和体现。校园文化活动是校园文化中以学生为主体的，激发学生的创造力和生活热情，丰富学生课余文化生活，最富有生机与活力的行为文化方式，是校园文化建设的着力点和强大动力，是开展校园文化建设的具体实施途径。校园文化活动内容丰富、形式多样，主要包括以下几个方面：

1. 技能培训活动

主要指利用假期或者课外时间，组织的各种文化技能培训班，可以针对学生某方面的兴趣或不足进行专项技能的训练，是讲座和报告活动的扩展和深化。这类培训活动时间安排灵活，培训周期短，见效快，学生可根据兴趣爱好自愿参加，培训结束后一般不进行考核，学生参加培训既有主动性，又有轻松感。

2. 学生社团活动

学生社团是基于共同的兴趣、爱好、特长等成立的学生组织，是高校第二课堂活动的重要组成部分。社团内部成员在自我教育、自我管理、自我服务的过程中不断提升自己。社团活动既能培养学生的兴趣爱好，丰富学生阅历，还能培养学生的主动学习能力、自理自立能力和民主合作意识，提升文化素养，进而不断完善自我。学生社团活动会对大学生的思想产生潜移默化的影响，具有思想政治教育的作用，如今，学生社团已成为开展校园文化建设和大学生思想政治教育的重要载体。

3. 社会实践活动

大学生社会实践活动是高校第二课堂活动的重要组织形式，它与学生的专业实践活动、社团活动既有联系又有区别。社会实践活动作为加强和改进高校思想政治工作，引导青年学生走与工农相结合，与实践相结合道路的重要途径，逐步被列入高等教育的教学计划，已成为中国特色社会主义高等教育内容的有机组成部分。

4. 文体竞赛活动

文体竞赛活动是活跃校园文化生活的常用形式。学生作为受教育者不仅是活动主体更是活动的主角，相对其他活动而言，学生参加的主动性、积极性更高，是校园文化活动的重要组成部分。此类活动内容丰富，形式多样，如球类比赛、歌唱比赛、棋类比赛、演讲比赛等等，这些活动不仅丰富了学生的课余生活，更能提高学生综合素质，同时也能为校园文化添上浓墨重彩的一笔。

5. 专题讲座活动

邀请教授、学者或者社会知名人士开办学术报告和讲座，面向学生，同时也是面向老师展示一个新的世界。其中，前沿的知识、人生的经验和教训等对于在高校就读的大学生来说是一种非常宝贵的文化教育传播。这些报告和讲座，不仅能够陶冶学生的情操，也能够帮助学生树立远大的志向。学生们能够和这些社会精英面对面地交流,在交流中探寻自己人生的道路,对于校园文化也起到了很好的主导作用。目前,许多高校都在制定和实施这项活动计划,受到了学生的普遍欢迎,也产生了良好的教育效果。

(五)保障结构——制度文化是高校校园文化的实施保障

校园制度文化对于校园文化建设具有重要意义,它既能使管理步入法制化的轨道,又能营造一种促进学生自然成长的理想化氛围。可以说,一所学校制定与执行什么样的制度,推行什么样的育人政策和管理策略,既存在着潜在的导向作用,又在校园文化建设中起着重要的规范作用。

1. 建立活动规范

现代高校是一个多因素、多层次、多系列、多结构、多功能的复杂的综合体。只有建立正常的秩序,才能使所有师生员工有章可循,有规可蹈,才能优化校园环境,改进教育教学,提高教育质量。规章制度是协调各种关系的基础,用制度把各方面的力量组织起来,拧成一股绳,这种优化的集体力量要比简单的个体力量相加大得多。规章制度要求人们按一定的规范和制度去行动。运用规章制定去管理,就是所谓的常规管理。常规管理是必不可少的,没有常规管理就没有正常的学习工作和生活秩序。同样,校园文化不能没有以制度文化为基础建立起来的常规管理。校园文化有了健全合理的规章制度,一切工作便有规可依、有章可循,各机构及人员便能各司其职、各得其所。

2. 创建优良校风

培养师生的行为品德,对校园文化的建设发挥着导向作用。制度具有规范性、强制性,它制约人们按一定的要求去行动,有明确的规章制度,教育的要求就会空乏无力。规章制度对师生是一种重要的教育手段,他为师生提供了品质、行为、人格自我评定的尺度,同时也对师生品德行为具有规范和约束作用。有什么样的制度,就会形成和强化什么样的人生观、价值观。建立和谐统一的制度体系,意味着从学习、生活、娱乐、工作各个方面,鼓励与校园文化一致的思想行为,使奖励和惩罚成为校园文化的载体,是学校倡导的价值观念成为可见的、可感的、现实的因素,时时发挥着心理强化的作用。换句话说,使管理工作不断丰富其思想内涵,使思想工作渗透到管理工作的各个环节中去。实践证明,严格而完善的规章制度可以促进良好校风、教风、学风的形成。

第二节　高校校园文化历史溯源

研究高校校园文化的产生和发展的历史，不仅仅是从历史的角度弄清它的演变轨迹，更重要的是探究这种演变过程所反映出的实质性东西，即校园文化精神。中国高校校园文化，以民族文化为土壤，以大学为载体，发端于古代，发展于近现代，兴盛于当代，显示出了中国大学文化精神的产生、演变过程。

一、古代：学校文化的发端与萌芽

大约在原始社会后期，中国就有了学校的萌芽，经历了夏、商、西周和春秋战国历史时期后逐渐形成了比较定型的学校模式，秦汉以后文教政策得以进一步确立，各类学校得以继续发展，直至清末建立新式学堂开始向近代教育制度过渡，构成了古代学校产生发展的全过程，同时也伴随着校园文化的演化。

（一）古代早期的学校文化

1. 夏商周时期的学校文化

西周时代就已有了名曰"成均"的大学。随着社会发展，教育机构逐渐向学校化过渡。据《孟子》中的说法，校、序和庠分别是三代之学的主要名称（类型），在校的学生主要是奴隶主贵族和王室子弟，他们学习的主要内容是宫乐和骑射。西周是奴隶社会的繁荣时期，在王城和诸侯国的国都，都设有专门的官办学校。当时的学校教育以军事教育为主，辅以音乐、书法（习字）和运算等内容，因此学校文化呈现出以军事为主和愉快教育的特点。

2. 春秋战国时期的学校文化

春秋战国时期，随着社会生产力的迅速发展，各种类型的私立学校迅速崛起，儒、墨、道、法、名等学派的代表人物纷纷著书立说，这一时期的校园文化出现了百花齐放、百家争鸣的局面。值得一提的是，以孔子、孟子为代表的儒家教育思想，对两千多年中国封建的官办学校和私立学校的文化建设，产生了极其巨大而深刻的影响，在中国乃至世界教育和校园文化史上，都占有举足轻重的地位。

作为我国古代著名的思想家，孔子笃信教育的作用，他首开私人讲学之先

第一章 高校校园文化概述

河,把学校由官府移到民间,扩大了学校教育的社会基础和人才来源。作为教师,他学而不厌,诲人不倦;坚持"克己复礼""有教无类"。广泛收纳各阶层学生,培养德才兼备的君子。作为学者,他整理删定"六艺",形成具有自己风格,被后世称为"六经"的教育内容。他倡导举一反三、因材施教,强调教学相长、启发诱导、学思行结合,提出"学而不思则罔,思而不学则殆""学而时习之""温故而知新"等思想。这些思想和实践给当时学校文化增添了新的内容,对今天校园文化建设仍起着重要影响。

(二)古代中期的学校文化

1. 秦汉时期的学校文化

秦汉时期,随着我国历史上统一的中央集权的封建国家形成,我国古代学校教育与学校文化也进入制度化的时期。公元前213年,秦始皇掀起了历史上著名的"焚书坑儒"事件,这使得战国时期曾一度繁盛的学校文化走向了沉寂。到了西汉时期,统治者"罢黜百家,独尊儒术",儒学成了中国封建统治的学术正统,公元前124年,汉武帝创立了以传授知识和研究儒学为主要内容的最高学府——太学。在东汉末年宦官统治的斗争中、太学生揭开了中国学生关心国事、投身社会洪流、不畏强暴、英勇奋斗的序幕,为中国古代校园文化谱写了光辉的一页。

2. 魏晋南北朝时期的学校文化

这一时期文化教育萌发了许多新的因素和特点、门阀世族垄断教育,封建官学尤其是中央官学时兴时废、时断时续,儒、道、佛多元并存,学校教育处于动荡状态。学校文化也随之呈现出的萧条景象。魏晋南北朝时期最值得注意的是"九品中正制"对学校教育和学校文化的影响。

3. 隋唐时期的学校文化

隋唐时期是我国封建社会发展的鼎盛时期,国家的统一稳定和经济的恢复与发展,在很大程度上催生了这一时期的学校文化的繁荣,隋唐实行以儒学为主干、佛教和道教为两翼的文教政策,使不同形态的文化得到了充分的交流。国家专门设立了负责教育的政府机构国子监,负责对教育的领导和管理。唐代还鼓励私人办学,官学和私学共存,这共同构成了隋唐时期的学校教育体系。随着隋唐时期文化的高度发展,学校文化的发展也呈现出多元化的局面,刚刚兴起的科举制度使出身低微的寒门书生也可以凭自己的努力成为封建体质官员的一员。隋唐尤其是唐代的学校文化，出现了由衰落走向繁荣的局面。此外，由于唐代实行开放的国策，造就了开放的学校文化，这是中国古代其他历史时期的学校文化所不具备的。

4. 宋元时期的学校文化

封建官学发展到宋代，两宋统治者执行重视文化教育的基本国策，一方面带来了教育的繁荣，另一方学校教育日益沦为科举的附庸，本来活泼的学校文化逐渐变得僵化。宋代还出现了武学、画学等专科学校。元代又在全国各地普遍开设阴阳学，更直接地从事军、艺术和科技等方面的教育。这一时期的学校教育从总体上看还是较为发达的，不同类型、不同风格、多渠道、多层次的办学模式，使两宋时期的学校文化，在内容、规模、风格和形式上更加完备，呈现出一种全面、综合性发展的格局。

（三）古代晚期（明清时代）的学校文化

到了明朝，中国城市商业资本主义得到很大发展，商人文化和市民生活逐渐向社会政治、文化等各方面渗透。明永乐年间，郑和下西洋，创造了中华文化远播世界的壮举。明统治者尊经崇儒，立程朱理学为正宗，压制和打击其他学派的思想，创行"八股取士"。清王朝基本上袭用明代义教政策，把程朱理学推崇至"至尊"，对知识分子采取压制和笼络兼施的专制政策。明清时期官学课程和教学内容仍以朱熹注四书五经为教材，科举考试是八股文取士，学校教育沦为了科举的附庸，封建官学的学校文化进一步沉闷和衰败。

纵观我国古代的学校文化，我们不难看出，注重伦理纲常和经史教育内容，追求"学而优而仕"的功利主义目标，忽视生产知识、自然科学和各种技能训练，是我国古代学校文化中的一个普遍特征，也是最为严重的缺陷。可以说，我国古代的学校文化精华与糟粕共存。在继承和弘扬我国古代学校文化优秀内容和形式的同时，应当注意剔除其糟粕，做好传统文化的传承与创新。

二、近现代：高校文化的探索与发展

自鸦片战争到新中国成立的一百多年时间里，在西方列强的猛烈攻击和西方文化的强烈冲击下，我国面临着新的重大的文化选择，以中华民族传统文化为主体、融汇中西的文化观，促进了近现代大学在我国的建立和发展，我国高校校园文化由此走向了新的历史时期，步入了探索与发展阶段。

（一）近现代前期的高校文化

近代前期中国社会逐步向半殖民地半封建社会演变，中国传统教育制度日趋腐朽，科举制度弊端丛生，有识之士提出了"师夷之长技以制夷""中体西用"等变革主张，教育制度进入了新旧交替的历史时期。19世纪60年代开始，洋务派创办了一批新型学校，如京师同文馆为代表的外国语学校、福建马尾造船厂为代表的工业技术学校和天津武备学堂为代表的军事学校等，这是中国自办的最早的高等教育学校，洋务派在文化教育方面的指导思想是"中学为体、西学为用"。洋务教育改变了中国传统的以儒家经典为主的教育内容，增添了天文、数学、物理、化学等自然科学知识和技术学科，培养出了中国近代第一批科学技术人才，激活了学校文化，使校园开始成为传播和发展新思想新文化的阵地。

1895年，以康有为、梁启超、严复、谭嗣同为代表的资产阶级维新派纷纷建立学校，其中较为著名的有康有为开办于广州的万木草堂、谭嗣同与黄遵宪创立于长沙的时务学堂等。这些带有资产阶级改良性质的新式学校，成为广大师生接受社会新思想的重要场所和向社会广泛传播新思潮的前沿阵地。它逐渐把人们从封建主义传统观念的束缚中解放出来，创造了一种富有生机与活力的学校文化。著名的"公车上书"和戊戌变法，就是资产阶级改良思想占主导地位的学校文化的体现。这也是校园文化影响并作用于社会文化的一个重要例证。戊戌变法失败后，资产阶级革命派建立革命组织，在校园内组织和发动广大师生，掀起了一次又一次反帝反封建的爱国运动，迫使清政府于1905年废除了腐朽的科举制度，建立起新学制，从而使学校教育和学校文化步入了一个新阶段。

（二）近现代后期的高校文化

1911年辛亥革命成功后，新政府颁布了第一个改造封建教育的法令《普通教育暂行办法》，之后又制定了《普通教育暂行课程标准》11条。新的教育宗旨为："注重道德教育，以实利教育、军国民教育辅之，更以美感教育完成其道德"。①1912年，新政府又对学制进行了改革新学制取消了贵族学校，加强了中小学的实业与职业教育内容，并缩短了学制的年限。与此同时，以资产阶级民主共和观念为核心的新型大学文化也开始真正诞生了。

1919年，五四运动揭开了以爱国救亡为主旋律的中国现代大学文化活动的序幕，一批具有共产主义思想的知识分子，如李大钊、陈独秀、毛泽东、周恩来等，成为中国现代高校文化活动中的中坚与骨干，他们积极利用学校校园这一阵地，宣传革命思想团结广大师生，动员社会群众，投身于火热的革命运动。一场提倡民主与科学、反对专制与愚昧，提倡新道德、反对旧道德，提倡新文学、反对旧文学的资产阶级思想启蒙运动，即新文化运动在以北京和上海为中心的全国各地校园和社会爆发和蔓延。

中国共产党成立后，十分重视学校的作用。毛泽东同志亲自创办的湖南自修大学，是我国无产阶级的第一所革命大学。1935年的"一二·九"运动，是中国高校文化史上开天辟地的大事件，为中国高校文化史谱写了崭新的一页。以爱国救亡为主旋律的中国现代大学文化，在抗日战争时期发展到了最高峰。建立于革命根据地延安的中国抗日军政大学，把以爱国救亡为核心的中国现代高校文化推向了一个崭新阶段。此时的高校校园文化作为一种高层次的文化，是培育高校学生的催化剂，对高校的学风、校风建设和高校生的思想具有较强的凝聚和导向作用。

抗日战争胜利后，继承"一二·九"爱国救亡运动的光荣传统，昆明、北京、上海、南京等地的学生又掀起反内战、反饥饿、反迫害的游行示威运动。青年学生爱国救亡运动贯穿了中国现代高校文化的始终，高举爱国主义旗帜成为这一时期中国现代高校文化的主旋律。

三、当代：高校文化的兴盛与繁荣

高校文化要植根于社会文化的土壤，受社会主流文化的影响和制约。伴随着当代社会的发展步伐，我国高校文化经历了一个复杂的演进发展过程。

（一）改革开放前的高校文化

中华人民共和国1949年成立后，揭开了中国高校校园文化全新、独立的

---

① 毛礼锐.中国教育史简编[M].北京：教育科学出版社，1984：459.

发展序幕。我国的高校文化进入了一个有组织、有领导的全面发展阶段，各级各类学校成为党的宣传和思想政治工作的重要阵地，成为学校工作和师生员工精神文化生活的重要组成部分。我国高校校园文化发展经历了曲折的变化，大体经过了两个阶段：第一个阶段，20世纪50年代初期和社会主义建设十年时期高校校园文化的崭新气象。各高校清除了国民党反动的政治教育，确立马克思主义政治理论课在学校德育中的地位。高校校园文化不仅成为配合党的中心工作进行宣传教育和思想政治工作的主要途径，而且成为高校工作和师生员工精神文化生活的重要组成部分。各高校组织广大师生积极参加各项社会活动，高校逐步实行教学、生产、科研相结合。在生产劳动的实践中，广大师生不仅增强了专业知识的实践能力，提高了思想觉悟，而且创造了大量鲜活的文艺作品，使高校校园文化呈现出历史上从来不曾有过的新气象。第二个阶段，1966年到1976年，我国高等教育受到严重摧残，大学文化也受到了灾难性破坏，正常的教学秩序中断。高校校园文化的发展进入低潮。这个时期的大学文化，是校园文化与社会文化关系的脱离。从微观的校园文化研究角度来看，一方面，大学文化的独立性没有受到基本尊重，社会文化的强势部分，把过重的社会责任推给学校和稚嫩的青少年学生。另一方面，大学文化主体意识不足，没有注意用应有方式作用社会，其教训深刻。

（二）改革开放后的大学文化

改革开放后高校校园文化蓬勃发展。1977年恢复高考后，个人主体意识日益增强，对价值观和爱国主义有了更加理性的理解和解释。1981年，高校校园兴起了以"读书热""文学热"和"哲学热"等为代表的"文化热"，形成校园文学的创作热潮。从20世纪80年代初期开始，以"三下乡"社会实践活动为标志，高校生的校园文化活动开始走出校园、服务社会，这些活动扩大了学生的视野，增强了他们服务社会的意识，成为高校校园文化中的光彩一笔。但是，在改革开放和市场经济的浪潮下，部分高校的校园文化的建设出现下滑现象。

高校作为社会文化传承的纽带，在改革开放中不可避免地受到社会整体文化发展的影响，从而产生深刻的变迁。因此，高校校园文化的变迁是以社会发展脉络为主要线索和逻辑依据的，且校园文化与改革开放的历史进程是契合的。

1. 高校校园文化的变迁对改革开放的时代反应

从 20 世纪 70 年代末开始，我国进入了以改革开放为鲜明特征的社会发展阶段。在从传统社会向现代社会转型的过程中，社会变革以前所未有的广泛性和深刻性震撼着社会政治、经济和文化观念领域，表现为深度的系统变革。追逐着社会改革的历史进程，高校校园文化将改革开放的主题内容和历史进步的时代烙印深深地熔铸在变迁发展之中。

首先，在社会结构日益复杂的环境中，高校校园文化由单一型向兼容型变迁。在改革开放的过程中，基于社会利益结构和社会阶层日趋多样的基本特征，高校校园文化的构成也呈现出丰富而多样的变迁趋势，主要表现为校园文化的结构趋向于开放式、内容趋向于多元化、功能趋向于综合化。由于高校与社会环境时刻进行着物质、信息交换，社会政治、文化、经济的每一个微小变革很快就会在校园内引起相应的躁动，导致校园文化体系日新月异。因此，高校校园文化总是时刻感知和触摸社会进步的脉搏，并不断引领社会前沿的观念、汇集社会时尚的热点而成为社会文化不可或缺的重要部分。

其次，在日益开放的社会背景下，高校校园文化由封闭型向开放型变迁。随着社会经济和政治改革的深入拓展，社会文化领域的百家争鸣和经济领域的自由竞争不断促进文化观念的嬗变。伴随社会文化的开放性发展，高校校园生活也日益打破自成一体的封闭模式。市场经济机制使高墙封围的校园文化不可能继续维系，纷繁复杂的社会现象通过各种渠道体现在校园文化的诸多元素中。与其他文化相比，高校校园文化具有思想敏锐、观念开放，接受新事物快、批判意识强的特色，并对社会的风云变幻十分敏感。在开放的环境中，各类文化观念纷纷涌入高校，反映着社会经济发展和政治改革的合理内核，并在各类知识和文化策源地（高校）衍生出富有时代特色的文化价值观念。

2. 改革开放促发了高校校园文化的变革

伴随改革开放的深入发展，为高校校园文化提供了更为丰富多样的发展环境。尤其是加入 WTO 以来，面对滚滚而来的全球化浪潮，高校校园渐渐认识到应该全面地看待世界，全面地认识"自我"，努力从多种角度塑造自己，以便全面实现"自我"。在市场竞争背景下，高校校园自身核心竞争力的高低和大学生综合素质的优劣，成为人们关注的热点，"综合素质热潮"由此兴起。

经济全球化带动了文化全球化进程，直接促进高校校园文化快速变迁。从文化全球化来讲，改革开放的历史，就是40多年来中国传统文化和世界文化不断交流融合的历史。可以说，文化的这一全球化进程将人类的文化视野进一步拓宽了，人类的文化活动在全球化的视角下得以重新构建；文化全球化使人类的文化传播和交流更加方便快捷，当代文化开始逐步变得多样性。在对外开放过程中，国内与国外的交流日益频繁，外来文化与本土文化、现代文化与传统文化在交流和接触中相互选择和适应。来势凶猛的外来文化借助发达国家科学技术和国家实力，对中国高校校园文化形成了强劲的冲击。从20世纪80年代初的西方思潮热浪的兴起，到今天对时尚潮流的狂热追捧，在高校校园里从日常学习、生活、消费等各个方面，外来文化都展示出其强劲的渗透性和表面张力。

新时期，各种形式的高校校园文化相继展开，校园文化作为一种人文思潮蔓延开来，各种形式的学习活动、艺体活动、学术论坛等丰富多彩，推动了全国高校校园文化的蓬勃开展。改革开放多年来，高等教育适应形势的发展进行了全面深化改革，校园文化内涵也随之发生了巨大的变化。面对我国社会发展对人才素质新的需求，增强校园文化对培养人才等方面十分必要。高校要对新时代高校校园文化的发展趋势进行评估预测，这对于正确地引导校园文化的发展，以及弘扬主流文化具有重要的意义。

第三节　高校校园文化的功能与作用

高校作为传承和创造文化的重要组织，在一个国家和民族的文化发展史上占有重要地位，承担着重要的责任，是先进文化建设的辐射源与示范区。正是由于高校校园文化的这一基本功能，要求高校加强校园文化建设，坚持校园文化发展的正确方向，丰富其内涵，提升其品位，彰显其风骨。

一、高校校园文化的功能

高校校园文化主要有育人功能、引领功能、规范功能、调试功能、审美功能、陶冶功能、凝聚功能、传承功能、辐射功能、创新功能等[1]。

---

[1] 周希贤.大学校园审美文化研究[M].重庆：西南师范大学出版社，2012：112-119.

（一）高校校园文化的育人与引领功能

高校校园文化反映出文化的育人功能，通过高校校园文化的人文精华提升和改造师生的综合素质。大学的首要任务就是培养高素质的专门人才，因此教化育人是高校校园文化的基本功能。校园文化对师生的教育主要表现在思想信仰、科学态度和价值观念的培养。高校校园文化在精神层面通过其包含的办学育人目标、办学理念、道德观念、科学精神、人文精神等各方面给师生产生一定的影响，在做学问、做人、做事等方面发挥育人的作用。高校校园文化在物质这一层面，以人文和自然景观来净化大学师生的心灵，陶冶大学师生的情操，塑造大学师生高尚的追求。高校校园文化在制度层面的作用，主要是通过制度规范大学师生的行为，使其养成正确的价值观，规范和调控自己的行为，从而实现自我教育。

高校校园文化通过其价值观念、道德观念、思想观念、生活观念和人格塑造发挥对师生的引领作用。高校校园文化以其包含的文化内涵激励和引导师生对生活目标和崇高的人生理想的追求，促进师生形成积极进取、奋发向上的大学精神。高校校园文化以其良好的校风、学风、教风和求真务实的创新精神，培养师生养成开拓创新、严谨治学的精神。高校校园文化以高尚的道德准则、道德观念引领师生形成高尚的道德情操、思想品德和良好的道德行为习惯，把师生优秀的思想品质内化形成优秀的人格，以规范自身的行为。

（二）高校校园文化的规范与调适功能

高校校园文化的规范功能是指校园文化通过对师生的思想观念、价值取向、人格塑造的影响，使高校师生形成正确的自我意识，按社会的要求正确的驾驭和控制自己的行为，最终沿着科学的道路发展。高校校园文化的规范功能包括两方面：首先，高校校园文化对师生的制度规范，高校校园文化通过建立健全的规章制度，使大学师生形成良好的行为习惯，最终实现师生对自我行为的自律。其次，高校校园文化对大学师生的观念规范。高校校园文化通过向全体师生提供健康向上的大学精神和文化氛围，以共同认可的价值观引领师生，并将之内化为师生的道德品质、道德人格和道德意识。

高校校园文化的调适功能是指校园文化对全校师生的调整作用，主要表现为人际关系调适、心理调适和行为调适。校园文化的调适功能是其引领功能的伸展。高校校园文化通过内容丰富、健康积极的文化艺术、学术交流、科技创新和文体活动使师生能够从紧张的学习和工作氛围之余中得到放松，为师生提供优美的校园环境、思想交流的平台，从而愉悦师生的身心，缓解师生的心理压力，形成健康的心理。高校校园文化具有丰富性、多样性的特点，它能够从多种方式和多个层面为师生提供交流的通道和平台，延展师生人际交往的深度及广度，良好的校园人际关系氛围有利于师生健康的人际关系的形成，促进师生人格健康发展。

（三）高校校园文化的审美与陶冶功能

高校校园文化所具备的审美功能主要指的是高校校园文化所蕴含的审美观念、审美架构和审美品质等，通过对师生产生愉悦身心、激发灵感、陶冶情操和启迪智慧的作用，进而使师生树立正确的人生观、价值观和道德观，对大学师生健康人格的塑造、高尚的思想道德素质形成、科学态度和科学精神的树立、促进师生自由而全面的发展具有重要的作用，全面发挥审美的功能。

高校校园文化对师生还具有陶冶情操和净化心灵的强大功能。优秀的校园文化蕴藏着浓厚的人文气息、高雅的校园文化、健康文明的生活文化，其不仅愉悦了师生的身心，而且不断升华师生思想境界、陶冶师生情操、构建健康人格、美化师生心灵、激发师生灵感和启迪师生智慧，最终全面提高大学师生的综合素质。

（四）高校校园文化的凝聚与辐射功能

高校校园文化的凝聚功能是指高校校园文化具有较大的向心力和凝聚力。校园文化是全校师生共同创造、认可和遵循的文化，因此其具有很强的亲和力和感召力，从而使全体师生为了共同的价值追求、理想目标自发的凝聚在一起，进而为学校发展建设提供巨大的思想和行为的合力，也是大学文化发展的内在驱动。纵观高校校园文化及其影响，不难发现其在我国的大学教育中起着重要的作用。它不仅丰富了大学校园生活，陶冶师生的情操，同时使广大师生获取更多的知识，提高综合素质，还有利于加强创新教育，改进思想政治工作，成为全面实现德育目标和构建人文科学精神的重要途径、良好校风学风形成的主要表现、实施创新教育的重要方式，最终培养出具有创新素质的大学生。

高校校园文化的辐射功能指的是高校校园文化对外传播的影响和作用。其通过大学优秀文化成果、大学精神、大学良好的精神风貌传播所产生的好的社会效应。大学校园的辐射功能体现以下几个方面：首先是通过大学校园精神，即大学精神、校风、学风向社会传播；其次是高校校园文化通过其载体，即校园文化环境、校园文化成果、校园文化活动、校园网络向社会来传播；最后是通过高校校园文化的主体，即大学师生将其所承载的校园文化向社会传播。

（五）高校校园文化的传承与创新功能

高校校园文化的传承功能指的是优秀的价值观念传承，是对传统优秀文化的传承，是对高校校园文化经过长期积累升华所构成的独特个性品质的传承。传承功能是高校校园文化的基本功能，既可以保证优秀高校校园文化薪火相传，又为高校校园文化的创新与发展提供扎实的基础和深厚的底蕴。

高校校园文化的创新功能指的是其发展性与批判性的特征的表现。创新是人类文明不断进步的本质属性、根本动力和独有品格。任何的思想观念和科学理论都具有一定的时代性，是时代的产物。但时代是不断发展进步的，高校校园文化只有跟上时代的变化发展不断创新、与时俱进，高校校园文化的先锋作用和对社会文化的引领作用才能得以保持，才能把优秀文化成果向社会辐射。高校校园文化由于其自身所具备的先进的思想观念、优秀的文化成果、前沿的科学理论技术，使其具有促进大学师生创新的作用和功能。

二、高校校园文化对大学生创新素质培养的作用

（一）校园文化对创新意识的激发作用

创新意识是创新的重要条件，没有创新意识就没有创新的需要与动机。高校校园文化能够发挥教化育人作用，主要在思想信仰、价值观念和科学态度的培养之中。高校校园文化通过它所蕴含的办学理念、追求真理的创新精神、提倡学术创新的良好氛围等带给师生很大的影响，在学习做人、做学问、做事等方面发挥教化人的作用。高校校园文化不但可以为创新人才的培养拓宽空间，开拓新视野，激发学生的创新意识，而且可以培养学生具有好奇心和想象力，培养学生具有探索精神，不满足于已有成就和结论，对未知范畴的开发和研究具有极强兴趣和欲望，强化学生的竞争意识和不断进取的精神。

(二)校园文化对创新精神的引领作用

高校校园文化以其价值追求引导和激发大学师生确立创新科学技术、服务社会、造福人类的崇高的理想目标，在舆论引导、潜移默化中逐渐引领师生树立积极进取和奋发向上的精神。高校校园文化以求真务实、追求真理的科学精神和良好的校风、学风、教风，培育师生开拓创新的精神。高校校园文化以其高尚的道德观念和准则，引领师生形成高尚的道德情操、思想品德和优秀的道德行为习惯，把优秀的思想品德内化成优秀的人格，从而能够很好地驾驭调控自身的创新实践和行为。

(三)校园文化对创新思维养成的作用

创新思维是进行创新活动的关键，创新思维本质上是一种批判性、革命性的思维，其贯穿创新活动的全过程。创新是人类文明进步的基本特性、根本动力和独有品格。高校校园文化的创新功能是其具有批判性和与发展性的体现，通过提倡和鼓励不迷信权威、不迷信书本，大胆质疑和追求真理，敢于打破现存的条条框框，从而激发和影响大学生创新思维的形成。

(四)校园文化对创新知识的拓展作用

创新知识是大学生进行创新活动的基础条件，是大学生整合知识、转化知识和形成新理论的原材料，是大学生的重要素质。高校校园文化所涵盖的第一课堂和第二课堂对大学生创新知识的拓展具有重要作用。大学第一课堂是依据教材及教学大纲，在规定的教学时间内进行教育教学活动，进而让大学生从理论层面系统了解到各学科的基础知识。大学第二课堂则是大学生参与的非学校教学部门开展的一切学生教育活动，以内容丰富多彩、贴近学生为特色，以大学生在实践中成才为目标，它源于教学大纲又不局限于教材，是课堂教学的延伸、补充，同时也是课堂教学延伸的有效载体。第二课堂所涵盖的学术研讨活动以及科技创新活动对大学生创新知识的拓展具有重要作用。学术研讨是多个学科领域的学术前沿理论的介绍和研究，是多个学科领域的学术前沿技术的介绍和推广；科技创新活动是各方面科技知识的运用，在实践活动过程中，对知识进行整合，促使大学生形成新的知识，培养科学思维。第一课堂注重科学理论、知识体系的教育，是专业学习的基础；第二课堂以实践为基础，有助于大学生理论知识在实践中的运用和验证，有助于大学生克服课堂教学内容的片面性和局限性，扩充学生在教材中未涉及的知识。二者相辅相成，理论与实践相结合，对大学生形成广博的知识结构、提供最新的知识、拥有深厚的文化底蕴具有重要作用。

（五）校园文化对创新能力培养的作用

创新能力是创新人才多种创新素质要素集合的体现，它需要在创新活动中反映，也必须在创新实践中训练和提升。创新活动的开展，关系到对具体事物的认识、分析、解决能力，牵涉到解决实际问题的具体操作能力。通过教学实训、实践、实习和广泛开展的大学生科技创新活动，对大学生起着持续而深刻的影响。通过实践来训练和提高创新能力，在实践过程中用独特的视角去发现问题、用非传统的创新思维寻找解决问题方法、制定方案和探索解决问题的途径。这个过程是大学生创新意识、创新精神、创新思维、创新人格、创新知识的叠加过程，最终促进大学生创新能力的提升。

（六）校园文化对创新人格的塑造作用

创新人格是个体在创新活动过程中表现出的、有利于开展创新活动的一种优良心理品质。高校校园文化是影响大学生健康人格塑造的重要因素化，校园文化以其独特的校园行为文化的实践创新、校园精神文化的导向、校园制度文化的激励、校园物质环境文化的熏陶等作用，有利于培养学生形成各种优良心理品质，如远大的理想、强烈的创新动机、坚定的信念、坚强的意志、求知欲、独立性、勤奋善思等，而这些品质大多是构成创新人格的重要组成部分或与创新人格的形成紧密相关。通过高校校园文化的独特功能来影响和培养大学生优良的心理品质，从而内化为健全的人格来调控自身的行为。

第四节　建设高校校园文化的价值与重要意义

高校校园文化不但是现代大学建设的重要内容，也是贯彻和落实党的教育方针政策的重要载体，对于提高办学质量和人才培养质量具有重要意义。正确认识高校校园文化的价值和意义，是新形势下加强高校校园文化建设的一个十分重要的问题。

一、高校校园文化的价值

（一）大学思想政治教育的重要载体

高校校园文化建设是思想政治教育与管理工作密切结合的一个最佳形式，是高校思想政治工作的有效途径和重要载体。高校校园文化使高校人文精神形象化并融入大学生的实践活动，因而它的育人功能是不可替代的。高校校园文化把教书育人、管理育人、服务育人、环境育人有效地整合统一起来，从而构建起大学德育的格局，形成功能互补的育人环境。广大青年学生在优秀的高校校园文化氛围中，会不自觉地受其影响和熏陶，并逐步升华和完善自己。高校校园文化有利于促进大学生社会化的进程，因为高校校园文化既注重大学生人格的塑造，又为其个性提供了展现机会和发展空间，使广大学生在接触社会、体验人生、增长才干的同时，加快了自身适应社会的能力。

高校校园文化活动可以通过健康愉快、生动活泼、丰富多彩的活动，直接影响人的思想和行为，使大学生受到生动形象的教育，引导他们树立正确的人生观、价值观和世界观，增长文化知识，启迪人的智慧，提高对社会的认识能力。高校校园文化活动有效地弥补了传统思想政治教育的空洞性和生硬性，增强了其吸引力和感染力。思想政治教育对高校校园文化活动的引导主要体现在它是否沿着社会主义先进文化的方向前进。

总之，在高校工作中不能忽视高校校园文化这一潜在的、隐形的思想政治教育的载体。思想政治教育最忌形式主义和教条主义，而高校校园文化正是思想政治教育做到形式生动活泼、内容健康向上、群众喜闻乐见，达到潜移默化、寓教于乐教育效果的最佳载体。

（二）培养高素质人才的内在需要

当代高等学校培养的人才应当是素质全面发展、具有创新精神和创新能力的创造性人才。加强高校校园文化建设、努力营造高品位的校园文化对培养高素质人才有着十分重要的作用。

首先，良好的校园文化有利于塑造大学生高尚的道德情操和健全的人格。大学生在进入社会前大多社会经验不足，缺乏对外界复杂事物的正确分析和判断能力。他们一方面渴望成长，希望得到他人和社会的认可，另一方面感性意识强，理性意识不足，缺乏实践的经验。这个时期在心理学上被称为"青春断乳期"，是人成长的关键时期。在学生的成长过程中，高校校园文化像一个强有力的磁场一样，对学生有很强的吸引力和感染力。高校校园文化有利于提高大学生的综合素质，对学生形成正确的人生观、价值观和世界观，以及良好的思想品德等具有积极的导向作用。

其次，良好的校园文化有利于培养大学生的创新能力和专业素质。创新精神是一个民族想要发展需要具备的重要素质，一个民族如果没有创新精神，就会落后于其他民族，甚至会在科学技术迅猛发展、社会激烈竞争的时代逐渐走向衰亡。大学生尤其需要具备创新意识。课堂教学作为高校校园文化的一种形式，在教书育人的过程中可以提高学生创新能力和智能素质。在课堂之外，学校利用多种文化设施为大学生提供多种文化活动，如知识竞赛、文艺沙龙、文化培训等，也可以相应地获得某一方面的文化知识和专业素质，增强学生推崇创新、以创新为荣的意识，拓宽视野，增加生活情趣，提高专业素质。

（三）提高大学核心竞争力的重要手段

所谓大学核心竞争力就是大学在长期的办学实践中不断积累形成并蕴含于学校内质中为学校所独有的，使学校在可持续发展中保持竞争优势的核心能力。大学核心竞争力主要表现为学校文化能力、学校凝聚力、学校办学特色、学校独有的办学资源与办学成果，具有形成的长期性、价值的潜在性、资产的无形性和能力的整体性等特点，是大学综合实力的直接体现，反映着大学的办学质量、发展水平及社会声誉等。

如今，大学处于激烈的竞争之中，各大学之间的竞争，不仅表现在硬实力上，同时也表现在软实力上。高校校园文化就是软实力，也是核心竞争力。一所大学悠久的历史，长期形成的办学理念，声名远扬的校训、严谨的校风和学术氛围、师生中约定俗成的习惯等都能透视出深厚的特定的大学文化底蕴。硬实力是花钱可以改善的，软实力是无形资产，较硬实力建设起来更难、更重要、更根本。各个大学应重视自身的校园文化对学校发展的深刻影响，塑造和铸就出蕴含独特个性又与时代发展相适应的校园文化，从而提升学校的核心竞争力，推动学校各项事业的又好又快发展。

二、建设高校校园文化的重要意义

（一）高校校园文化建设肩负着培育创新文化的重任

创新是民族进步的灵魂和国家兴旺发达的不竭动力，也是体现文化先进性和永葆生机的源泉。大学肩负着创新文化的崇高使命，因此高校校园文化是社会主义先进文化的现实向导和创新源泉，是科学思想萌生的催化剂，它坚持以科学的态度去开辟时代的新文化，起着创造时代新文化、推动社会主义先进文化发展的作用。高校校园文化的不断发展，促使社会主义先进文化不断创新。高校校园文化正是以其新思想、新知识为社会主义先进文化的发展提供强大动力，成为社会主义先进文化发展的重要源泉。

因此，一方面，大学要认清自身的职责和使命，加强文化建设，坚持以人为本，重在"化人"，建设开放、多元化的高校校园文化，同时发挥文化桥梁和文化交流中心的作用，并注重创新，以全面提高高校校园文化。另一方面，要充分认识大学在文化建设中具有的引领作用，不断增强文化自觉、文化自信、文化自强，引领社会文化发展，促进文化的繁荣和发展，实现建设文化强国的宏伟目标。

（二）高校校园文化建设对促进和谐校园具有重要意义

1. 高校校园文化建设是实现学校和谐发展的现实需要

建设和谐的大学校园，需要建设和谐的高校校园文化。没有和谐的高校校园文化，就不能形成共同的价值观念和思想道德基础，就很难协调行动以实现共同的价值目标，就会影响和谐校园与和谐社会的建设。高校校园文化的建设能够增进共识、凝聚人心、协调利益、促进发展、共建和谐。建设大学校园和谐文化可以对内凝聚力量，对外扩大影响，增强学校的综合实力和核心竞争力。没有和谐的高校校园文化，学者、学科、学术、学风、学生等要素就无法得到优化配置，就有可能导致学者相互歧视、学科相互排斥、学风浮躁滑坡、学生失衡发展。

2. 高校校园文化建设是和谐校园建设的重要保证

和谐校园需要师生员工保持思想上、精神上的和谐，树立为实现学校的发展目标、培养目标而共同努力的理想信念。高校校园文化建设是和谐校园建设的重要保证，在建设和谐校园中具有基础性、先导性的作用，是促进学校和谐发展的重要力量。高校校园文化对培养师生员工的品质、关爱精神团队精神、责任感和遵纪守法意识有着不可替代的作用。和谐的高校校园文化能够用先进的文化培育人，塑造、丰富人的精神内涵，提升人的文化精神境界，使人拥有良好的精神风貌、振奋的精神状态和高尚的道德情操；能够使师生员工蓬勃向上的意志和精神得到鼓励和支持，加强学校的凝聚力、促进学校的团结稳定和创新发展。

为了加快文化的发展，高校可以根据当地的需求和自身的特色和优势，采取多种形式做贡献。一是培养文化事业发展所需的人才，高校要贴近区域发展的需要来设置相关专业，通过优化专业结构，拓宽办学渠道，以文化市场为导向，着力培养文化发展所需要的新闻传媒、文化创作、经纪、策划、管理人才，以及文化创意、电子出版、动漫网络等新兴技术人才和销售人才，以满足日益发展的文化市场对人才的需求。二是与当地宣传、文化主管部门协调合作，通过委托、定向培养、双向交流等多种方式和途径，派有关人员到高校学习、进修，或通过与高校联合办学、集中短期培训和举办文化产业论坛等方式，培养为社会公众娱乐开展艺术表演或提供文化活动的组织、策划服务，开办文化产业，提供文化产品的生产和销售人才，并承担文化人才的继续教育任务。三是实现高校校园文化与区域文化的共享，通过建立和完善大学与区域的信息交流平台。利用报刊、电视、广播、网络等多种形式，传播大学的形象和信息，开放大学的图书馆、体育馆、博物馆、校史馆等文化设施，以及各类文化讲座、演出等，建立开放式校园，促进文化共享。为公众营造文化的享受和熏陶，发挥高校校园文化的外向辐射作用。

第二章 高校校园文化建设体系

第一节 高校校园文化建设主体

高校校园文化建设是一项系统工程,其建设的主体是全体师生员工及管理者在内的多元主体。只有全体师生员工都充分认识到自己在校园文化建设中应担负的责任,才能在教学、科研、管理和各种活动中,共同打造良好的校园文化。

一、高校校园文化建设主体的重要作用及其多元性

(一)高校校园文化建设主体的重要作用

明确主体的构成和职责,既有利于各种主体进行角色认知,也有利于学校科学地安排角色,有利于形成富有战斗力的管理实施系统,从而保证校园文化建设顺利、高效地进行。对于高校校园文化建设来说,"高校人"是主体,校园文化是客体。"高校人"是指所有生活在高校校园中的个人和群体,他们处于不同的位置,负有不同的责任和使命。校园文化是学校形成和发展的产物,

是客观存在于校园内部的文化现象,自学校和校园产生之日起,校园文化就随之存在。高校校园文化是由高校师生创造的反映高校师生的价值取向、理想信念、团体意识、群体心态、行为规范等方面内容与特征的独具特色与魅力的物质文化、制度文化与精神文化构成的系统。校园文化的建设是一种有意识的实践活动,所以其主体只能是人。

(二)高校校园文化建设主体的多元性

高校校园文化建设的主体具有多元性。高校校园文化建设是一项复杂的系统工程,不是某个个体或群体所能完成的,需要校园里每个人的共同参与,是学校各学院、各部门和全体师生员工的共同任务。开展校园文化建设应在学校党委的领导下,建立党、政、工、团齐抓共管的工作体制。因此校园文化建设的主体既包括学生,又包括教师,还有广大的党政管理干部、后勤服务人员等。可以说,凡是与校园这个空间发生联系的人都是校园文化建设的主体。

校园文化的丰富内涵和诸多特性都要求校园文化建设的主体是多重性、多元化的。高校校园文化是"高校人"或者说"校园人"共建、共有、共享的群体文化。多重的主体参与和协作是校园文化生长、传递、延续和发展的根本保证。只有多重主体各负其责、分工合作、同心协力,高校校园文化建设才能和谐、健康、科学地发展。

校园文化是以学生、教师及党政管理服务人员为主体而形成的,并非由单一主体创造的。从学校管理层级上来讲,以校长、党委书记为核心的领导班子是最高管理级,主要侧重于规划和决策方面,如方针的提出、人财物的安排等;各部门和各学院属于中间管理层,范围明确而具体,进行指导、调解和服务;教师和学生属于一线的主体,他们更为具体地完成校园文化建设的任务。学生包括在校学生和已经毕业的校友,而教职员工既包括教师,也包括管理人员,其中管理人员既包括学校党政领导,也包括一般的管理干部。另外,教职员工中的后勤工作人员和公共服务体系工作人员也是校园文化建设主体的重要组成部分。

二、大学生在高校校园文化建设中的主体作用

(一)大学生是高校校园文化建设的创造者和推动者

作为校园文化活动的主要参与者和实践者,大学生的积极性和创造性的发

挥是校园文化充满生机与活力的内在动力和根本保障。在高等教育的发展中，无论是学校积极适应学生的要求，还是被动接受学生的要求，大学生始终都是一种推动高等学校发展的力量。同时，大学生在高校校园中是人数最多的群体，他们是高校校园文化建设的主要力量，是最主要的创造者和推动者。当代大学生有着鲜明的个性、较强的独立意识；他们反感传统说教，迫切要求能够表达自己的意见；参与意识强，积极主动地追求自己所喜欢的东西；崇尚自我、注重个体的发展提高，强调自我价值的实现。这些都是大学生作为高校校园文化建设主体的重要基础，而高校校园文化建设的根本目的就是活跃校园生活，营造一种良好的氛围，树立优良的校风、学风、教风，给学生一个展现自我的平台，进而通过这些活动培养学生的学习意识、研究意识、科学精神，提高学生的整体素质，不断满足大学生日益增长的精神文化需求。大学生在组织参与校园文化活动中，价值需求得到了满足，能力得到了锻炼，自身素质得到了增强，同时大学生的激情、智慧、勇气和进取精神给校园带来了青春的活力。正是通过大学生的参与、发起、组织各种校园文化活动激活了校园文化，才不断推动校园文化建设向前发展。

（二）大学生是高校校园文化建设的受益者和分享者

校园文化建设的根本目的是为了培养和塑造高素质的人才。大学的很多活动都是围绕培养学生这一永恒的使命进行的。学生是大学中最庞大的群体，同时也是大学中最具有生机和活力的群体。他们是大学的服务对象，同时又是大学的前途和希望。因此，广大学生的需要自然而然地成为校园文化建设的主题。因此，高校校园文化建设应围绕广大学生来展开，使校园文化贴近生活、贴近实际、贴近学生，努力提高高校校园文化建设的针对性、时效性，使之富有吸引力、感染力，使大学生在积极推动活动进行的同时，成为校园文化建设的受益者和分享者。丰富多彩的校园文化使大学生活变得美丽多姿，每个大学生都可以在校园文化活动中找到属于自己的一片天空，发挥自己的个性、兴趣与特长，在校园文化活动中，让个性得到张扬，让人格得到完善，让能力得到提升。

（三）大学生是高校校园文化建设的体现者和传播者

大学生不仅是高校校园文化建设的亲历者，还是体现者和传播者，并通过不断地发展延续着校园文化。大学生在日常生活、学习和工作中的言、行、思，直接体现着学校对他们的思想教育和专业教学的结果,同时,还体现出教育和教学过程中对他们人格、品行甚至思维的影响。一个治学严谨、文风笃厚的学校与一个完全相反的学校对学生的影响是截然不同的。所以说,学生的言谈举止都是校园文化的表现形式,同时,也构成了校园文化的基本要素。大学生具有较强的主体意识,其独立的人格和个性气质特征也日渐成熟,能够发挥主观能动性,进行自我判断、自我学习、自我教育、自我管理、自我服务,从而实现自我成长、自我发展。他们不断地选择和吸收人类文明的精华,同时又在教师的指导下进行思考和创新,为校园文化建设增添新的内容。在以培养人才并向社会输送优秀人才为根本使命的高校中,当一代又一代的大学生毕业后,不仅把知识奉献于社会,更是将高校的文化和精神传播到社会中间。因此,大学的文化和精神是由大学生维系并延续着的。如果没有大学生的继承和创造,大学文化的发展和大学精神的弘扬都将成为空谈。他们发展和完善的过程实际上也是校园文化生生不息得以延续的过程。

大学生是高校校园文化建设的创造者和推动者,又是直接的受益者和分享者,更是校园文化的体现者和传播者,三者是统一的。一方面,高校校园文化的发展依赖于大学生文化创造的积极性和主观能动性的发挥;另一方面,高校校园文化的发展最终是为了满足广大学生日益增长的精神文化需求,为学生的成长服务。因此,广大学生在校园文化建设中发挥着无可替代的主体作用,成为推动高校校园文化建设的主力军、聚焦点。

三、高校学生社团在促进校园文化建设中的主体作用

高校学生社团是由在校大学生自发结成的一个群众性学生组织,由于其主体和环境的独特性,决定了它异于社会上的其他社团,展现出独特属性。高校学生社团在促进校园文化建设中的主体作用主要体现在以下四个方面。

（一）有利于校园文化的繁荣与发展

1. 丰富学生的课余文化生活

一所高校存在着多种多样的学生社团,少则几十个,多则百余个,且社团活动形式灵活多样,可以是学术讲座,也可以是社团刊物,抑或是暑期社会调查,这些都极大地丰富了大学生的课余文化生活,有针对性、特色鲜明、多姿多彩

的文化活动吸引了广大学生积极参与。开展高校校园文化活动一般有两种途径：第一，由院校组织筹划，主要是以院系为单位开展的，如大学生文化艺术节、校广播操比赛等；第二，由社团组织安排，以学生社团为主体进行的，如诗歌社组织的诗歌朗诵比赛、足球社组织的足球联谊赛等。院校组织的大型活动通常是一年开展一次的，具有一定的时间限制。因此，在大部分课余文化活动时间里，相对小型的社团活动扮演了主要角色。

2. 激发学生的文化学习热情

很多学生是基于兴趣爱好而参加学生社团的，学生是社团活动的主体，社团活动的策划与开展多由学生负责，从而使社团活动显现出明显的自主性与多样性，能够激发大学生的自主意识和文化学习热情。在参与社团活动的过程中，大学生在社团的实践和锻炼中很大程度上满足了自我实现的需要，对自身潜能的开发和发展充满了信心，这不仅激发了学生参与社团活动的热情，形成了积极、健康向上的校风，还能够引导学生树立正确的学习方向和态度，在校园中形成一种良好的文化学习风气，营造一种具有激励作用的积极的文化学习气氛。

3. 为学生提供文化创作的实践平台

高校校园里需要自由的环境和平台，更需要在学校文化内涵的基础上勇于创新，书写校园文化的新篇章。在这方面，高校学生社团能发挥其独特优势和长处，在一个几乎没有束缚的良好环境中，聚集社团全体成员的力量，为他们提供实践平台，展开新的文化创作。可以说，校园文化的形成与创新来自社团文化的形成与创新，没有社团这个创新平台就很难有不断完善的校园文化。因此，高校学生社团在提供文化创作的实践平台方面起到了重要作用，推动了社团成员创新思维和创新精神的开拓与发展，从而促进了校园文化的发展和繁荣。

（二）有利于大学精神文化的培育，形成大学生核心价值观

1. 践行教化功能，确立社会主义核心价值体系主导地位

教化可简单理解为教育和感化。教化并不只是对外在知识和文化普遍性的占有，而是要与之对话，"在异己的东西里认识自身"[①]。社团组织文化在学生社团的整个运行过程中完全渗透，从而使社团成员的个体价值观与该社团的"组织性格"相协调和统一。这一过程体现了社团组织文化的教化功能。在高

---

① 伽达默尔. 真理与方法[M]. 洪汉鼎, 译. 上海：上海译文出版社, 1999: 17.

校学生社团组织文化的培育中,要始终贯彻和落实以社会主义核心价值体系为中心,要在社团组织文化的物质层面,如工作环境和活动设备等精神层面,如工作理念、道德准则;制度层面,如规章制度、工作守则和纪律等的建设中,使大学生沉浸在以社会主义核心价值体系为核心的心理氛围和环境中,充分体现社会主义核心价值体系无可取代的主导地位。如此,众多由外在环境传达的信息才会作用于大学生的意识层面。此外,"从众效应""心理暗示"等心理机制,会产生一种整合的"浸润功效",以悄无声息的方式提高了社会主义核心价值体系的影响力和感染力,并对大学生的核心价值观产生自觉导向的作用。

2. 体现自律功能,使健康价值观内化为大学生的行为模式

"开展多样化的社团活动,能够激发学生的学习兴趣,调动学生自我教育的主体意识,培养学生独立思考、自我控制、自我发展的能力,提高大学生的思想道德品质和综合素质。"① 高校学生社团的主体是在校大学生,因此社团组织文化关注的是"以学生为本",强调群体的精神环境,是一种软性管理办法。文化能够对一个人的思维方式和取向等起到自律作用,通常也被称为"文化的思维定式功能"。社团组织文化的行为自律功能是告诉社团成员何种行为是被允许的,何种行为是被禁止的,因此在特定的社团组织文化的影响下,社团成员通常会遵守特定的规范,而此规范并不一定是明确的守则或规章制度,这就是组织文化在社团成员言谈举止上无形的自律影响力和规范力。所以,高校学生社团要大力发挥和运用社团组织文化的行为自律功能,积极主动地提倡社会主义核心价值体系,将健康价值观的实质内容与在校大学生的学习、工作、生活等各个方面有机结合起来,即理论与实践相结合,从而使当代大学生不仅明确应该做什么,还知道应该怎样做,最终将价值观内化为切实可行的行为模式。

(三)有利于营造积极向上、宽松和谐的校园文化氛围

1. 展现特色

高校学生社团活动是一种非课本学习的重要实践形式,也是实现大学生社团目标和规划、展现校园文化不可或缺的载体。高校学生社团除了开展选举大会、工作例会、迎新晚会等常规活动之外,还拥有一个经过精心挑选的"领域",在这一领域中选出具有较强吸引力的模块,并结合社团本身的特色形成特色活

---

① 李颖川. 论大学生社团的自我教育作用 [J]. 教育与职业, 2009 (8): 169-171.

动。尤其是拥有一定专业优势和知识积淀的高校学生社团，更应充分发挥和显现自身所具有的特色优势、知识优势和专业优势。各个学生社团在维护自己的问题领域、活动领域，不断挖掘和拓宽所属的活动领域，打造了属于自身的特色和品牌活动时，便在很大程度上促进了校园文化的丰富多彩，并促进了校园文化的繁荣与发展。

2. 自主管理

学生社团文化是当今高校非正式群体文化的典型代表，协调组织高校学生社团是开展校内文化建设的重要方法和手段。社团文化建设的目标在于营造一种良好的氛围，陶冶学生情操，培养学生健康人格，全面提高学生素质。各高校学生社团按照各自的章程，明确规定会员的权限和职责，在校大学生可以依据个人的兴趣、爱好加入不同的学生社团。每一届社员都由自主招聘产生，社团的负责人由民主竞选产生，通过老社员带动新社员、新老社员互相帮助的形式，逐步健全和完善学生社团内部的管理和组织规范，从而形成稳步发展的自主团体，使各学生社团依据自身的规章条例展开自主管理，这既充分调动了大学生的积极性和主动性，又发挥了他们的创造性。通过学生社团的自主策划、自主参与、自主总结成败得失，渐渐使学生走向成熟，也增强了学生为集体和他人服务的责任心以及发展自我、完善自我的动力，形成自我服务、服务学生、服务社会的良性循环发展模式，进而促进校园文化的健康向上。

（四）有利于为校园文化繁荣与发展注入新活力

1. 校园文化和社会文化沟通的桥梁

大学生不仅要在校园里完善知识结构，更应走出校门在社会的广阔大舞台上经历风雨。一直处于象牙塔中的学生，踏入大学之门后，更多的是渴望自由，希望接触新的事物，对社会充满了新奇感。高校学生社团就是在象牙塔与社会之间架构起一座沟通的桥梁，方便校园文化与社会文化的交流。随着高校学生社团的发展，它们以自己独有的形式踏出了校园，步入社会。比如，开展公益活动，进行暑期社会实践，开展文体娱乐表演，募集赞助资金等等。高校学生社团在与街道社区、企事业单位进行合作的同时，以特有的姿态在社会中展现了校园文化的魅力，从而成为一支突出的校园文化建设力量，打造具有校园特色的社团文化品牌，丰富校园文化活动。与此同时，学生社团将社会文化注入校园。高校学生社团没有局限于校园这个狭小的环境，而是步入社会，加强校园文化与社会文化的沟通，利用丰富的社会资源加强大学生的社会意识，把自我教育、自我管理推入社会，使大学生在社会实践中充分利用所学知识。同时，在步入社会的过程中，让社会上的人更熟悉和了解大学文化并能将大学的理论知识带入社会中进行验证。

2. 丰富校园文化的内涵与外延，增添校园文化建设活力

高校学生社团在促进校园文化建设的过程中，始终坚持特色与发展相结合的道路，创新发展途径，丰富校园文化内容和形式，将传统与创新相结合，丰富校园文化建设的内涵，为校园文化增添活力。比如，书法社团对书法、汉字的研究和宣传使在校大学生深刻体会到中国文化中富有生机的精华，体会到古代书法艺术中所蕴含的代代相传的民族精神，真正感受到书法背后深刻的文化内涵，从而提高大学生的文化素养。不同的高校学生社团以自己特有的方式，丰富了校园文化的内涵，促进了校园文化的发展。同时，高校学生社团使校园文化建设走入社会、走进自然、走向家庭，拓展了校园文化建设的空间，丰富了校园文化建设的外延。

3. 推动校园文化的变迁，凝练和形成新的文化生长点

近几年，大学校园里的新生代社团现象引起人们密切关注。一般认为，新生代社团是高等教育由精英化转变为大众化之后，伴随着全球化、网络化、文化多元化的潮流以及所谓"00后"一代跨进大学校园而产生的一些新兴学生社团。新生代社团存在着传统社团所不具备的个性化、市场化、娱乐化、国际化和网络化的特点。新生代社团在坚持指导思想一元化的同时，推动了校园文化表征的多样化特点，使高校校园文化呈现出网络化、社会化和国际化等特点。比如，国内外高校联合学生社团的建立和发展促进了国内外高校校园文化的融合和发展，从而使我国的校园文化注入了国外校园文化的新内容，推动了我国高校校园文化发展，并以国际视野看待校园文化，形成新的文化生长点。

四、教职员工在高校校园文化建设中的主体作用

教职员工在校园文化建设中的重要作用体现在以下几个方面：

（一）引导性作用

从师生之间的教与学的角度来看，教职员工起的是引导性作用。教职员工

是一个学校教育思想和教育目标的直接实践者。学校的重要任务就是"教育、训练和培养全面发展和受到全面训练的人,即会做一切工作的人",而教职员工则承担着培养人和教育人的重要职责。教职员工是知识的传授者、是道德的身体力行者。他们既是学生学习科学文化知识的向导,又是学生学会为人处世的人生导师。正确的导向是校园文化建设的重要前提,也是校园文化建设成功与否的重要标志。我国高校校园文化建设必须坚持以中国特色社会主义理论体系为指导,坚持社会主义先进文化的发展方向,遵循文化发展规律,借鉴吸收人类文明有益成果,以实施科学文化素质教育为基础,以树立正确的世界观、人生观、价值观为目的。因此,在校园文化建设实践中,教职员工发挥主导性作用就是要在方向性、原则性问题上把好关、引好路,确保高校校园文化建设沿着正确的方向发展。为了实现这一目的,教职员工作为高校校园文化建设的主体之一,应该自觉地增强使命感和责任感,不断用先进的理论思想武装自己,自觉地用科学的立场、观点和方法来解决教学科研工作中出现的各种问题,建设良好的校风、教风。教职员工要"学高为师、身正为范",要"学为人师,行为世范"。因此,教职员工在校园文化建设中起着引导性的作用。

(二)主导性的作用

从师生之间的管理与被管理关系的角度来看,教职员工起的是主导性的作用。一般来说,大学生自主性的文化活动往往是从自发逐步走向自觉的,在这个过程中教职员工的教育和引导会减少学生的盲目性。大学生思想活跃,思维敏捷,对各种新生事物都充满着好奇心。但是,他们人生阅历有限,社会经验不丰富,思想观念还处在不成熟的状态,缺乏坚强的意志力和自我控制力,往往经不起社会上的各种诱惑,对很多事物缺乏深刻的思考和科学的判断。这就导致他们对很多问题不能做出正确的判断和选择。从心理学的角度上说,在大学生心理逐渐走向成熟的阶段,从众性和模仿性还比较强,容易对一些不良行为产生盲从。因此,为了确保大学生的健康成长,教职员工需要主动地对大学生的文化活动进行引导和规范,促进他们追求积极向上的文化价值,以不断提高校园文化的质量和水平。在校园文化建设实践中,如果离开了教职员工的主导性作用,大学生自主性的文化活动就容易偏离方向,或者会停留在比较低级的层次上。

在校园文化建设体系中，学风反映的是学生的学习态度，而教风反映的是教职员工的教学态度和职业道德，学风受教风影响。教职员工的任务是培养学生，教风对学生的各方面都会产生重大的影响。因此，在校园文化建设者的主体结构中，教师是核心。另一方面，教师作为大学校园里的一个重要主体，其自身的文化建设也是高校校园文化建设的重要组成部分。如高校工会举办的一系列活动都是校园文化建设的重要内容，对于丰富校园文化生活，提升教职员工的生活品位，塑造优良的教风也产生了重要的影响。

五、高校校级党政领导在高校校园文化建设中的主体作用

（一）高校校级党政领导在高校校园文化建设中的重要地位

在学校内部，校级党政领导拥有最高职权和责任，不仅要在所管辖的范围内行使领导职责，还要为师生员工服务，要为其领导的学校创造必要的工作条件、学习条件和生活条件。其具体职责主要包括四个方面：一是要把握和坚持正确的办学方向，力争培养德智体全面发展的人才；二是建设好教师队伍和管理队伍；三是主持学校的全面工作，保证学校正常运转；四是要发挥学校教育的主导作用，创造一个良好的育人环境。高校校园文化建设作为学校建设重要组成部分，从客观上要求校级党政领导切实承担起应有的领导职责。

由于校级党政领导在学校发展中的重要作用，所以无论是在高校精神文化建设方面，还是在高校制度文化建设方面，抑或高校物质文化建设方面，大学校级党政领导都起着独一无二的关键作用。从校园文化建设的构成推论党政领导在校园文化建设中的关键作用，现代校园文化是具有三层结构的同心圆：外层器物层文化是高校的物质文化，以校园物质设施为载体；介层制度层是高校的制度文化，以反映校园的机构和文字为载体；内层精神层是高校的精神文化，以学校理念为载体。

高校物质、制度、精神三大要素组成了校园文化体系，与各高校的实际相结合，形成了各高校之间互不相同、各具特色的校园文化形态。一旦高校形成了富有个性的文化体系，尤其是形成了带有强烈的价值选择的精神文化，就会以文化传统的方式对高校产生长久的影响，显示出大学文化特有的历史穿透力。

第二章 高校校园文化建设体系

（二）高校校级党政领导在校园文化建设的主体作用

1. 高校校级党政领导在高校物质文化建设方面的作用

高校校园物质文化是学校内物质范围的文化层，它涵盖了教学、科研、生活、环境、设施等方面的物质构件，同时赋予它文化内涵，是校园文化的物质基础。这些物质的文化蕴含在于，这些物质都是由人创造的，是人们的精神世界的物化，大多人造物上蕴含着人们的某些思想、情感等精神内容。校园内的建筑、花木、园林、亭子、雕塑等都是物化了的作品，这些作品不仅是一个作品，还体现了一个学校的历史、精神、思想沉淀及时代风采，体现了学校的传统、校风、学校的使命和追求等。因此，当进入某一所高校时会感到那所高校的物质文化的氛围，而这种物质文化的氛围一般是党政领导形成统一意见后营造的。

2. 高校校级党政领导在高校精神文化建设方面的作用

高校不仅仅是客观的物质存在，更是一种文化存在和精神存在。大学之所以被称为大学，关键在于它的文化存在和精神存在。大学文化体现的是一种共性，其核心与灵魂体现于大学的精神。高校精神文化是大学文化的核心，是一所大学独有的、在长期发展中积淀而成的、为数代师生员工所认同并不断对后来者产生重要影响的价值观念、信仰追求、校风学风、道德情操等思想和心理环境，作用于教学、科研、管理、校园生活的各个环节。它也是一种高校文化区别于另外一种高校文化的关键所在，包括大学理念和大学精神，是大学文化的核心。由于高校校园文化建设对校级党政领导班子这个重要主体领导力的客观需求，所以学校加强领导班子的建设就显得十分必要。一般来说，校级领导不仅需要具有过硬的思想政治素质，也需要有过硬的管理能力和作风方面的素质。唯其如此，才能领导校园文化建设事业走向健康、积极、向上的轨道，从而培养出德智体美劳全面发展的栋梁之材。

3. 高校校级党政领导在高校制度文化建设方面的作用

高等学校是社会的组成部分，任何组织必须要有自己一套完整的管理制度来维护它自身的利益，学校也是如此。为了学校的发展，必须建立健全一套完整的科学可行的规章制度，来保证学校的教学、科研、生活及其他方面的正常运转。校园制度主要是应社会、国家政府的支配和学校内部运转的需要，在长期的自身发展过程中形成和发展起来的校园行为准则、道德规范、群体意识、生活习惯等。校园制度文化的实质是反映学校调控的程度、监控的原则、管理的张力。大学党政领导在大学制度的制定、修改和实施的过程中起到主导的作用。

第二节 高校校园文化建设目标与指导思想

高校校园文化建设是国家文化建设战略的一个重要组成部分，其建设目标必须服从并服务于中国特色社会主义文化的建设方略，既不能偏离社会主义现代化大学的办学方向，又要适应新时期高等教育的发展态势，拓展高校校园文化的内涵，提升高校校园文化的层次和水平。

一、高校校园文化建设目标

当前，高校校园文化建设的总体目标是：以中国特色社会主义理论体系为指导，牢牢把握社会主义先进文化的发展方向，以文化立校、育人。追求卓越、科学发展为理念，以传承和弘扬社会主义核心价值体系为核心，以提升大学的综合实力、办学水平和核心竞争力为重点，以提高师生的素质和能力、促进人的全面发展和大学事业可持续发展为目标，坚持以人为本、继承创新、因校制宜、与时俱进，在办学理念更新、管理制度建设、学术环境营造、校园环境优化、文化载体拓展、文化品牌打造等方面形成标志性成果，努力建设适应世界高等教育发展趋势的，民主开放、崇真尚美、高雅文明的先进大学文化。

（一）构建完善的文化模式和文化体系

构建尊重、关心和支持师生发展、成长的文化模式，促进人的全面发展，促进师生成就完善人性和健康人格，实现个体的顺利发展及幸福美满，进而保证校园和谐、社会和谐，这是高校校园文化建设的终极目标。现代大学不仅是追求真理、授业解惑的地方，也是人类文明进步的精神殿堂，是树人立人之所。大学的根本价值取向是"对人的尊重和培养"。校园文化建设就是一个给大学师生以终极关怀的过程，要确立人在文化建设中的主体地位，把师生个体的全面发展作为工作出发点和落脚点，建立师生自我约束、自我发展的良好运行机制。

现代高校校园文化是体现现代高等教育价值观的文化，高等教育价值取向是"全面教育",即在健全人格的基础上促进师生的全面发展,让生命个体的潜能得到自由、充分、全面、和谐、持续的发展,让教育为个体而存在,创建适合个体独特生命的个性化教育。高校校园文化模式和文化体系的重塑就要以现代大学的教育目标为依据,倡导以人为本的管理文化,坚持办学以教育为主体,育人以学生为主体,尊重教师、关爱学生,把发挥师生的主动性和创造力作为校园文化建设的动力,不断满足师生日益增长的精神文化需求,以文化的开放性、民主性、包容性塑造高校师生独立的人格、自由的精神、创新的能力。

(二)弘扬以独立与自由、批判与创新为精髓的高校精神

通过长期的探索实践,不断培育、升华大学精神是高校校园文化建设的核心目标和中心任务。高校校园文化建设的核心任务就是要在继承高校优良传统的基础上,不断革新高校的办学理念,形成全校师生员工共同创造并信守的精神品格和理想价值,并将这种集中反映学校品质、个性的精神文化内涵融入社会主义核心价值体系的建设中。高校精神是高校在长期的发展过程中所形成的约束高校师生行为的价值和规范体系,以及体现这种价值和规范体系的独特气质,它是高校校园文化的实质、核心,像一根红线贯穿于高校校园文化建设的全部内容,是高校校园文化存在的价值意义。

(三)营造和谐宽松的大学教育氛围

营建良好的教育生态环境,创造和谐、文明、优质的校园文化环境,这也是校园文化建设的重要目标。优质的高校校园文化环境是大学办学特色的重要表征,是大学的生命力所在,是大学重要的教育资源,是催生教师专业成长和学生身心发展的深厚土壤,也是大学人文传统和优良校风的根本之源。高校校园文化环境是一种隐性的教育生态环境,在潜移默化中熏陶、启迪、感染、教育和激励师生,"润物无声"地内化师生的修养、外化师生的言行,使个体的思想行为不自觉地融入其中,得到升华。

(四)开展丰富多样、格调高雅的精品校园文化活动

以精品校园文化活动为载体,提升文化品位和文化自信,是高校校园文化建设的又一个重要目标。校园文化品位是指校园物质文化、制度文化、精神文化和行为文化的层次和水平,亦是从审美角度对校园综合育人环境的一种审视、

包含着学校的思想文化内涵和价值取向。校园文化品位的优劣直接关系到人才培养的优劣。因此，建设高品位、高格调、高层次的校园文化，对学校坚持社会主义办学方向，继承和发扬中华民族优秀的文化传统，吸收世界文明成果，培养高素质人才具有重要意义。

（五）创设兼容并蓄、海纳百川的多元文化范式

现代高校校园文化是包容的、多元的，允许相异的观念和思想存在；高校校园文化又是动态的，随着时代的发展而变化；高校校园文化更是开放的，是面对多元异质文化的选择和自主更新。推动文化创新，需要高校在教育和科研工作中大力倡导崇尚科学、追求真理的价值观念，营造敢为人先、敢于超越、敢于求异、敢于竞争的思想氛围。通过各种形式培育高校师生坚韧不拔、百折不挠、矢志不移、一往无前的毅力和勇气，塑造高校师生独立思考、大胆质疑、不媚世俗、不惧权威的精神和品格。

二、高校校园文化建设指导思想

高校校园文化建设的指导思想，是指大学管理者指导校园文化建设的理论基础，是培育大学人文精神、创新校园文化活动、构建校园文化发展模式的建设理念和行为指针。在当今经济全球化、文化多元化的新时代，高校校园文化建设既需要坚持正确的指导思想，也需要与时俱进地更新建设理念。

（一）以科学发展观为统领，把握先进文化的前进方向

以人为本，全面协调可持续的科学发展观是马克思主义关于发展的世界观和方法论的集中体现，是马克思主义一脉相承又与时俱进的科学理论，是中国特色社会主义理论体系的重要组成部分。它不仅是经济建设和社会发展的重要指导思想，也是高校校园文化建设的重要指导思想。科学发展观的第一要义是发展，核心是以人为本，基本要求是全面协调可持续，根本方法是统筹兼顾。

坚持科学发展观对大学文化建设的统领，首先就是要树立发展为了师生、发展依靠师生的理念。科学发展观是一种建立在科学价值判断基础上的观点，对大学的科学规划和校园文化建设具有重要意义，坚持以科学发展观为指导，体现出校园文化建设的"人文观""发展观""和谐观"。"有利于人们更准确地理解和谐校园文化的内涵，更加明确大学和谐校园文化建设的责任所

在，更加明晰大学和谐校园文化建设的目标、总体思路和方法，确保建设的实效"①。

其次，坚持科学发展观，就是要使高校校园文化建设更加注重从人的需求出发，创造以人为主体的良好的校园人文环境。大学应当始终坚持以师生为主体地位，通过加强文化建设，构建文化底蕴丰厚的校园环境、尊重人才的舆论环境、民主活泼的学术环境、和谐融洽的人际环境、奋发进取的文化环境，营造用事业造就人、用环境吸引人、用机制激励人、用感情留住人的良好氛围，把以人为本的理念渗透到学校的一切管理活动中，使教师在自由、协调、宽松的环境下，研究学术、传承知识、创造文化，促进大学的科学、和谐发展。

最后，坚持科学发展观，就是要实现大学校园精神文化、物质文化、制度文化和行为文化的全面、协调、可持续发展。要处理好大学内部各层面的建设问题，使大学文化作为一个整体协调并进。由于受到世界经济一体化、信息多元化的影响和冲击，大学校园中存在着先进与落后、健康与腐朽、高雅与低俗、文明与愚昧等文化的对立与较量，高校校园文化建设还必须坚持先进文化的前进方向这一行为指针。所谓先进文化，指的是适应生产力发展，反映最广大人民利益和需求、推进人类社会进步、代表未来发展方向的文化。它主要包括适应时代发展的优秀文化传统、外来优秀文化、文化创新而形成的新型文化。大学，不仅是高级人才的培养地，也应当成为先进的社会思潮和文化的传播中心。高校校园文化建设是社会主义文化建设的重要组成部分，必须与社会总体文化建设目标相一致。大学所传播、创造的优秀文化成果，在某种程度上代表了先进文化发展的方向，不仅能促进校园文化建设的进步发展，也能促进社会文化的改良革新。

大学文化建设就是要坚持先进性的要求，以科学发展观为统领，培育、弘扬和创新优秀文化，构建健康、开放、和谐、高雅的大学文化。

（二）树立"文化立校、文化育人"的建设理念

21世纪是文化和人才竞争的时代，树立"文化立校、文化育人"的理念，是现代教育发展的形势所趋，是大学提升核心竞争力的必然选择。

---

① 黄家周，冯霞. 以科学发展观指导高校和谐校园文化建设 [J]. 山西财经大学学报（高等教育版），2008（3）：75—78.

"文化立校"是现代大学必然树立的理念和应当追求的境界。现代教育的发展表明,学校仅靠传统的资源优势未必能在激烈的教育竞争中脱颖而出,只有优秀的学校文化才能孕育出优秀的教育成果,只有优秀的学校文化才具有核心竞争力,只有优秀的学校文化才能改变学校粗放型、规模扩张型的发展模式。对一所大学而言,学校文化是育人兴校之魂,是校园的主要核心竞争力。大学文化建设的价值在于对大学及社会整体文化的建树和提升,它发挥着价值导向、行为约束、精神激励、心理构建等多种功能,通过明确导向、创设环境、营造氛围,潜移默化地影响大学教育和社会教化,对提高学校品位和竞争力有着重要作用。大学的提升就是文化的提升,大学文化的丰富也体现和代表着社会的繁荣与进步,事实上,任何一所大学都是以文化的形式呈现在人们面前。一所有悠久历史的大学,文化就是大学本身;一所新建的大学,文化先于这所学校的物质存在而诞生。校园只是大学存在的载体,只有文化存在,学校才永恒存在;只有文化发展,学校才持续发展。

教育的本质在于"文化育人"。其关键在于学校自身文化建设和文化力的形成。从起源说,文化是"人化";从功能说,文化是"化人",教化人、塑造人、熏陶人。教育教学过程,实质上是一个有目的、有计划的文化过程;所谓教书育人、管理育人、服务育人、环境育人,说到底都是文化育人。大学文化作为一种以校园为空间、以师生为主体、以活动为基本形态的组织文化,作为师生共同具有的思想观念、价值取向及行为方式,决定着学校的精神面貌,左右着学校教育的方向,影响着学校人才培养的目标和结果。文化所具有的导向、激励、凝聚、提升的功能,在大学的人才培养上发挥着不可忽视的重要作用。"文化育人"的过程,就是通过文化教育人、塑造人、培养人,将社会理想渗透到人的灵魂的过程,是人类伟大精神内化于心并实现人自身超越的过程。

(三)讲求"建设与管理并重"的工作方法

当前,一手抓建设,一手抓管理,既是高校校园文化的内在要求,也是新时期高校校园文化建设的实际需要。校园文化的建设与管理是互相依存、互相促进的关系,建设是管理的基础,科学有效的文化管理又保障和促进校园文化建设。校园文化建设具有总体性、范围广、周期长等特点,体现在大学各项职能活动中,渗透在学校工作的各个方面,因此校园文化管理的涉及面也十分广泛，与师生的日常生活、学习、工作息息相关。强调高校校园文化管理的作用，是因为文化管理"使大学教职员工和学生形成共同的行为规范和价值观"，"对学校成员有凝聚作用，有利于学校管理目标的实现。"①党中央、国务院在对高校校园文化建设的具体要求中也明确了文化管理的目标：高校校园文化建设要以实施科学文化素质教育为基础，以建设优良的校风、教风、学风为核心，以优化校园文化环境为重点，以树立正确的世界观、人生观、价值观为导向，弘扬主旋律，突出高品位，加强管理、注重积累，努力建设体现社会主义特点、时代特征和学校特色的校园文化，不断满足学生日益增长的精神文化需求。这是对高校校园文化建设的总体要求，也是高校校园文化管理的主要内容。

第三节 高校校园文化建设原则与机制

一、高校校园文化建设的原则

高校校园文化建设作为一种科学、理性的文化实践活动，在建设过程中必然涉及各种关系，并受到诸多因素的影响。为了遵循高校校园文化建设规律，保证社会主义核心价值体系的成功引领，实现高校校园文化建设目标，积极探索一系列符合我国高校校园文化建设实际的基本原则，以不断提高高校校园文化建设的实效性。

（一）知识性与思想性统一原则

知识性是高校校园文化的基本内核，没有知识性的校园文化也就不能称之为校园文化。思想性是高校校园文化的灵魂，没有思想性就会使高校校园文化失去其教育导向的功能。高校校园文化建设遵循知识性和思想性相统一的原则，就是要实现科学精神和人文精神的辩证统一。

科学研究是大学承担一个重要历史使命，所以，科学教育是高校校园文化建设的一个重要内容。向学生传授科学知识和技能，培养学生的科学意识和科

---

① 杨爱花. 刍论大学文化管理策略 [J]. 理论导刊, 2008（9）：123-124.

学创造力,并鼓励大学生追求真理并勇于为真理献身是科学教育的意蕴。科学教育归根结底就是追求真理,培养科学精神,只有通过对大学生的科学教育,培养其科学精神,才能增强其认识和改造自然的能力,使其成为合格的社会主义建设者,进而促进社会生产力的发展。

高校校园文化建设更要重视对大学生的人文精神的教育和培养。高等教育的目标应该是培养有独立思考能力、独立人格和对社会有责任感的人,因此,"我们要把广大青年培养成有理想、有道德、有高尚情操、有热爱祖国献身四化的革命精神的新一代,如果不使他们掌握必然的语言文化知识、历史地理知识、道德知识和其他方面的社会知识,没有一定的文化素养做基础,光靠一般地进行思想教育,是很困难的"①。

(二)普遍性与特殊性统一原则

唯物辩证法告诉我们,任何事物都是矛盾的统一体,矛盾是普遍存在的,矛盾的普遍性是通过矛盾的特殊性表现出来的,事物的发展过程就是不断解决矛盾的普遍性和特殊性关系的过程。矛盾的普遍性就是共性,矛盾的特殊性就是个性,共性和个性是对立统一的,共性寓于个性又贯穿于个性之中,共性统摄个性②。据此,新时期高校校园文化建设既要从学校的实际出发,展现和塑造学校的个性和特色,又要遵循文化发展的规律,坚持普遍性和特殊性相统一的原则。

在竞争激烈的今天,对一所高校来说,特色就是个性,特色就是生命,特色就是优势,是高校之间区别的重要"标识"。因此,高校校园文化建设在保持与社会主义文化方向基本一致的前提下,首先要认清自己的优势。而一所高校的优势集中体现在其一脉相承的校风、学风,历史上形成的优势学科,口口相传的社会声誉,丰富的名师资源和校友资源等。其次要找准定位,发挥自己的优势,保持自己的个性和特色。

在高校校园文化建设上,既要与时俱进,又要避免追风、从众,保持自己的个性和特色。高校校园文化的特色在于共性与个性的同步优化,是共性与个

---

① 姚启和.高等教育管理学[M].武汉:华中理工大学出版社,2000:274.
② 李秀林.辩证唯物主义和历史唯物主义原理[M].北京:中国人民大学出版社,2004:185.

性优化规定的统一体,既要遵循大学的本质和办学的普遍规律,又要立足于大学自身的实际,发挥优势,凝练特色,彰显个性,实现普遍性与特殊性的辩证统一。在高校校园文化建设中,必须坚持"全面建设"与"重点推进"相结合的方法论。全面建设包括校园物质文化建设、校园精神文化建设、校园制度文化建设等各层面的建设,做好全面建设可以有效促进高校校园文化又好又快地和谐发展。重点推进就是要抓住高校校园文化建设的核心要素和本质内容,提高整个高校校园文化建设的质量和水平。

(三)高雅性与大众性统一原则

高雅文化也称经典文化、纯文化,它代表占人口少数的知识界的理性沉思、批判和探索旨趣,旨在表达他们的审美情趣、价值判断和历史使命感。从这个意义上说,高雅文化更多反映的是深层次的哲理性反思,体现一种自觉的价值追求,担负着启蒙和教化民众的责任,起着提升民族精神的作用,具有高雅的格调。

大众文化是由大众直接创造并直接为其所接受的一种普及文化,是以大众趣味为标准,以民众喜闻乐见的形式,通过电影、电视、广播、报纸、杂志、网络等大众媒介来传播,旨在最大限度地满足大众的愉悦、快感等各种文化消费需求的商业性文化,也称"通俗文化"或"流行文化"。大众文化以其通俗性、随意性、趣味性的价值取向特点,幽默轻松、休闲愉悦的文化主调,受到人们欢迎。

大众文化是高雅文化的基础,高雅文化是大众文化的升华。从文化发展的历史来看,许多高雅的文化经常是在民间通俗基础上形成的,如《诗经》就是在民间诗歌搜集整理基础上形成的,后来却成了历代文人雅士必读的文化经典。而一些高雅文化在群众中得到普及发展后,也会变成大众文化,如《红楼梦》、《三国演义》等古典文学,通过电视连续剧这种大众文化产品的形式,使它们家喻户晓,为广大群众所接受。可见,大众文化是高雅文化发展的土壤,为高雅文化发展提供了丰富的营养和充足的原材料。大众文化也需要高雅文化的指导,通过不断提炼和升华,促使它与社会进步方向相一致,避免陷入庸俗、低俗的文化沼泽。高校校园文化建设既要建设高雅文化,又要积极适应大众文化;既需要提升高雅文化,也需要大众文化的参与,也只有这样,才能实现雅俗共赏和良性互动,从而构建一个健康的"文化生态",实现高雅性与大众性的有机统一。

(四) 先进性与多元性统一原则

当代中国的先进文化"是以马克思主义为指导,以培育有理想、有道德、有文化、有纪律的公民为目标,发展面向现代化、面向世界、面向未来的,民族的科学的大众的社会主义文化。"这论述阐释了文化的发展性、方向性、先进性问题①。坚持高校校园文化建设的先进性,说到底就是坚持指导思想的一元化,否则性质会发生改变。马克思主义是我国立党之国的根本指导思想,坚持以马克思主义为指导是高校校园文化建设唯一正确的选择。也只有这样,才能确保新时期高校校园文化建设能够"代表人们的最高精神要求,表达了时代的最高价值走向,融汇了世界的多种文化精髓,凸显了独具特色的民族文化"②,使高校校园文化建设能够成功地对高校校园内的多种文化进行有效整合、凝聚和疏导,充分发挥各种文化的积极因素,支持健康向上的文化活动,改造消极落后的价值观念,抵制和消除各种落后腐烂文化的负面影响。

纵观人类文化的历史进程,文化的发展从来都不是单一的,文化的多元性是人类社会的基本特征,也是人类文明进步的重要动力。高校作为文化组织,校园文化自然也具有多元性,而当代多元化的大学教育进一步加剧了其多元性的趋势。这种多元化的大学教育体现在办学形式的多元性、教育主体的多元性、教育对象的多元性、教育目的的多元性、教育内容的多元性、培养模式的多元性和教育方式的多元性等,将极大促进多元文化的教育价值观形成③,从而进一步促使高校校园文化呈现多元性。

坚持高校校园文化先进性,就要坚持以马克思主义为指导思想的一元化,并不否定文化的多元性,相反,它是在坚持马克思主义一元化的前提下承认各类文化之间的交融性和共生性,确保高校校园文化"多元并存"的格局。这不仅是多元文化交融与升华的必然途径和方式,而且是高校校园文化现代化,全球化和时代化的应有之义,同时也是发展"面向现代化,面向世界、面向未来的,

---

① 沈壮海.思想政治教育的文化视野 [M].北京:人民出版社,2005:15.
② 朱希祥.当代文化的哲学阐释 [M].上海:华东师范大学出版社,2000:224.
③ 蔡红生.中美大学校园文化比较研究 [M].北京:中国社会科学出版社,2010:262.

民族的科学的大众的"校园文化的必然要求。

（五）继承性与批判性统一原则

传承文化是大学的基本功能，高校校园文化是文化传承的主要载体，继承性是高校校园文化作为先进文化的基本品质。而一切先进文化都不能摒弃民族优秀的传统文化，否则，就会成为无源之水，失去发展的根基。高校校园文化是经过长期的历史积淀、凝聚、发展而形成的，并随着时代的变迁、社会的进步和学校的发展而得到不断地拓展、深化和丰富。所以，高校校园文化建设应对自身历史底蕴和传统特色进行继承和发扬。

大学自其诞生之日起，就崇尚自由、怀疑、批判的精神。大学教育活动的过程，实质上就是在不断批判的基础上传播和继承人类文明的过程，充满理性和批判精神是大学的内在特质。"校园文化作为一种文化含量最高的高层次文化，是在文化的继承和创新的过程中形成的融合校园精神和个性表达的特殊的文化结构。它更多地表现为精神性的生产活动，是社会文化中极富创造性和批判精神、极具探索气质和导向作用的部分，因而在一定程度上代表着社会文化超越，即校园文化以其特有的敏锐对社会发展做出超前反映，在社会文化运动中常以进步的个性独树一帜，对社会文化中的消极文化现象进行坚决的批判和否定"[1]。可见，高校校园文化具有天然的批判性精神气质。

创新是实现继承性与批判性的辩证统一的关键。高校校园文化建设是一个继承和创新相统一的过程。没有创新的继承，高校校园文化很难与时俱进。没有继承的创新，高校校园文化建设则会因缺少历史积淀和基础而成为墙上芦苇，在创新的道路上不会走远。就创新与批判的关系来看，由于高校校园文化既源于社会文化又不同于社会文化，而大学强烈的批判性精神决定了它对自己所吸取的文化要进行理智的批判和选择，"高校教育的文化选择功能与创造功能是密切联系在一起的。选择是创造的基础，创造是选择的目的，没有选择就没有创造，只有通过精心而广泛的选择，才能创造更好的文化"[2]。可见，高校校园文化建设的创新也离不开批判。

---

① 关成华. 北京大学校园文化[M]. 北京：北京大学出版社，2001：215.
② 潘懋元，朱国仁. 高等教育的基本功能：文化选择与创造[J]. 高等教育研究，1995（1）：1-9.

二、高校校园文化建设的机制构建

大学校园文化建设是一项重大的系统工程,涉及内容庞杂,参与面广,要让这样一个复杂而庞大的系统高效健康地运转起来,就必须建立起科学合理的运行机制。只有这样,校园文化建设才能形成良性、可持续的发展态势,其引导和规范师生员工、促进学校发展等功能得到才能真正实现。

(一)管理机制

校园文化建设是一项全局性的工作。必须通过坚强的领导,科学合理的管理机制,全员参与,共同努力,才能进一步开创校园文化建设的新局面。笔者认为高等学校要从学校发展和人才培养的战略和全局高度,充分认识加强校园文化建设的重大意义,统筹规划校园文化建设。要成立学校党政主要领导任组长的校园文化建设领导小组,统一领导和指导本校校园文化建设。

1. 加强领导,完善校园文化建设组织机制

一套高效的校园文化运行机制,必须以坚实有力的领导组织作为保证。为此,应当形成以学校党委统一领导、党政齐抓共管、各单位分工协作的组织领导机制。

具体来讲,首先,在学校党委的统一部署下,建立以学校党政主要领导为组长的校园文化建设领导小组,该小组由校、院党政主要领导和分管领导以及相关单位部门负责人组成,负责校园文化建设的顶层设计和全局研判,确定校园文化建设的总体目标、任务和要求,制订校园文化建设总体实施方案,并对校园文化建设的过程、进度和效果进行指导和监督。

其次,各院系要成立以院系党政主要领导为组长的院系校园文化建设领导小组,小组成员应包括院系党政主要人员、分管领导、班主任及学生干部等,负责校园文化建设的实施和开展。同时,各院系领导小组还须及时将校园文化建设的需求、进展和效果等向学校校园文化建设领导小组汇报和反馈。

再次,宣传、学工、工会等主要职能部门要充当校园文化建设的中坚力量。一方面,这些职能部门要根据校园文化建设的需要,科学组织和开展全校性的校园文化建设活动和项目,在全校的校园文化建设中起到标杆和示范性作用,引领校园文化建设和发展的方向;另一方面,职能部门要对各院系的校园文化建设工作进行宣传和指导,负责贯彻、督促、落实学校校园文化建设方案的实施。

最后，财务、基建、后勤、保卫等部门要充当校园文化建设的协助和补充力量，提供保障，确保校园文化建设各项工作的顺利开展。通过设置科学合理的组织机制，加强对校园文化建设的领导，将校园文化建设落到实处。需要特别指出的是，校园文化建设难以立竿见影，它是一个漫长的、持久的过程，对师生员工的影响也是潜移默化的，要防止急功近利、心态浮躁。学校党政领导，特别是党政一把手要高度重视校园文化建设，参与校园文化建设的重大决策，主动调查了解校园文化建设的动态和热点，切实解决校园文化建设中遇到的困难和问题等，加大校园文化建设的力度，推动校园文化建设扎实有效进行。

2. 提高认识，优化全校师生员工参与机制

校园文化建设是一项系统工程，与学校各个方面的工作密切关联，事关学校每一位师生的切身利益。校园文化建设得好，学校会形成优良的学风、教风和校风，从而更有利于师生的学习、工作和生活，促进他们更好发展和成长成才。因此，校园文化建设不是单个或几个部门的事情，而是全校所有师生员工的事情，需要学校的每一位成员为之努力，需要大家共同参与，共同协作，共同营造健康优越的学习、工作和生活环境。让全校师生员工都参与到校园文化建设中来。首先，在观念意识上要提高认识，让每一位师生员工都认识到校园文化建设的重要性，意识到自己的一言一行都与校园文化建设息息相关。其次，在校园文化建设过程中，要创造环境、创造机会让师生员工有充分的条件参与进来。因此，在文化活动的设置上，既要有适合绝大多数普通学生参与的活动，也要有适合有特殊专长学生参与的活动；既要有轻松活泼的文体活动，也要有严谨专业的学术活动。最后，学校要为师生员工参与校园文化建设提供政策保障，对积极投身校园文化建设的师生员工给予支持和奖励，鼓励教师将自己的教学和研究工作与文化建设相结合，主动为学校的校园文化建设贡献力量。

重视第二课堂的建设，将师生建设和参与第二课堂的成效与其工作和学习的评价相结合，充分调动他们参与校园文化建设的积极性。浓郁丰厚的校园文化必定是全校师生员工共同努力、共同参与的结果，优良的校园文化也将更加有益于师生员工的学习和工作，二者是相辅相成、互促互进的。因此，全校师生员工要充分认识到自己在校园文化建设中应尽的责任，积极投身校园文化建设。

3. 统筹协调，不断提高科学化管理水平

鉴于校园文化建设的长期性，必须将校园文化建设的总目标和总任务进行科学而详细的分解，将这些分解后的目标和任务分配到各级单位，明确各级职责范围，层层落实，并建立领导责任制和目标管理体制，形成可量化的考核指标体系，根据既定的考核指标，定期进行严格考核，从而促使将校园文化建设的目标和任务抓实抓好。当然，对建设目标和任务的分配必须是以充分的调研为基础的，要充分考虑到任务承接单位的具体情况，如可将校园艺术发展分配到艺术类院系，将校园景观建设分配到宣传、建筑、设计类单位。

学校要统筹校园文化建设的资源分配，即要根据既定的目标和任务，进行人力、财力、物力等相应资源的分配。需要指出的是，校园文化建设的资源并非简单分配到相应的建设单位，还应当建立起科学的资源管理制度，对资源的使用情况进行有效的监督和跟进，对未能合理利用的资源要坚决收回，对需要补充的资源进行评估，对浪费资源的现象批评惩罚，通过这些措施，避免资源的浪费，确保物尽其用，支撑校园文化建设工作的顺利开展。

校园文化建设有总体有局部、有重点有细节、有先行有后进，因此，对校园文化建设的各个部分、各项活动、各个项目都要有相应的管理思路。总体来讲，对于全局性的、重大的校园文化建设项目，学校校园文化建设领导小组要统一领导、统一部署，要加强质量控制，采取过程管理与目标管理相结合，强调每一个环节的权利和责任，确保建设的实效。相反，对主要在基层单位开展的局部性的校园文化建设项目，应当尽可能地给实施单位以充分的自主权，使校园文化活动在全校呈现出争奇斗艳、百花齐放的兴盛局面。当然，对由基层单位组织和实施的校园文化建设工作，学校校园文化建设领导小组在提供资源支持、下放权力的同时，也要加强目标管理，对工作的效果进行监督评价，确保能够对全校的校园文化建设工作起到积极的推进作用。

（二）协调机制

鉴于校园文化建设的复杂性，要处理好校园文化建设与社会文化发展，以及校园文化建设内部各方面的关系，必须加强校园文化建设内外各要素的协调，使校园文化建设与学校发展、社会发展和谐同步。

1. 校园文化建设与社会文化发展相协调

在校园文化与社会文化的关系上，我们要认识到，社会文化是主文化、大文化，校园文化是从属于社会文化的亚文化，二者既有联系又有区别。一方面，校园文化与社会文化明显不同。从内容上看，校园文化主要涉及学校教学、研究、管理等各方面，而社会文化内容则是社会生活本身，表现为各种各样的实践活动；从范围上看，校园文化主要局限于学校内部，它是社会文化一个局部领域的文化形态，而社会文化是存在于各个领域的一般文化；从主客体上看，校园文化主要由学校师生员工创造，惠及对象也是校内师生员工，而社会文化的主客体则是社会民众。另一方面，校园文化与社会文化又是相互渗透、相互制约的。校园文化虽是一个相对独立的文化系统，但它并不是封闭的。校园文化在其形成和发展过程中是动态的、开放的。社会文化则是校园文化系统的重要来源，对校园文化具有重要影响，它在一定程度上影响着学校的办学理念、办学思路。同时，校园文化对社会文化也有重要的辐射和促进作用，甚至从某种程度上讲，校园文化可以说是社会文化的晴雨表，它促进着社会文化的不断发展。校园文化对社会文化的作用主要是通过造就、熏陶人才的独特品格和精神风貌以及营造高校这个特殊群体共同形成的特有的文化氛围来实现的，并从根本上推动着社会文化的发展与进步。

可见，校园文化不能脱离社会文化的大背景谈建设，否则就成为无源之水、无本之木，它必须紧跟社会文化发展的潮流，与其相适应，时刻处于动态的变化和发展当中，以创新的精神和行动保持竞争力。同时，基于校园文化与社会文化的差异，校园文化想要保持旺盛的生命力，就必须服务于学校教学育人的根本任务，立足于本校的实际，坚持自己的个性，形成特色。校园文化如果没有自己的特色，就会混同于社会文化，这将不利于校园文化长久持续的发展。

2. 校园文化建设与学校整体发展相协调

高校发展涉及方方面面，包括教学、科研、科技服务、党建、校园文化、人才队伍、国际化交流、后勤服务等诸多内容，校园文化建设是其中一项工作。但校园文化建设又与高校的其他各项工作保持着密切联系，因此，必须将校园文化建设与学校其他工作协调起来，使校园文化建设的目标和任务与学校整体发展的目标和任务统一起来，共同进步，共同发展。

首先，应当将校园文化建设纳入学校事业发展的全局统筹考虑，在制订学校中长期和年度发展规划时,要充分考虑校园文化的权重,将校园文化建设摆到恰当的位置,并根据学校的总体规划和目标,为校园文化建设设定相应的目标和任务,使得校园文化建设与学校整体发展步调一致,协调统一。

其次,要在校园文化建设与教学、科研、社会服务等各项工作之间建立互通联动机制,使各方的人力资源、信息资源、硬件资源等能够互通互享,使校园文化建设在更广的范围,以更加多样的形式得以开展。如创造条件使专业教师积极参与学生社团活动,结合科研工作开展各类科技竞赛活动,结合社会服务开辟学生教育活动基地。通过建立这种协调机制,使学校的各条战线都能参与到校园文化建设工作中来。

最后,结合高校校园文化社会主义核心价值观教育的主题、任务和目标,加强融入机制建设,明确全校教职员工在思想育人工作方面的职责,将思想育人融入教育实践的全过程。注重将社会主义核心价值体系渗透到教学、科研、工作和生活的各个方面,充分体现课堂育人、实践育人、环境育人、活动育人,使学生潜移默化地接受社会主义核心价值观教育,内化于心,外化于行。

(三) 激励机制

有效的激励机制能够调动人的积极性,激发人的创造力,而校园文化建设是一项需要全校师生员工共同参与的工作,因此,必须建立强有力的激励机制,才能吸引广大师生员工投入校园文化建设。激励机制的构建要根据师生员工的心理活动规律,摸清他们真正的需求,同时,要使校园文化建设的目标与社会主义核心价值体系建设的目标相一致,最大限度地激发他们参与校园文化建设的动机。

1. 物质激励与精神激励相结合

物质激励,又可称为薪酬激励或绩效激励,多采用奖金、实物奖励、提高工资待遇等形式,对在校园文化建设中做出突出贡献的单位或个体给予一定的物质奖励,进而激发他们参与校园文化建设的积极性和创造性。通过物质激励,既为投身校园文化建设的单位和个体提供物质支持,又近一步激发他们继续努力向前迈进的热情。

精神激励的作用是巨大的,有时甚至比物质激励的效果更加明显,因此,校园文化建设中要注意运用精神激励,即通过表扬先进、颁发荣誉来树立标杆,包括颁发奖状、奖牌和授予各种光荣称号等方式，给参与校园文化建设的单位和个体充分的肯定，使其充分感受自身的价值，从而激发他们的积极性和创造性。马斯洛在《动机与人格》一书中论述人的尊重需求时指出，社会上的人们都希望自己有稳定、牢固的地位，希望得到他人的高度评价和赞誉。运用精神激励，既要重视鼓励先进，建立榜样激励机制，也要关心后进，尊重人、爱护人、帮助人，从而在全校营造崇尚先进、你追我赶的良好竞争氛围。

2. 目标激励与竞争激励相结合

设置科学合理的目标是激励的重要方式之一，恰当的目标能够激发人的热情，并使人为之努力。在校园文化建设中，校园文化建设的内容应当是学校总体目标的组成部分。学校的总体目标是全校师生员工凝聚力的核心所在，指明了全校师生员工努力的方向，体现了师生员工的意愿和追求，能激发他们强烈的责任感和使命感。个人在设立各自的目标时，应当将学校的总体目标和个人的奋斗目标结合起来，保持总体方向的一致性，从而使每个人在完成个人目标的同时，又推动学校向总目标的迈进。

在向目标迈进的过程中，学校还应当将竞争机制引入到校园文化建设过程中。一方面，可以进一步增强师生员工的危机意识、自觉意识和竞争意识，从而激发他们的创新活力；另一方面，也可以在竞争中使优秀师生员工尤其是优秀的学生脱颖而出，在群体中树立榜样，从而产生强大的示范辐射力。在具体操作中，可开展类型多样的评优活动，这些活动也不应局限于校内，可与其他高校横向联合，如举办跨学校的知识竞赛、研讨活动等，从而进一步拓宽师生的范围和视野，更有利于他们的成长和发展。需要注意的是，在校园文化建设中引入竞争激励应当是良性的和有益的竞争，在竞争的过程中，教师间、同学间、师生间是既竞争又合作的，大家在相互比较中共同努力，在见贤思齐中反思，互促互学，共同进步。为此，设置竞争激励就必须注意让竞争沿着正确的方向发展，保证竞争在公平的基础上进行。通过对竞争动因、过程和目标的引导，使大家在竞争中共同迈向成功的彼岸。

第四节 高校校园文化建设成就与经验

我国高校校园文化建设走过了一条曲折的发展道路,在现当代的探索与发展的过程中取得了显著的成绩,积累了宝贵的经验。

一、高校校园文化建设的成就

目前,我国高校校园文化建设不但在理论层面取得了一定的成果,而且在物质文化、精神文化、制度文化以及行为文化方面相应的也取得了丰硕成果。

(一)校园物质文化建设日益丰富

近几年来,随着国家越来越重视高校校园文化建设,政府进一步加大对高校校园文化建设的投资力度,给高校校园物质文化提供了有力保障,并促进高校校园物质文化快速发展。这主要表现在:一是学校对物质文化有了更大程度的投资。大学的科技设施,为学生更好地将理论与实践结合起来提供了更好的平台;大学的人文建筑也是别出心裁,与此同时也感受到了大学校园内充满文化内涵和历史底蕴;大学的园林环境规划给大学生身心健康提供了更舒适的生活环境,使人有种心旷神怡、乐此不疲的精神风貌;大学的活动中心设备为大学生提供了一个锻炼的场所,大学环境不仅为大学生提供了精神上的支持,也改善了大学生的身体素质,这些都使物质文化环境有了前所未有的改善。人才的培养质量、学校的战略性目标实施同校园的环境、氛围有着直接关联,因而重视对高校校园文化建设,积极构建环境优良、鲜明特色、品位高雅对学生成长和生活有益的时代化校园。二是大学在大学师资力量、课程开设、专业设计等方面也给了适当的改革。大学引进优秀人才,为学生们提供了更好的人生导师,为大学生提供了方便地学习资源和平台。三是在当今的网络迅速发展的时代,学校为大学生提供了免费的网络,开通了更多免费的网络学习窗口,如论文下载、其他大学优质的网络课程学习等。总之,高校校园物质文化建设日益丰富。

(二)校园精神文化建设层次不断提高

新时期,大学精神文化层次不断提高,呈现出富有特色、奋发向上的面貌,主要体现在大学精神、大学理念被积极提倡和具体大学的校风、校训、校歌、校徽、校标日益特色化。

大学精神是大学生所应共同具有的价值取向、人生态度与道德观念的高度浓缩。大学理念既是一所高校的办学理念，也是大学文化的核心，大学理念是一所高校的历史传统、人文精神与办学风格的集中体现，对于办好一所高校是带有全局性、先导性和战略性的因素。成功的高校应该有自己特色的办学理念和大学精神，借以振奋、激励和凝聚人心，使学校声名远播。

校风、校训、校歌、校徽、校标是高校精神、大学理念与的历史积淀、现实特点相结合的产物。近年来，各个高校都十分注重对校史的凝练和升华，通过重新界定校风、校训、校歌、校徽、校标等方式提升学校精神；通过施行"牢记校训，学唱校歌，佩戴校徽，使用校标"等举措，激励学生热爱学校、刻苦学习，引导师生报效祖国、服务社会，让高校精神深入人心，成为凝聚师生的精神力量。目前，各高校已基本形成了各具特色的校风、校训、校歌、校徽、校标等，具有时代特征和学校特色的高校校园文化正在形成。高校校园精神文化不断提升大学生的精神境界，不断激发大学生拼搏进取与开拓创新，促进他们的全面发展。

（三）校园制度文化建设趋于完善

随着中国特色社会主义先进文化的蓬勃发展，高校校园文化也有了突飞猛进的发展，其中高校校园制度文化建设趋于完善。它主要体现在：一是大学关于校园文化建设和维护的管理方法凸显了时效性。近些年大学的指导性机构制定了有关校园文化建设的各项管理规章制度，加强了对以学生社团为主体的学生组织的指导与管理，增强了对哲学社会科学研究会、报告会等的管理，提升了有关校园论坛的管理，从而在某种程度上抵制了不良文化和腐朽生活方式对学生的侵蚀与影响。同时，创设网络文化的发展平台和空间，并制定了相关的管理和引领条款，明晰了"谁主管主办、谁就负责"的管治准则，实现了岗位责任制的管理原则。二是国内已经有许多大学把校园文化建设归为大学发展的宏观规划中，给高校校园文化建设的可持续发展提供了巨大的制度保障；三是大学生社团的管理规章制度更加健全，我国大学加大力度制定了切实可行的规章制度，为有序开展大学生社团活动做了保障，展现出大学生社团在校园文化建设中的地位。通过完善大学生社团、队伍管理、活动督管、评估等内容，促使高校校园文化的制度文化更加健全。

（四）校园行为文化建设日趋规范

校园行为文化是高校校园文化的主要体现者。人是积极的社会行动者，通过自己的行动创造出丰富的文化，并从中吸取精华指导行为，进而再生产或改变已有的文化或制度。随着规模的不断扩大和功能的复杂化，国内现代化高校逐渐演化为两大类，一类侧重管理，一类侧重学术，这两类高校有着不同的行为文化特征。各高校坚持以社会主义先进文化为指导，弘扬教育主旋律，使大学生在日常生活、学习工作中都有一个积极向上的行为态度。如大学校园社会实践活动，发挥实践教育的功能意义，引导大学生向社会学习、向群众学习、向实践学习，在实践中进一步加深对中国特色社会主义先进文化的理论学习，促使大学生的行为文化更加有序规范。

二、高校校园文化建设的经验

高校校园文化建设是一个长期的系统工程，高校校园文化建设在不断发展中积累了宝贵的经验。认真总结、科学概括高校校园文化建设的基本经验，对进一步加强和改进新时期的高校校园文化建设具有重要的现实意义和深远的历史意义。

（一）以社会主义核心价值体系引领高校校园文化建设

社会主义核心价值体系是兴国之魂，是社会主义先进文化的精髓，决定着中国特色社会主义发展方向。这一重要论断深刻揭示了社会主义核心价值体系在文化建设中的灵魂作用。高校作为培养高素质人才的摇篮，肩负着培养人和造就人的历史使命，它是践行社会主义核心价值体系至关重要的场所，高校如何自觉地用社会主义核心价值体系指导校园文化实践，是摆在我们面前的一个崭新课题。因此，大学要以社会主义核心价值体系引领高校校园文化建设，坚持马克思主义的指导地位，推进传承与创新的统一，不断升华高校校园文化的内在品格，使之在培养人才、推动社会主义文化大发展大繁荣等方面发挥更为突出的积极作用。

（二）坚持以人为本

以人为本是当代社会发展进程中人们对于在社会中能起到的主体作用的要求，是不断推进人全面发展的一种发展理念。在高校校园文化建设过程中，必须坚持以学生为主体，以教师为主导，以满足师生员工的精神文化需求为根本目标，始终把师生员工的根本利益作为学校工作的根本出发点和落脚点；必须尊重师生员工的创造精神，通过深化教学改革、创新管理体制，调动一切积极因素，激发师生员工的创造活力；必须坚持"公平、公正、公开"的原则，正确处理师生员工的内在联系，妥善协调各院系、各专业之间的利益关系，形成强大的凝聚力、蓬勃的奋进力和旺盛的生命力；必须正确处理学校改革、发展与稳定的关系，确保高校校园文化建设的全面、协调、可持续发展。

（三）深入贯彻落实科学发展观

科学发展观是指导工作的世界观和方法论，高校校园文化建设要坚持科学发展，就是要把眼前利益与长远利益、局部利益与整体利益有机结合起来，确立科学的发展理念，推进高校校园文化建设全面协调可持续发展。高校校园文化建设要坚持科学发展，必须将高校校园文化建设纳入学校工作总体布局，建立健全高校校园文化建设的领导体制和工作机制。高校校园文化建设要坚持科学发展，还要遵循文化建设发展的客观规律。校园文化的个性是校园文化的生命，各高校不同的文化传统、文化底蕴造就了其独有的风格和气质。近年来，各高校十分注重挖掘自身历史文化底蕴，发挥学科优势大力开展各具特色、多姿多彩的高校校园文化建设，建立起了百花齐放的高校校园文化。

（四）加强对校园文化建设的领导

健全的领导体制能保证高校校园文化建设所需要的资金、场地、人员、政策等资源有效地汇聚，稳定的工作机制能保证高校校园文化建设持续稳定地开展。近年来，国家将高校校园文化建设摆在推动高等教育发展、加快人才培养的重要位置，有力推进了高校校园文化建设工作的进程。同时，为了推进高校校园文化建设，各高校制定了一系列政策措施，建立健全校园文化建设的各项管理规章制度，成立高校校园文化建设领导小组，形成了学校领导主抓、宣传部牵头、各职能部门及院系密切配合工作机制，在高校校园文化建设的各个方面取得了突出成绩。

第三章 高校校园精神文化建设与创新

第一节 高校校园精神文化的内涵与作用

高校校园精神文化是一所高校本质、个性和精神面貌的集中反映,是校园文化的最高层次。通过各种载体和多种形式所倡导的价值观念、道德规范和行为准则,以启迪、熏陶、感化和塑造等方式引导和规范学生的思想行为,帮助他们树立坚定的共产主义理想和信念,树立正确的世界观、人生观、价值观,养成良好的道德品质和文明行为,在学生中形成爱国、爱党、爱校、知荣明耻的良好而和谐的校园精神文化氛围。

一、高校校园精神文化的内涵

校园精神文化是在特定历史条件下,通过长期的教学、工作和生活等多方面的实践逐步形成和发展起来的,为学校师生所认同的一种群体意识。它包括学校的办学思想、发展目标、价值观念、道德规范、学术风气以及学校的传统精神等。积极进取、健康向上的校园精神文化，是规范和指导教师及学生思想行为的无形力量，同时又对提高全体成员的道德素质，激励师生员工肩负起热爱学校、建设学校的责任感以及调动全体师生勤奋学习、努力工作的积极性、创造性等方面有着不可替代的重要作用。因此，在校园文化建设中，应以校园精神文化的塑造为重点，着力建设具有鲜明时代特征和学校特色的校园精神文化，使其成为激励师生员工奋发进取的群体意识。

高校校园精神文化主要是指高校的历史和传统精神，校园精神文化是高校在长期的校园物质文化、制度文化创造过程中积淀、整合和提炼出来的。高校校园精神文化包括学校所有成员的群体意识、精神风貌、心理素质、人生态度、人际关系、价值取向、思维方式和教风学风等，这些构成高校校园精神文化的要素由高校的地域、民族、职业、历史文化的影响和知名人士（包括教师、学生、校友）的品格、气质、生命力和创造力共同孕育而成。对于高校校园精神文化的界定，有学者认为，高校校园精神文化主要是指高校师生的道德、习惯、传统、人际关系、世界观、人生观、价值观、审美情趣、集体舆论等；也有学者认为，校园精神文化是主宰整个师生员工思想的精神倾向，它集中体现在高校师生员工的世界观、人生观、价值观和道德观上，集中反映高校师生员工的整体面貌等。不管哪种说法，都说明了高校校园精神文化是高校在长期的文化演化中，对各种优秀文化要素的选择、抽象和积淀，并最终成为高校师生内在精神力量的源泉。

高校校园精神文化是一种具有历史传统文化。历史传统是指一所高校在长期办学过程中逐渐形成的具有一定的价值取向、目标认同和思维向往的一种高校校园精神。无论建校时间长短，每一所学校都有自己不同的发展历史，都会有自己的特点。所谓的校园精神文化的建设，就是创建有自身特色的学校，紧跟先进文化发展的潮流，着眼于社会需求，发挥学校的传统与优势，发掘本校的潜力，发挥本校的特长，把学校办得与众不同。每所高校都有其独一无二的办学指导思想，鲜明地体现出这所大学的办学风格，也使得这种校园精神文化熏陶下的学生在立身行事上有较强的个性。

高校校园精神文化也是一种民族文化。作为一种行为模式（包括制度、规范、认知模式、情感模式、心理模式、审美模式等）的民族文化，有着调节着民族群体与生存环境、民族社会群体内部、民族个体与社会等多重关系的作用，并塑造着民族社会的理想人格，为个体提供归属感、幸福感和心理上的依托。同时，民族文化的这些价值和内在意义又常常被符号化、系统化，并以象征的方式表现出来，这就使民族文化涂上了鲜明耀眼的个性特征，而且在某种程度上决定着一个民族的世界观。

高校校园精神文化是一种地域文化。一方水土孕育一方文化，一方文化影响、造就一方社会。不同社会结构和发展水平的地域自然环境、民俗风情习惯、政治经济情况孕育了不同特质、各具特色的地域文化。诸如齐鲁文化、秦文化、蜀文化、巴文化、徽州文化等各具特色的地域文化，分别代表了不同地区的优秀文化传承。

高校校园精神文化还是一种职业文化。高校教育在一定意义上是一种职业教育。校园精神文化建设要以实现培养目标为目的，以培养学生职业能力与职业素质为主。加强学生的职业素质养成教育，要不断提高学生的职业能力和职业素质，培养学生的创新意识。要注意吸收职业文化与职业精神。校园内的基础设施、校园环境，以及校内外的实习实训基地建设都应渗透职业文化与职业精神，使之有利于学生走上社会后能较快地适应实际工作岗位。

二、高校校园精神文化的作用

（一）高校校园精神文化建设对和谐社会的作用

和谐可以凝聚人心、团结力量、发展事业。和谐是我国传统文化中具有代表性的观念，是事物存在的最佳状态，也是一切事物的美好特点。实现和谐是古往今来人类孜孜以求的美好愿望，而调动一切积极因素构建和谐安定的社会也是中国特色社会主义事业所追求的理想。

1. 教育学生成材的需要

大学生是社会主义现代化建设的主力军。建设高校校园精神文化，就要营造积极向上、健康高雅、自强不息、艰苦奋斗的精神氛围，这样才能够培养大学生健康乐观、积极进取的心态，提高他们的专业能力和文化素养，增强他们的社会责任感。加强和改进大学生思想政治教育，提高他们的思想政治素质，对于全面落实科教兴国和人才强国战略，确保我国在激烈的国际竞争中始终立于不败之地，以及中国特色社会主义事业兴旺发达、后继有人，具有重大而深远的战略意义。

2. 促进和谐社会的发展

一方面，构建高校校园精神为和谐社会的发展提供了持续动力，反之一个幸福、和谐、公正的社会也会为高校校园精神文化建设提供良好的外部环境；另一方面，实现和谐校园将直接为和谐社会的发展提供智力支持和技术支持。高校是社会大家庭中的一员，是社会这个总系统的子系统之一。高等学校在社会中有特殊的地位具，对建设社会主义和谐社会举足轻重。高校校园精神文化的价值导向、凝聚、激励等功能能够促进全体师生员工团结和谐，为了共同的目标，齐心协力，营造出一个和谐文明的校园。师生员工和谐的校园环境必将带动大学校园文化的繁荣，使校园科研水平更强，培养出大批合格的、高素质的、建设和谐社会需要的创新型人才。这些人才在科技、政治、经济等不同的领域、不同的工作岗位上贡献自己的知识和才华，有助于促进和谐社会的发展。

3. 建设校园精神文化是增强凝聚力的有力措施

高校校园精神文化是一所高校经过几十年甚至是上百年的历史凝练出来的智慧结晶，它的核心和灵魂就是"大学精神"。这种精神拥有能够感召和团结全体师生员工的力量，能使他们为了共同的目标团结合作，精诚所至，金石为开。当代大学生缺乏的就是这样一种合作精神。

构建高校校园精神文化，营造高品位的文化氛围，让学生在这个氛围中去思考、理解、感悟、净化灵魂、升华人格、完善自己，能使学校在凝聚力和吸引力等各个方面得到发展。总之，加强高校校园精神文化建设、构建和谐校园是高校改革发展的重要任务，是构建富强民主文明和谐社会的需要。

（二）高校校园精神文化建设对和谐校园的作用

高校校园精神文化建设不仅能够陶冶大学生的情操，培养其协作精神和健康个性，还能够促进大学生的心理健康、提高大学生的综合素质，对大学生的健康成长有着巨大的作用。在高校校园文化建设中，物质文化、行为文化等是高校校园文化的表层结构，精神文化才是高校校园文化的深层结构。校园精神文化不仅能够陶冶师生的情操、规范师生的行为，还能够激发全校师生对学校目标、规章准则的认同感，以及作为学校一员的使命感、归属感，形成强烈的向心力、凝聚力和群体意识。同时，它对校园中每一个人的影响与管理的导向、凝聚、激励、约束等功能相吻合，对学生起着潜移默化的教育作用。因此，校园精神文化是一个学校的活力与灵魂所在。

精神文化是隐性的，必须依赖各种载体来体现，并作用于人们的思想，才能起到教育作用，高校校园精神文化亦是如此。高校校园精神文化建设包括两方面的内容：其一为硬环境建设，如不同风格的建筑、现代化的教学设施、赏心悦目的绿化等；其二为软环境建设，如墙面、橱窗的布置，班级文化活动的开展，制度文化的构建，以及大学校园文化活动等。显而易见，后者是更为重要的。建设高校校园精神文化既是全面提高大学生素质的需要，也是完善学校教育管理、创建大学校园文化载体平台的需要，在构建和谐校园中起着举足轻重的作用。

1. 有利于形成统一的大学精神

高校精神是高校文化的核心，高校要适应社会不断发展的需要，承担社会责任，就要培养具有人文精神、科学精神和创新精神的高素质人才。因此，高校文化有利于形成自由与民主、科学与人文、继承与创新相统一的高校精神。

2. 有利于确立鲜明的大学理念

高校理念即高校的教育理念，它的中心在于如何培养人才。高校精神文化是高校的灵魂，通过校训、理念等外在的形式表现了高校精神，对解决高校应该承担什么样的责任，如何可持续发展以及如何培养人等方面的问题形成了成熟的解决方法现代化的校园建设，独具匠心的校园布置，学生朴素大方而又不失现代流行元素的服饰打扮，以及校园中纯净的空气、礼貌文明的语言交流、友爱和谐的人际交往，均可帮助和引导大学生鉴赏美、追求美、创造美。在对美的认识和追求的过程中，大学生会认识到美来自劳动，是社会实践的产物；会深刻领会到心灵美、语言美、行为美、环境美的内涵和意义；真真正正地理解诸如"大方""和谐""优雅""风度"等这些描述美的词汇的含义。所有这些都在无形之中时刻感染着大学生，使他们受到心灵的撞击并收获美，从而在实际生活中自觉约束自己的言行，自觉抵制各种不良风气和低俗的、消极腐败思想的侵蚀，使追求美和创造美成为他们日常生活的需要，形成正确的世界观、人生观、价值观。因此，加强高校精神文化建设，有利于确立包含高校使命观、发展观和育人观的大学理念。

3. 有利于构建高校道德体系

高校是进行系统道德教育的重要阵地，高校精神文化的规范功能和导向功能，有利于高校在道德教育和实践方面引导大学生形成良好的道德意识，建设优良的校风、教学、学风，形成社会崇尚的道德体系。高校校园精神文化建设通过制定制度和准则规范了大学生行为活动，有助于他们养成良好的习惯。完善的制度和积极向上的宣传氛围是良好的高校校园精神文化得以实施的保障和助推器，对大学生的生活、学习及思想言行具有约束和规范作用。在日常生活中，大学生会把规范的制度和健康的集体舆论作为自己行动和思想的一面镜子，时刻严格要求自己。优雅美丽的校园环境同样能对大学生的行为起到引导和规范作用。高校校园精神文化建设有利于大学生集体意识和协作精神的培养。高校校园精神文化建设是一项复杂而系统的工程，它的建设主体是每一所学校，因此对学校的集体形象提出了一定的要求。这就要求这个集体中的每一个人不但要注意自己的形象，而且要处理好个人和集体之间的关系，搞好相互间的团结协作，遵循少数服从多数、个人利益服从集体利益和国家利益的原则和宗旨，必要时甚至不惜牺牲生命以维护集体和国家的利益。这种崇高的集体主义信念会感染和影响到集体中的每一个人，有助于他们树立个人要服从集体、严于律己、宽以待人，以及"国家兴亡，匹夫有责"的集体主义思想观念，从而有利于和谐校园的构建。

第二节　高校校园精神文化的建设途径与方法

校园精神文化包括体现学校特色和精神的优良传统、校训校风、人文精神和科学精神等。它是师生员工精神的避风港和养分的补给所，有着自身的行为准则、价值取向、生活习惯和规范体系。校园精神文化可以通过各种文化仪式来引导群体成员的行为、心理，使其在潜移默化中接受共同的思想引导、情感熏陶、意志磨炼和人格塑造，产生一种巨大的向心力和凝聚力；对学校师生员工的思想和行为起约束作用，使他们正视道德冲突，解决道德困惑，明辨是非。高校校园精神文化的形成、传播和发展，充满着创造活力和创新精神，能激励学生探索奥秘、增加求知的自觉性和解惑的主动性，促进大学生创新能力的培养。

一、开展校风建设

校风是一个学校各种风气的总和，是学校办学过程中长期积淀而成的，也是一所高校的灵魂和气质所在，它体现着学校文化传统、管理水平和办学理念，是学校创品牌、树形象的重要保证。良好的校风既是教育和管理的成果之一，又在教育和管理上具有特殊的作用，它有一股巨大的同化力、促进力和约束力，促进学生个体成长。从校风体现形式上看，校风主要表现在校训、校歌、校徽和校旗上。优良的校风激励着教师为人师表、教书育人，也鞭策学生勤奋学习、积极向上。校风建设实际上就是校园精神的塑造，校风作为构成教育环境的独特的因素，体现着一个学校的精神风貌。好的校风具有深刻"强制性"的感染力，使不符合环境气氛要求的心理和行为时刻感受到一种无形的压力，使在校园中的每个人的集体感受日趋巩固和扩展，形成集体成员心理特性最协调的心理相容状态；好的校风具有对学校成员内在动力的激发作用，催人奋进；好的校风对学校成员的心理发展具有保护作用，对不良的心理倾向和行为具有强大的抵御力量，有效排除各种不良心理和行为的侵蚀和干扰。因此，坚持"立德树人"指导校园文化，必须树立良好的校风。

二、开展教风建设

教风是教师在长期教育实践活动中形成的教育教学的特点和风格，是教师道德品质、文化知识水平、教育理论、素质等素质的综合表现。教师是教育和改革的实践者、开拓者，是中华民族文明得以传递的传承者、教导者，树立良好的师风对于校园文化的建设具有至关重要的作用。品德高尚的教师作为校园文化的传播者，要做到言传身教，将教育工作做到实处。要抓好校风建设首先必须抓好教风建设（包括工作作风建设），因为学校是育人的场所，是人才的摇篮，而教师是人才的培养者，理应在"三育人"（即管理育人、教书育人、服务育人）的过程中发挥主力军的作用，引导和促进勤奋学习、积极向上、严谨求实、尊师重教、遵纪守法、举止文明的优良学风的形成。优良的学风更需要一些具有学术风骨、品德高尚的大师级人物以其品格、气质影响一代又一代的学生。总之，没有良好的工作作风和教风就难以形成良好的学风。

三、开展学风建设

学风是指学生在集体学习过程中表现出来的治学态度和方法，是学生在长期学习过程中形成的学习习惯、生活习惯、行为习惯等方面的表现。优良学风像校风、教风一样，对学校教育教学质量的提高，对学生人格品质的发展和完善，对培养学生成为德、智、体、美、劳全面发展的接班人，都有重要意义。学风不仅受校风、教风的影响和制约，而且对校风、教风的形成起促进作用。优良的学风对学校教育教学质量的提高，对学生人格品质的发展和完善具有重要意义。高校应坚持以学为贵，以知为重，帮助学生了解求知对于推动社会进步、成就事业和完善人生的重要意义；形成自觉学习、积极探索、不断创新的人生态度和海纳百川的博大胸怀。

四、完善学校人际关系建设

学校人际关系包括学校领导之间的关系、学校领导与教职工之间的关系、教师之间的关系、教师与学生之间的关系、学生与学生之间的关系。良好的学校人际关系有助于广大师生员工密切合作，形成一个团结统一的集体，更好地发挥整体效应。

五、开展第二课堂文化建设

第二课堂在高校校园精神文化建设中起着特别重要的作用。高校对学生的培养教育主要是通过两大课堂同时进行的：第一课堂是进行教学活动，它对人才培养提出普遍性要求，解决的是共性问题；第二课堂是在教学计划之外组织学生开展的各种有意义的教育活动，主要包括政治性、学术性、知识性和娱乐性的活动。第二课堂的目的是发挥学生的特长，解决的是特殊性、个性的问题。第二课堂文化活动的实践作为一种特殊教育渠道，能够达到第一课堂教学所无法代替的教育效果。丰富多彩的第二课堂文化活动，可以形成良好的环境氛围，有利于学生陶冶情操、拓展视野和丰富知识。建设以"立德树人"为核心的校园文化，需要以丰富多彩的校园文化活动作为载体，让学生在轻松愉快的氛围中树立良好德行。

第一,积极开展学生校园文化艺术节、科技文化节、学生社团文化节、社会实践、志愿服务等校园文化活动。以大学生艺术节、"挑战杯"科技创新作品竞赛、创业计划大赛、暑期"三下乡"社会实践等活动为载体,引导学生坚持正确政治方向,提高思想道德素质和创新意识,丰富文化生活,推动学校形成厚重的校园文化和清新的校园文明风尚,使学生在日常学习和生活中接受先进文化的熏陶和文明风尚的感染,在良好的校园人文、自然环境中陶冶情操,促进学生全面发展和健康成长。

第二,开展寝室文化建设活动。寝室文化是高校校园文化建设的重要组成部分,和谐寝室对于青年学生的成长成才具有非常重要的作用。随着高等学校学分制的实行,以班级作为思想政治教育基本单位的情况正发生改变,寝室的育人功能更加突出。学校要通过开展多种形式的活动,探讨建设"美观雅致、文明理性、团结互助、积极进取"寝室文化的方法、途径,引导学生积极行动共建和谐寝室。

第三,广泛开展通识教育。通识教育作为造就具备远大眼光、通融知识、博雅精神和优美情感的人才的文明教育,是大学文化的应有之义,学校应广泛开展通识教育讲座,邀请校内外在人文、社科方面有造诣的专家、进行学术讲座,开阔全校师生视野,提供精彩的"文化盛宴"。

六、开展新时代网络文化建设

我国实施的经济建设。政治建设、文化建设、社会建设、生态文明建设为一体的发展战略,决定着高校校园精神文化的基调。有着百年历史的学校乃至刚刚成立的院校,都顺应这时代的变化。建设高校校园不能脱离社会、时代,随着社会和时代的发展大学生的高校校园生活也会日益完善。汲取具有时代性的高校精神文化,坚持"以人为本"的观念,对人才培养、科技创新、社会服务、文化理念等高功能特效的发挥,引领学生在走向正确的发展道路起着至关重要的作用。网络有利于提高校园精神文化和思想政治教育的针对性、实效性和主动性,扩大覆盖面,增强影响力,并受到广大师生的欢迎。高校要站在时代的高度,走在信息革命的前列,以敏锐的眼光认真研究、总结和把握网络文化发展的客观规律,充分利用网络这一载体,广泛传播文明,抵御不良影响,占领校园舆论阵地。要让主题鲜明、丰富多彩的精神文化网站、网页成为高校校园多层次、立体化、综合性校园文化和教育体系的前沿阵地。

第三节 新时代高校校园精神文化的创新路径

新时代高校精神文化是高校所有人员共创、共享的精神财富。学校一旦形成自己特有的文化，就体现为一种个性，从而成为一种无形的精神力量，对学校的发展发挥潜在的、巨大的推动作用，使学校全体成员在共同的价值取向、行为准则和校风学风的统领下，有生气、有创意地贯彻党和国家的教育方针，进而创造出既属于自己又服务于社会的知识文化与精神文化。

一、传承学校的特色与优势文化，不断提升文化品位

美国学者阿什比曾经说过："任何类型的大学都是遗传和环境的产物。"[①] 不同的时代、不同的环境、不同的民族背景造就了不同风格的学校。当你走进具有特殊精神文化的高校时，就会发现其与众不同的风气、文化，这是由特定的文化背景、社会基础、区域特色、生源状况、师资结构、领导个性等一系列因素长期孕育形成的，是学校数代人以一定精神文化（如校训、校风、校规等）为指导而共同创造的。新时代下高校应真正成为既教学生做事又教学生做人，提高学生价值理性的场所。只注重科学技术教育，忽视精神文化教育，实际上是工具本位教育，而不是"以人为本"的教育。新时代高校精神文化要成为先进的精神文化，就要准确反映中华民族在各个历史时期及发展过程中的基本要求和愿望，正确体现中华民族的优秀传统和精神。

高校在建设与发展过程中，应当自觉把握精神文化的特征，不断弘扬和培育富有先进性、时代性的精神文化。因此，需要做到以下三点：第一，坚持精神文化的规律性。文化是一定社会政治、经济的反映。先进精神文化必须建立在科学理论的基础上。新时代高校精神文化要以党中央的思想来武装，进行文化教育、理想教育、道德教育等，要遵循文化建设和发展的规律，才能不断提升文化的品位。第二，发挥精神文化的凝聚性。先进精神文化通过价值取向的

---

① 杨海波，郑永廷.创造富有特色的校园文化：当代高校精神文化发展研究[J].高教探索，2003（4）：66，79.

一致性、人际的亲和性、情感的相融性,将会产生凝聚和感召广大师生员工力量的作用。第三,注重精神文化的前瞻性。先进的精神文化必须站在时代的前列,打上时代烙印,反映时代要求和人民愿望,指导科学文化发展,并对社会的政治、经济发展进行前瞻性引导。

二、深入开展高雅文化活动,培育师生高尚情操和精神境界

一所高校的理想信念是高校精神文化的集中表现,它代表的不仅是高校的发展方向与目标,还是全校师生员工的价值追求。新时代背景下学校的发展目标如果不能被多数人认可,学校就会缺乏理想信念和精神的支撑。每所学校的领导在思考如何建设校园文化时,要根据学校多数人的意愿,考察哪一个方面、哪一种文化价值更容易得到认可并加以确定,逐渐形成学校的特色。高雅文化关注人的精神生活,关注道德义务感,重视人的价值内涵,以个性创造为美,是社会文化理想和人文精神的重要载体,承担着社会教化和创新的使命。因此,在新形势下,高校精神文化应在继承的基础上创新,应坚持"以人为本,崇尚学术,服务社会,走向世界"的价值取向,深入开展高雅文化活动,培育师生高尚情操和精神境界。

(一)繁荣哲学社会科学,重视学校精神文化建设

学科是一所高校进行知识传播、知识转化、知识创新的基础,大学的声誉与学科水平的高低紧密相关,学科是新时代背景下高校发展的龙头和关键。建设高校精神文化,就需要建设特色学科,而特色学科又需要与之相一致并能促进其发展的价值取向、团队精神、职业道德、科学感情等人文精神与动力。特色学科与特色精神文化的关系,是真与善、智与德的关系。特色学科是特色精神文化形成的前提与基础,特色精神文化则是特色学科发展的动力与保证。如果不能依托特色学科形成和创造与之相适应的特色精神文化,特色学科就会因为缺乏人文精神的孕育而逐渐萎缩并丧失其特色。

哲学社会科学的繁荣与发展,是塑造民族品格,锤炼民族意志,坚定民族志向的过程,是一个民族综合素质的文化力量的重要体现。改革开放以来,我国哲学社会科学研究取得了一系列丰硕的成果,但与自然科学和技术的快速发展相比,却存在重大成果相对短缺的问题。繁荣发展哲学社会科学,有利于弘

扬时代精神，有利于形成健康向上的道德风尚，有利于崇尚科学、反对愚昧，有利于发挥意识形态凝聚人心、鼓舞人心的重要作用。

要以建设具有中国特色、中国风格、中国气派的哲学社会科学为根本任务，深入推进高等学校哲学社会科学繁荣发展，努力建设高等学校哲学社会科学创新体系；要紧紧围绕新形势下培养什么人、怎样培养人这一战略主题，紧密结合学生实际，创新理念，落实措施，强化高校哲学社会科学的育人功能；要结合当前经济社会发展的主题，整合资源，优化结构，加强对社会突出矛盾和问题的研究，重视对哲学社会科学研究成果的推广和应用，着力提高高校哲学社会科学的社会服务水平；要大力弘扬中华民族的优秀传统文化，在借鉴世界各国优秀文明成果的基础上，大胆探索，勇于创新，充分发挥高校哲学社会科学在文化传承创新中的作用。同时，要重视哲学社会科学研究成果和相关知识的传播，让广大师生具有丰富的人文科学知识，为理解大学精神文化奠定基础，更为重要的是让广大师生掌握哲学社会科学的思维方式和价值观念，重视学校精神文化建设，深刻领悟并积极践行学校的校训、校风、学风，从而促进高校精神文化的建设。

（二）改善人际关系，培养团队精神

发扬民主，改善人际关系，培养团队精神是一个学校精神文化建设的关键。文化的深层结构——心理，是在人际交往中形成的。改善人际关系是构建文化环境的重要内容。在信息时代，发挥科学技术工作中的集体性已经成为个人提高效率的一个条件。例如，哥本哈根大学物理研究所正是因为聚集了一批杰出的科学家，才取得了丰硕的成果。所以，在精神文化建设中应重视人际交往的改善，注重培养民主精神，坚持平等原则，破除等级关系和实用主义倾向，每个人都应当得到同样的尊重，每个人的个性也都应当得到理解和包容。

只有转变观念，才能推动社会交往，提高与人交流沟通的能力，才能发展理解人、关心人、乐于助人的良好品德。团队精神是一种合作和增强群体创造意识的精神，它体现在学校的方方面面。在人们的积极参与中，平等坦诚的学术交流和思想交流，有利于打破旧习和保守的思维定式，使人们超越自己的局限和思维惰性，进行活跃而敏捷的思想交锋，开展友好的合作，在学术交流与思想碰撞中产生智慧的火花，开启创新之门。

同时，在学术交流中，由于重视的不是权势，而是知识与真理，因而更需要平等、自由的探讨，更需要形成对更高境界业务与精神的追求。特别是现代科学技术的综合化发展趋势、经济全球化的发展趋势、信息与教育的国际化发展趋势以及高度的社会化发展趋势，已经完全改变了农业经济时代知识分子教学与科研的个体性与分散性，改变了计划经济条件下的封闭性状况，把每个人都融入一定的集体与社会。学习型组织已经成为高校生存与发展的方式，团队精神更是高校与高校每个人的灵魂所系。因此，新时代背景下高校精神文化建设与学术建设总是相互渗透、不可分割地联系在一起。那种只重物质而忽视精神、只重科技而忽视道德的行为，实际上是重形轻神的倾向，这种神与形的长期分离，只会使高校浮躁、肤浅、畸变，不仅不能满足高校精神文化建设的要求，也不利于师生以及学校的发展，应该引起每一位高校管理者的警惕。

（三）引导大众文化积极健康发展，不断提高文化鉴赏水平

大众文化既有积极、健康的一面，也有消极、庸俗的一面。健康、优秀的大众文化有助于弘扬社会主义核心价值体系和社会主旋律。大众文化的某些表现形式如流行歌曲、电影电视、现代舞蹈等已经成为当代大学师生日常生活中的重要组成部分，通过这些大众文化形式，大学师生拓展了人际交往空间、缓减了工作学习压力、提高了生活乐趣，体现了大众文化积极的一面。同时，在大众文化中也有一些优秀的电影电视作品、舞蹈歌曲等，对启迪师生思维，提升师生审美情趣发挥了重要的作用。王文异等人认为，大众文化的形成把学生的思想触角伸出了校园，引入了广泛的社会空间，弥补了原有校园文化覆盖面不广的缺陷，在学校、学生、家长、社会之间架起了一座更直接更便利沟通的桥梁，构建了社会、学校、家长、媒体"四位一体"的网络思想政治教育新模式，使原先相对狭小的教育空间变成了全社会的、开放性的教育空间。大众文化作为大学生师生易接受、易感受的媒介，在大学精神文化建设中，要引导大众文化积极健康发展，引导大学师生树立正确的世界观、人生观、价值观，不断提高明辨是非美丑的能力，不断提高文化鉴赏水平，坚决抵制腐朽文化的渗透。

（四）弘扬高雅文化，创建高雅、健康的文化活动品牌

高雅文化是一种优秀的文化表现形态，是由知识分子群体加工、创造、传播和享受的文化，如诗词书画、交响乐、芭蕾舞、艺术电影、经典戏剧等艺表现形式。在大学开展高雅文化活动,普及高雅艺术,可使大学师生成为高雅艺术的传播者和践行者,弘扬优秀民族文化,提高其艺术修养和文化素质。大力推行高雅文化活动,一是让大学师生在认真欣赏交响乐、经典戏剧、歌剧、芭蕾舞等高雅艺术的同时,认识社会的现状,感悟人生的价值;二是组织艺术教育专家举办音乐、舞蹈、戏剧、戏曲、美术、书法、篆刻、影视等艺术教育专题讲座,加强师生的戏曲知识、音乐知识、美术知识、文学知识等灌输和教育,提高大学生欣赏高雅艺术的水平;三是借助图书馆等现有资源,倡导大学师生阅读经典书籍,陶冶情操,培养高尚人格;四是开展艺术讲座和学术研讨,加深师生对传统文化艺术的了解,真正培养起大学生对传统文化、高雅艺术的兴趣。

大学校园文化建设是一个可持续发展的过程,学校可以充分发挥学生会、研究生会及学生社团联盟等组织的作用,组建各种兴趣小组、举行比赛等文化活动来丰富大学生的生活。营造科学精神和人文精神相结合的校园文化氛围,凝聚、服务和教育广大青年学生。创建高雅、健康、向上的文化活动品牌,为学生提供开展高雅文化交流的场所,丰富校园文化生活,吸引学生积极参与其中,培育学生健康人格。

第四章 高校校园物质文化建设与创新

第一节 高校校园物质文化内涵与特征

校园文化中的物质文化建设,是校园文化建设的有形载体,是凝聚了人类文化的物质存在形式,是高等学校在发展过程中积累下来的物化形式存在的总和。在校园文化建设中,物质文化建设既是推进校园文化建设的必要前提和条件,又是校园文化建设的重要载体,其建设状况在一定程度上直接影响着校园文化的质量和整体水平。

一、高校校园物质文化内涵与特征

(一)校园物质文化的内涵

校园物质文化是校园文化的重要的组成部分,它包括学院建筑及其造型、颜色、布局、教学工作的装备设施、校舍的大小、教室的空间安排、花草树木的种植、教职员工的服饰、校旗、校徽、校服等等。校园物质文化,是校园环境建设中的一部分,是校园建设硬件设施的配备展示,这里面包括用于教学和日常生活的设施。

高校校园物质文化广义上来讲就是高校校园的物质文化。广义的高校校园物质文化是指大学文化在物质层面上的体现,是群体价值观的物质载体,是制度文化和精神文化的外在表现形式。它不仅包括校园建筑、网络图书、仪器设备及公共空间,而且还包括学科结构、专业体系、师资队伍等。凡是能承载并反映大学的物质存在的文化形态都是高校物质文化。狭义的大学物质文化是指大学的校园基础设施、校园文化景观设施、标识性文化建筑等外在物质形态。本书主要是从校园物质、景观、设施文化等来探讨高校校园物质文化建设,所以倾向于狭义的大学物质文化概念。

广义的高校校园物质文化由高校的校园物质、建筑景观、教学设备、师资队伍等有形事物或能被人们感觉到的客观存在所形成的文化。[1]高校校园文化包含了大学校园的物质文化,高校校园物质文化构成了高校校园文化的最基础的力量,给予高校校园文化以外在的推动力。高校校园物质文化以最直接的方式以一种无声胜有声的状态影响着大学生,有"入芝兰之室,久而不闻其香"的效果,这也是区别于其他校园文化形态的显著特点。

(二)高校校园物质文化的特点

深入探索校园物质文化的特点有助于高校特色校园物质文化研究的深入开展,有助于进一步深入了解高校特色校园物质文化。校园物质文化有以下特点:

1. 承载性

校园物质文化的承载性主要是指高校在日常的教学科研生活中形成的一种特有的文化氛围,这种文化氛围以校园物质文化为载体,通过校园物质文化向四面八方辐射,使身在其中的人受到感染和熏陶。由于高校的日常生活会使建筑、雕塑等特定建筑或区域具有很强的精神象征意义,使人一旦身处于此就会产生热爱学习,刻苦钻研,勇于拼搏等精神,这些物质就形成了一种文化的代表,对文化就有了承载的意义,也就是承载性。

---

[1] 眭依凡. 大学文化思想及文化育人研究 [M]. 杭州:浙江大学出版社,2016:5.

2. 多元性

高校是各类文化精华汇聚的场所，日新月异的建筑、设施、不同文化的冲突影响决定了校园物质文化内容丰富、形式复杂多样。校园物质文化涉及的内容多、形式丰富、领域广泛，建设校园物质文化的主体是当代高知人群，他们观念更新快、思想活跃，尤其是大学生在视野开阔、思维敏捷的基础上精力也十分充沛。所以，校园物质文化的内容充实、形式多样、创新性很强。以校园主楼建设为例，世界各大高校的主楼设计风格多种多样，层出不穷，有些更是出自同一设计师之手。虽然有些主楼的设计风格一致，但是却在细节之处能够找到体现本高校特点的地方。

3. 卓越性

相比社会主流文化，校园物质文化的格调更高雅。校园是诞生科学的承载体，是教学过程中的主导、是教育的实践之地，理应成为改革开放人才供应的主体。当今的大学生，毋庸置疑会成为日后国家发展的中坚力量和各行各业的骨干精英，大学生也必然成为校园物质文化建设的主体。这就决定了校园物质文化的建设具有较高的文化层次和道德品质，校园物质文化的建设要比其他的社会文化更具有卓越性。而且，高校是知识和高科技融汇的场所，知识渊博的人在校园中运作操控社会的前沿文明，运用和掌握世界的先进文化，能够精确的在校园物质文化的取舍和分辨等方面做出明智的选择，而不会像主流文化那样随波逐流，而且这些文化创造的主体也会在这样一个区域不断地创造出引领时代性的新的产物。

4. 地域性

校园物质文化会因为所处的自然社会环境不同而不同。高校作为文化的先锋，会充分地融入周围的环境当中，北方的风格比较粗犷，南方的比较细腻，校园物质文化会根据周边的情况塑造自己。首先，人文文化是基于当地的客观条件而产生，物质文化是人文文化的一部分，也应该顺应地方的风格。其次，校园物质文化的产生是基于当地的周边社会环境和人的智慧产生的，其带有当地的血统，每个地区都有其独到的特色。所以，各个地区的校园物质文化都包含当地特有的风格。

5. 传承性

在这个世界中，万事万物都是有着千丝万缕的联系，都不是孤立存在的，在历史上是前后联系的,相互依存的。校园物质文化具有历史传承的特点,可以把当代文化同历史联系起来。在校园物质文化中,没有文化的传承就如同楼房没有地基。每一所高校在发展过程中都积淀了一定的校园物质文化传统,如,富有个性的校园主楼就是在高校发展的过程中逐步更新改进,逐步实现适应该所学校发展的专属形式。独具风格的校园主楼也是一所高校区别于其他高校的独特的精神标志,为校园人努力拼搏,开拓进取提供了有力的精神源泉。校园物质文化的建设,首先,应该是强化对已有的历史进行继承,我国的历史源远流长,但是继承性却有不足之处,历史建筑的保护也有所欠缺,这样就使人们对"曾经"的认识不足,从而缺乏一种归属感。其次,高校校园物质文化还要对已有的自然风貌进行传承,自然的一草一木,都是大自然留给校园人的瑰宝,是时刻警醒人们亲近自然,爱护自然的物质基础,有助于人们时刻牢记可持续性发展的要义,时刻牢记人类文明与大自然的息息相关。校园物质文化的历史传统是高校发展的法宝,通过校园物质文化,校园人将身临其境般的感受其教化的光辉,并继承发扬光大。

（三）高校校园物质文化内容

校园物质文化的含义有很多种,学术界的相关论述主要有以下几点:第一,校园物质文化是大学校园文化的前提和精神载体,是大学校园的"硬建设",直观地反映高校的校园容貌,是传播大学"第一印象"的文化载体。第二,大学物质文化不仅是大学精神文化的物质基础,同时也是大学综合实力的重要标志。大学物质文化拥有一支结构科学,构造合理的学科体系,而且还有一支具有人格魅力、较深的学术造诣、教学有方的教师队伍、藏书百万的图书馆、现代化的实验室和速度一流的校园网络。第三,高校校园物质文化是精神的物化作用的体现,是价值观的物质载体,是制度文化和精神文化的混合作用的有形形式。高校的校区建设,主楼风格,校徽,校旗等,都是物化作用的体现。

高校培育人才,绝对不能局限于知识的灌输,和通俗说教式的教育。不可否认,经现代科学证实,环境对人的意识和性格产生的影响是客观存在的。良好的校园物质文化建设对学校的发展,和学生的培育都起着至关重要的作用。高校造就人才,应在重视知识、技能的同时,以更高的效率、更多的精力对学生进行氛围的感染和性格的培养。大学生的人生观、世界观正经历着自我确立,自我修正的过程。因此，优异的校园物质文化对帮助大学生确立远大的人生理想、正确的人生哲学、乐观的人生态度都是极其有益的。校园里的每一座桥梁，每一座雕像，每一个设施都会对学生的学习生活产生一定的影响。例如：矗立于校园内的雷锋塑像，表现了人民子弟兵为人民服务的高尚精神，在学生心中树起了一座为人民服务的丰碑。学生们在校园中会这种潜移默化的影响，校园物质文化对学生的教育绝对不同于传统式的教育，而是一种自然地，无须额外投入的，良性的，循序渐进的融会贯通式的教育方式，通过这样的影响式教育，从而达到对学生的引导式教育。

二、高校校园特色物质文化的内涵与特征

要研究校园特色物质文化，我们应该首先了解什么是"特色文化"。校园特色物质文化，是指高校校园的物质环境，它是由学校的各种物质设施和环境构成的，是以各种客观实体存在的形式表现出来的文化景观，是高校长期办学过程中智慧、制度与精神的独有物化体现。

（一）高校校园特色物质文化的含义

校园特色物质文化，是指高校校园的物质环境，是由学校的各种物质设施和环境构成的，以各种客观实体存在的形式表现出来的文化景观。高校校园物质文化是高校长期办学过程中智慧、制度与精神的独有物化体现。校园特色物质文化作为特定的某一群体拥有的文化现象，不仅具有所有文化的共同属性，还要体现出它是一种特有的群体所拥有的，通过某种特殊"手段"体现出来的文化氛围。

（二）高校校园特色物质文化的特点

校园特色物质文化具有专属性、兼容性、承载性、传承性四类特点：

1. 专属性

校园特色文化的核心价值就是"特色"，所谓的特色文化就是那种"我有，你无；你有，我无"的专属性文化。首先，高校作为文化传播的终端，就应该具有诞生文化的资本，所谓的诞生文化，就是指产生与众不同的新文化。这些"新文化"以物化的形式展现出来，使身处此处的师生心灵受到感染，然后将其本能的通过著书，讲学的形式传播到五湖四海当中。从而使整个世界通过这种专

属的特色文化来认识这所学校。其次，高校物质文化的物化形式包括校园主楼，图书馆，以及独有的特色实验室等。这些高校校园文化载体具有一个很重要的功能，即能够实现高校校园物质文化的专属性。最后，高校的特色物质文化不仅仅在教育系统中有独树一帜的风貌，在本地区的物质建设当中也会有独特的建树。高校本身就是产生文化的地域，其接触的文化领域是最前沿的。在该地区，人们对大学的认识往往会因为某条路，某座山，某片湖，或者某些名胜古迹等，高校依托这些建设会使这些自然景观及建筑与高校文化融为一体，理所当然地成为高校特色物质文化的一部分，也成为高校的地标性建筑，成为其专属的一部分。

2. 兼容性

校园特色物质文化是一种海纳百川，会"呼吸"的元素。首先，每种文化，都有其合理内核。每种文化都有其存在的理由。校园物质文化，无论是刚刚创新还是历史传承，无论是主流思想的物化体现，还是非主流思想的涂鸦之作，在高校这片沃土中都得以并存。其次，校园的物质资源得以师生共享，校园内无论是生活区资源，还是教学区的设施，只要是以"求学""求知""求真"为目的，都可以免费使用。最后，校园特色物质文化能够接受外来思想，对外来文化进行吸收，取其精华，去其糟粕，进而为自身的发展提供有益的帮助。高校作为社会的重要组成部分，是一个容纳性很强的全新革命性系统。在这个充满活力和生机的革命性系统中，凭借着这种有容乃大的包容性，不同的学科专业得以施展，来自五湖四海的各种思想在这里得以汇聚，分门别类的科技在这里得到共同的展示，各种物质文化融汇成具有本部特色的文明，使校园物质文化充满"包容、大气"的特质。

3. 承载性

物质是精神的物化载体。人的精神是依靠物质的肉体而产生的，精神无法离开物质，物质是精神的载体。特色校园物质文化作为一种特殊的精神，同样也需要物质对其进行"代表"。首先，校园特色物质文化本身来源于高校基础建设，是通过高校的物质结构去体现校园特色物质文化。其次，高校物质建设的根本目标是育人，校园特色物质文化是高校文化的一部分，也是以育人为目标，二者为共同目标努力。最后，校园的精神除了通过媒介和固定途径向外传播，更多的是通过校园建筑和生活配套设施去展现的。

4. 传承性

校园特色物质文化具备一般文化所具有的特点，校园特色物质文化是一种有着与众不同的个性，是经历过"去其糟粕，取其精华"这一过程，经历得起考验的。经过各种文化思潮交汇，社会发展变革，形成种贯穿始终，千锤百炼，无法改变的系统，并且这一系统还将以这种形式继续传递下去。一使特色文化，一定是受到过广泛认可，并且与众不同。文化传承，不是原封不动地承袭传统文化，而是要有所淘汰、有所发扬，从而使文化得到发展。继承是发展的必要前提，发展是继承的必然要求。继承与发展，是同一个过程的两个方面，在这一过程中，不断革除陈旧的、过时的旧文化，推出体现时代精神的新文化。把握好文化继承与发展的关系，批判地继承传统文化，不断推陈出新，革故鼎新。一方面，我们不能离开传统文化，空谈文化创新。另一方面，体现时代精神，是文化创新的重要追求。

（三）高校校园特色物质文化的内容

作为高校校园特色物质文化的重要组成部分，独具一格的校园室内环境的营造、富有特色的高校校园景观文化建设对高校校园特色物质文化建设与发展具有十分重要的作用。对二者进行探讨，有利于高校特色校园物质文化的发展与繁荣。

1. 独具一格的校园室内环境的营造

随着时代的发展，传统的灌输式的教学已经无法满足现代高校培养人才的需求，高校需要更加注重环境的影响。教学楼室内环境的营造是校园物质文化中最直接作用于教书育人的内容，所以，室内环境的营造便成为校园物质文化建设的重中之重。

良好的室内环境氛围对帮助大学生确立崇高的人生理想、健全的人生哲学、积极的人生态度都是极其有益的。教学楼内教学器材、点缀的壁画、生活用品等的摆放，只要放置合理都可以起到感染熏陶的作用。例如，以往教学中喜好使用黑板作为信息的传输工具，但是，黑板的颜色是黑色，容易营造出一种压抑的氛围，不利于学生对知识的吸收。而且黑板教学使用的是粉笔，但使用粉笔的过程中会散发粉尘，严重影响师生的健康。所以，很多院校考虑到这个问题的存在，将黑板更换为白板，这样既营造了明快而又积极的教学环境，又节约能源保护了教学环境。以往教学楼内的地面是水泥地面，是黑色的，考虑到学习氛围对大学生学习状态和实用性的影响，后更换为更为明快亮丽的瓷砖地面，营造出一种充满希望，活力四射的学习环境。对于大学生来说，他们的世界观、人生观、价值观正在经历着觉醒、确立、蜕变的过程。大学生的高校生活中，不知不觉地在思想观念、心理素质、行为方式、价值取向诸方面都受到熏陶、感染，而这种灵魂的感化，完全不同于知识的灌输，只能靠校园物质文化环境的营造形成心灵的感应、情感的升华和思维的换新来实现大学时代良好性格的升级。

2. 富有特色的高校校园景观文化建设

富有特色的高校校园景观文化包括以下几方面内容。一是富有美感的环境文化，主要是指高密度植被绿化带、绿色草坪、整洁完备的体育场、富有概念主义的实验楼、理想的生活设施等。二是搭配科学的环境文化，这里是指建筑群落设计科学、校园园区规划合理、一切以有利于教学而建等。三是形式多样的环境文化，主要是指种植文化、水文化、石文化、雕塑艺术、纪念景观等优雅的自然景观和人文景观。四是特色化的与科学教育研究密切相关的物质形态。

一所环境优美的院校，给人的印象最深的往往不是高楼林立，或是气派的正门。而是这里面有特色的景观搭配。特色是不同事物之间在一定的条件下、具体、动态、相对、辩证、突出性的统一，是一个事物或一种事物显著区别于其他事物的风格、形式，是由事物赖以生存和发展的特定的具体的环境因素所决定的，是其所属事物独有的。这是辩证唯物主义和谐观的基本观点。因此，富有特色的高校校园景观文化建设是校园特色物质文化建设的基础。

(四) 高校校园特色物质文化功能

校园物质文化是一种物化了的群体文化，是高校发展进程中创造的园区环境和室内环境的总和。校园物质文化的功能就是育人，它的发展对师生的思想品质、生活情感都有潜移默化的影响。校园物质文化一旦形成，就会产生巨大的力量，它能使学生的心灵得到净化，心志得到改善，情操得到陶冶，视野得到拓宽，品位得到提升，那些消极、颓废的文化就能得到有效的抑制。爱美是人类的天性。优美的自然环境具有陶冶学生心灵、熏陶学生行为、启发学生美好想象的作用。通过绿化、香化、净化、园林化、知识化，让校园的一景一物，每堵墙壁，每个角落都在无声地"说话"。通过发展校园物质文化建设，优化人际环境，注重"环境文化"建设，发挥校园物质文化的熏陶功能，让校园成为学生流连忘返的花园、温暖的家园和幸福的乐园。

第二节 高校校园物质文化建设原则与意义

高校校园环境建设不仅是各高校得以建立和存在的物质基础，而且还是高校校园文化建设的物质基础，是高校校园文化得以正常开展的物质前提，校园环境建设包括校园外部环境建设和高校校园内部环境建设两个层面。学生以开放的心态对周边环境和校园外不同文化乃至更广泛意义上的社会文化充满好奇。在一座城市先进的物质条件和活跃、先进的文化氛围对学校产生积极影响的同时，一些社会不良信息也将对学校产生威胁和渗透。因此，对待校园环境既要保证一定的社会联系和需求，也要具备一定的防守意识，这样的环境才能让学生成长为既能适应社会，又能积极倡导文明行为，高品质、有道德的人。

一、高校校园物质文化建设的基本原则

高校校园物质文化具有高校文化一般的价值，比如它们是思想政治工作的重要载体，也是培养创造性人才的内在需要等；在功能上亦如此，它们都具备教育功能、导向功能、情感功能等。但是高校校园物质文化又有着自身明显的功能。首先是一种熏陶功能，这种熏陶既包括高校知识的熏陶，也包含一种情怀的熏陶、心灵的熏陶。其次是一种审美的功能，校园物质文化不能够脱离校园中的各种物质艺术，无论是建筑景观、山形水系还是曲径通幽、园林旧迹都与大学中的人展开交流，提升审美能力。具体来说，校园物质文化有很多种表现形式，直接或间接的映射着学校的时代感。在高校校园物质文化建设中要始终依据一定的构建原则并使其贯穿始终。

（一）客观性原则

在以往的高校校园文化的建设中，建设者往往更多地在充分发挥人的主观能动性，发挥聪明才智却忽视甚至违背了自然物质的客观存在和人自身客观的成长规律。虽然很多时候不自觉地带有了人的主观性，但是仍然不能抹杀物质

第四章　高校校园物质文化建设与创新

的客观存在性。政府及管理者在创建大学、构建校园、在培育大学生时应将客观性置于首位，坚持马克思主义唯物的辩证法，只有这样才能够顺应发展变化的规律，正确建设和谐校园物质文化。

（二）系统性原则

马克思主义认为世间的万事万物无不处于普遍联系之中，并且是一种普遍的、客观的、具体的联系在系统中。系统中存在各种要素，每一个要素都会发挥一定的作用，并形成合力。在一定条件下，关键部分能够对整体起决定作用。高校以及高校校园文化本身其实就是一个复杂庞大的系统，各个要素构成了高校整体，高校校园物质文化也是高校校园文化这一整体中的部分要素，所以在建设中要合理兼顾高校校园文化的四个方面，同时也要兼顾高校文化之外的高校其他要素，不要顾此失彼，造成高校校园文化的"失重"。要力求在高校校园物质文化的建设中达到此时无形胜有形的效果。

（三）适应性原则

这里的适应主要指三个层面。第一是适应自身的发展，第二是适应主体的发展，第三是适应外界的发展[①]。每一所不同的大学都有着自己的发展轨迹与文化背景，不管成长到哪一个历史阶段，都携带着自己独有的基因不断丰富着自己的内涵，所以在建设中要首先以自己的实际能力和现实条件为基础，形成自己的特色，不能盲目仿效不切实际的建设方法。大学中最重要的组成部分是师生。这一主体对大学的发展至关重要，也是大学充满活力并不断发展的关键力量。所以在建设中要紧密结合师生这一主体，时刻以他们为中心，深入挖掘他们的内心需求，时刻把握他们的发展规律，在此基础上创造出和谐的校园物质文化，从心灵深处感化他们，从无声无息中影响他们。大学不是一个封闭的场所，不是与世隔绝的象牙塔。大学是一个社会，无时无刻不在与外面的世界发生联系，大学文化在引进来的同时也要走出去，形成一种开放的文化氛围。大学要主动地适应经济社会的发展，更好的发挥服务社会的职能，反映到校园物质文化中就是要跟得上时代进步的潮流，在大的文化背景中正确的创造各自的校园文化。

---

① 廖女男. 大学校园文化的传承与创新 [M]. 成都：西南交通大学出版社，2012：55.

高等学校校园文化建设与创新发展研究

(四) 继承与创新原则

继承和创新各自都代表着两层含义。继承就是要合理的传承历史遗留下来的优秀文化传统,大学的精神理念等;同时还有注重保护,保护物质资源、保护传统文化。而创新就是要不断寻求突破,不因循守旧、故步自封;而且关键是要进行批判,在创新的过程中学会辨别不良的文化风气,批判低俗的文化形式。任何类型的大学都是遗传和继承的产物。因此,在校园物质文化的建设中,既要继承经典的大学文化抓精髓,也要学会保护自然、保护文化;既要创新文化也要舍弃不良文化。不能走先开发后保护的老路,也不能走全盘吸收的错路。

二、高校校园物质文化建设的意义

近年来,各级各类学校都投入大量的人力、物力、财力,加强了校园环境的绿化美化和设施建设,校园的环境建设有了很大的改观。特别是高校的新校区建设如雨后春笋。高校在扩招的同时,为适应新的人才培养目标的要求,高校的固定资产也在成倍增加。作为学校已经充分认识到了校园环境文化的创建对学生的健康成长有着其独特的潜移默化的、深刻有力的影响作用。

(一) 重视对校园环境文化建设是学校发展的需要

前些年来,特别是20世纪90年代以来,校园环境文化建设中出现了部分有待改进的问题。其一,是校园环境文化逐渐丧失作为独立于大众流行文化的精英文化所具有的鲜明个性和特质,受到社会上商品化、通俗化文化的消极影响。高雅的校园环境文化出现了表层性、世俗性倾向。其二,随着群体意识的弱化、个性意识的增强和物态文化的诱惑,出现了理想追求的淡化和价值观念的紊乱。其三,自从改革开放以来,不少青年师生的思想观念和理论兴趣屡屡发生转移。这些问题不利于学校的发展和声誉的提高。因此,促进学校发展,需要重视对高校校园环境文化的建设。

(二) 创设校园环境文化是实施素质教育的舞台

学校在实施素质教育时,校园环境文化建设是一块不可或缺的工作。实施素质教育是一项复杂的社会系统工程,而学校是实施素质教育的主阵地。在这块主阵地中,创设校园环境文化是实施素质教育的好舞台。学校要全面贯彻实施素质教育,除了各级各部门共同创造一个良好的社会大环境之外,也需要营造学校这个小阵地。校园环境文化阵地可以培养学生的合作竞争能力,培养学生的创造性思维和创新精神,培养学生的艺术才华,增强学生的集体主义精神和实践能力,使学生置身于一种自我教育、自我提高的境地,从而使学生在一种愉快教育、情境教育、和谐教育中健康地成长。

(三)营造校园环境文化气息是学校思想教育的重要阵地

校园环境文化具有特殊的育人功能。如果说教师和学生是教育教学活动的主角,那么学校校园环境文化好比是他们活动的舞台,缺少这个舞台,师生的活动就失去了依托,并将直接影响教育教学活动的进程和效果。概括来说,校园环境文化在学校思想教育中表现出以下几种功能:一是凝聚功能。学校环境文化建设的核心是树立群体的共同价值观,通过它的影响力在青年学生中形成一种无形的向心力和凝聚力,把青年学生行为系于一个共同的理想信念和价值追求之上,陶冶健康向上的审美情趣和文化品格。二是激励功能。不同的校园环境文化会将教育教学活动导向不同的境界和水平,产生不同的育人效果。良好的校园环境文化,会深刻地影响着师生的内心,激发师生的工作和学习热情,比起千遍万遍的说教方法,教育效果自然事半功倍。三是熏陶功能。学校按照审美的要求更加强烈校园环境文化建设,这对学生的审美理想、审美趣味和审美观念的形成具有无形的熏陶、感染和潜移默化的作用。四是益智功能。校园环境文化对学生的智能发展具有促进作用。一般来说,丰富良好的环境刺激,可以促进智力发展,还能激发学生积极的情感,并以此来促进学习兴趣的提高。以上功能的发挥表明,学校校园环境文化是学校积极开展思想教育的好阵地,必须加以重视和强化建设。

总之,完善的校园设施可以为师生员工开展丰富多彩的寓教于文、寓教于乐的教育活动提供重要的阵地,使师生员工教有其所、学有其所、乐有其所,在求知、求美、求乐中受到潜移默化的启迪和教育。完善的设施、合理的布局、各具特色的建筑和场所,可以使人心旷神怡、赏心悦目,将有助于陶冶师生的情操,将塑造师生的美好心灵,将激发校园人的开拓进取精神,将约束校园人的不良风气和行为,将促进师生的身心健康发展。这种能让大学生才华得到升华、能力得到培养、思维得到发展的校园环境文化创设实践活动,正是实施素质教育所需要的内容,高校应该也必须重视对校园物质文化这块阵地的建设。

第三节　高校校园物质文化建设载体

在大学校园文化建设中，高校校园物质文化建设是最直观的，也是高校校园师生可感、可触的文化。高校物质文化具体体现在以大学有形的物质载体当中，主要通过校园基础设施、校园景观、校园标志等具体的载体来体现。这些文化载体的整体风格体现了一所高校的文化传统、历史底蕴、育人理念以及大学精神。作为大学校园文化最直接的表现者，高校物质文化通过这些文化载体在浸润和熏陶学生方面起到了最为直接的教化作用。

一、校园基础设施建设载体

合理的高校基础设施建设流露着学校的办学理念和文化精神，是高校物质文化的主要内容。正因为如此，各高校在基础设施建设上都极力加大投入力度，精心设计，详细规划学校的各项基础设施的布局和建筑风格等，力争在实现校园基础设施建设和校园内师生精神互动的同时，给全体师生以潜移默化的文化熏陶。学校基础设施包括学校建筑、教学设施和生活设施三部分。

（一）学校建筑

学校建筑是进行教育活动的基本场所，也是学校基本的物质条件。根据承担的教学活动内容的不同，学校建筑分为三要件，即教学要件、生活要件、活动要件。

学校建筑中的教学要件一般有教学楼、办公楼、实验楼、图书馆、微机室、语音室等。近年来，随着科技的发展、计算机功能的增强、旧专业的调整、新专业的开设以及素质教育的推进，教学场所的需求有所增加，尤其是实验楼、微机室等的建设，可以说成了很多学校建设的当务之急。

学校建筑中的生活要件一般有宿舍、食堂、洗衣房、医院、百货店等。这些是学校教育活动重要的辅助和保障条件，其中学生公寓标准化建设体现了对学生生活的高度关注，营造温馨和谐的宿舍文化是校园文化建设十分重要的组成部分。积极向上、文明和谐的宿舍文化正潜移默化地对大学生的素质养成产生着重要影响。

学校建筑中的活动要件一般有体育场馆、会堂报告厅、影剧院歌舞厅、广播电视站、花草道路、亭榭园圃、山水风景等。这是让师生心情愉悦、陶冶性情、修养品格、提高教学效率的重要条件。活动要件的教育功效具有潜隐性，不像教学要件和生活要件那样立竿见影。

（二）教学设施

1. 图书资料

图书资料的质量和规模是一所学校文化底蕴的体现。学校首要的教学设备就是图书资料。购藏图书资料，数量上要达到一定规模，保证师生阅读和检索的需要。针对大学生知识文化体系的教育职能和未来社会所需要人才的素质要求，图书资料建设一定要紧紧围绕优化大学生知识结构这一育人目标置办图书资料，还要注意反映最新成果，保障教师的教学科研最接近理论前沿，让学生的学识和成长与时代同步。

2. 教学、实验仪器和办公设备

加强学生的动手能力，强化学生职业技能，培养技能型人才，必要的实验仪器尤显重要。随着高科技的发展，许多新的实验仪器更加精密准确，应该在教学中尽快推广应用，使学生跟上科技发展的步伐。多媒体教学代表着现代教育教学技术的发展方向，应继续加快普及。办公设备是指教师和管理者在进行教学、科研和管理活动中使用到的设备，诸如办公自动化设备传真机、打印机、复印机、扫描仪等，又比如会议室用的音响、桌椅、多媒体设备等，都充分体现着便捷高效的现代化管理特色。

3. 文体设备

文体设备是校园为学生在校期间提供的休闲娱乐或者运动的各类文体设施，如文娱设施有学生广播站、电视台、宣传栏、校刊等，体育设施有田径场、球场、游泳池、体育器材等。这些设备涉及高校校园文化建设中的文艺、体育、精神等多个层面，是传播时代精神、宣传校园主流文化、宣扬学校管理理念的重要渠道。建立现代化的、完善的文体设备，对于建设积极向上、勇于拼搏、健康文明的校园文化，对于丰富全体师生的课余文化生活，有着重要意义。

4. 校园网络系统

随着当代信息技术向各级各类学校的扩展，多媒体技术在教育教学过程中的应用越来越普遍,建设校园网络提上了重要的议事日程。目前我国各类学校校园网络建设的功能主要包括网络资源的检索与查寻,基于网络的通信、研讨和交流活动以及网络中多媒体信息的组织、编写和利用。校园网络建设可以成为教师培训和继续教育的有力手段。因此,在当前我国发达地区的教育信息化发展过程中,以校园网络的建设为核心,以校园网络软硬件建设为基础,加快教育现代化的进程,实现我国各类教育改革发展中的跨越式发展,也是校园物质文化建设的主要方面。

(三)生活设施

学校生活设施主要体现在为满足师生生活需要而配备的饮食、水电、医疗、交通等设施。随着后勤社会化的逐步深入,在这些方面更多的体现竞争机制,校园管理应跟得上。

首先,学校餐厅是高校师生重要的生活场所。高校后勤要为师生提供营养丰富、价格优惠的餐饮,同时应提供空调、电视等配套设施,让就餐者从中感受到舒适和愉快,重要的是严格遵守有关食品卫生方面的法律法规,保证食物安全。其次,学生宿舍设备应齐全,能体现时代特点,着力建设宿舍文化环境,提高文化品位。学生宿舍楼还应配有其他配套设施,如洗衣房、电视室、电脑终端室等。学生宿舍区域应尽量健全杂货店、理发店、浴室等。另外,高校一般都配有附属医院,为师生员工提供基本的医疗条件。有条件的还可以建设幼儿园,帮助教职工解决后顾之忧,有更多的精力投入到工作中;有些规模较大的院校,在校内设有交通系统。水电管理是后勤的一项重要工作,后勤部门应积极探索节水节电,合理用水用电的有效途径。

生活设施构成了高校校园服务文化的重要物质内容,能够帮助师生员工排忧解难,使他们感到生活在高校校园中的温暖,以全部精力投入到教育实践和校园文化建设中去。高校服务文化是高校精神文化与物质文化的结合点,生活设施则是高校服务文化的物质基础,校园服务文化建设应该坚持走完善设备与文化建设同步发展的道路。

二、校园景观文化载体

利用景观文化多样化的样式,加强校园文化建设,是塑造和配置学校文化传统的一个过程，需要不断摸索适合本地区、本学校的景观文化，目的是让学生感悟文化、沐浴文化、享受文化，让学生从中接受教育和熏陶，更加激发学生对自身发展的追求。每所学校都有自己独特的文化资源，要将其开发出来。充分发挥景观文化教化育人的作用，是高校校园物质文化建设的必要而有效的手段。

(一) 雕塑艺术

雕塑艺术是一种利用自然界的各种物质材料如泥土、金属、石块、木头等作为媒介或载体，用凝练的艺术语言来塑造实体性的艺术形象，借以表达人类带有普遍意义的深刻情感的一种造型艺术。由于雕塑所使用材料的坚固性特点，使其更具有永久性的价值。优秀的雕塑具有精神性和跨民族性的特点。校园雕塑，作为物质文化景观的一种表现形式，既具有形式的美，又蕴含健康向上的寓意。

(二) 种植文化

种植文化作为校园景观文化中重要的表现形式受到广泛重视。种植文化是融合种植与养殖为一体的人类对自然环境的人文化改造。这里只从其浅层意义上讲其中的一个层面，即绿化。绿化不是简单意义上的增加绿地面积，而是恰当地运用绿化手段，使之成为校园文化的表现样式，成为体现先进文化精神和校园特色的载体。创造性地使用和开发绿化手段，在景观文化建设中仍然大有可为。

(三) 水文化

水的流动，代表着变化、活力、生命。水的有形与无形的变化给人们以无穷的遐想。大学校园缺水的环境则意味着沉闷、闭塞，缺乏灵气。如果一所校园依水而建，无论江河湖海，总是可以体现和发掘悠远且独具特色的水文化。人造的喷泉、小型瀑布或人工湖河无疑也是创造校园景观的重要手段。运用现代景观设计语言开发水文化，赋予其时代的丰富内涵，以及围绕水为主题结合石文化、建筑文化和种植文化等其他文化样式设计出的水文化景观，会产生无尽的想象力和丰厚的意蕴及富有亲和力的灵性美。

高等学校校园文化建设与创新发展研究

（四）石文化

要把石文化融合到校园文化中。在校园中，用鹅卵石铺就的便道，垒成各种图案的花池，石头堆起的立体造型，或者取其天然，散落在大片的草丛中间，远远看去，平添了校园中的怡情雅趣。石文化与种植文化结合，是石文化更好地发挥其美化作用的重要手段。

（五）图片

传统校园文化中比较突出地运用了图片的教育作用，如悬挂名人头像、格言警句或者励志名言等。但是，当代校园文化中需要更为丰富的图片信息，以及更为新颖的形式和韵味丰富、发人深省的哲理。这些图片信息可以是绘画、书法、摄影、漫画，其内容从国学精选到环保标语乃至生活点滴，包括学生创作的一些讲究光线、色调，创意新颖的公益广告，都以图片特有的象征性向学生灌输着某种思想、规范和价值标准。形式新颖、具有较高艺术品位的图片不仅承担着潜在的教化作用，而且其优美与高雅的艺术韵味也会令人心情愉悦、精神振奋。

（六）纪念景观

一所学校应记住为学校发展做出过重大贡献的人。学校的创办者，以及以他的教育思想为办学指针的教育家、思想家，要为他们塑像或立碑，建立纪念场馆，既作为校园景观，也作为历史的纪念，要让学生充分体会和感受其中蕴含的力量，接受具有深度和高度的思想启迪，鼓舞学生树立志存高远、胸怀天下的理想和志向。

三、校园标志性文化载体

现代大学的自然环境、文化设施和校舍建筑都是现代大学人文、学术氛围的重要组成部分和表现载体，都可以成为建设标志性建筑文化的切入点。高校校园标志性文化表现为多种形式，如标志性建筑、标志性广场和校园文化展览角等。

（一）标志性文化的典型形式

1. 标志性建筑

校园标志性建筑作为校园文化的外在集中反映，是校园建筑布局的灵魂和统领性建筑，它往往要刻意体现意识形态与学术特征的结合，体现现代科学与人文精神的结合，要求标志性建筑的特色既反映着学校的办学历史、办学理念，又体现着师生的文化哲学观念和审美追求。为此，我们从以下几个方面探讨高校标志性建筑的文化特质。

（1）现代理念型标志性建筑。现代理念型标志性建筑是校园物质文化中时代精神的主要载体，体现的是对创新精神的不懈追求。这一类型的标志性建筑形式往往主体建筑高大开阔，大小单位兼备，配套设备齐全，视野更加广阔。另外，现代理念性标志性建筑都配备了先进的科技设施，包括光纤通信、卫星天线、中央空调，充分显示出现代科技与智慧的魅力。高校校园中合理配置现代理念型标志性建筑，有利于当代大学生思想观念的更新，有利于造就富有创新精神的高素质人才。

（2）历史文化型标志性建筑。这类标志性建筑作为各高校历史文化传承的有效载体，具有其他建设形式无法承担的特殊功能与作用，以其深厚的文化底蕴，成为大学的精神象征和师生员工的精神寄托。

（3）将历史与现代特色为一体的标志性建筑。这类建筑中，既包含了博大精深的中国传统文化的内容，又具有现代文化的创新含义。将历史与现代特色融为一体的建筑风格，体现了传统文化与时代精神的完美结合，体现了圆润的建筑风格与和谐发展的精神。学生可以从中感受社会的进步和时代的发展，对于青年学生树立科学的发展观有着重要意义。

2. 标志性自然地理文化

结合地域自然特点，发挥地理优势，很多学校形成了具有深厚文化底蕴的标志性地理文化。世界十大学府之一、成立于1209年的剑桥大学，位于风景秀丽的剑桥镇，著名的康河横贯其间，上百位诺贝尔奖得主出自此校。它留给世界的印象不仅是剑桥的许多地方保留着中世纪以来的风貌，几百年来不断按原样精心维修的古城建筑，许多门廊、墙壁上装饰着的古朴庄严的塑像和印章，更有因流经英国剑桥大学而广为人知的康河。可以说康河以其优美的自然环境和承载了几百年历史文化的深厚内涵，成为这所世界名校的重要文化标志。

3. 标志性广场

校园标志性文化的另一种重要形式是校园广场。校园广场是师生休憩和举行多种娱乐活动的重要场所，因此，校园广场应有明确的功能和主题，在这个基础上，辅以与之相配的次要功能。这样才能主次分明，有一定的文化特色，特别是不能与其他类型的广场相混淆。

标志性广场的建设应有组织地进行空间设计，力求做到整体中求变化，赋予广场特定的文化内涵。设计时选择合理的空间形态。设置台阶、座椅等供人休息，设置雕塑、喷泉、花坛、水池以及有一定文化意义的雕塑小品供人欣赏。标志性广场的平面形式宜灵活多样，有别于其他市政广场、纪念广场、交通广场、商业广场等类型的广场。广场的空间形态主要表现为平面型和立体型两种形式。平面型的广场比较常见，这类广场在剖面上没有太多的变化，接近水平地面。立体型广场是广场在垂直维度上使空间产生美妙的动感，点线面结合使空间层次更为丰富。

（二）校园文化视觉识别系统

高校形象识别系统（University Identity System，简称 UIS）中的视觉识别系统（Visual Identity，简称 VI），可以体现大学的办学理念，突显大学的办学特色，承载大学的文化精神并透射大学的文化内涵。所以，这里把校园视觉识别系统纳入标志性文化范围进行分析，为校园物质文化建设提供了新的思路。

目前，随着国际化进程的日益加快，随着高校的对外开放和国际交流步伐的提速，大学校园的 VI（视觉识别系统）导入势在必行。运用视觉设计手段，通过标志的造型和特定的色彩等方式，将学校的办学思想、精神理念、管理特色、教学科研、成果转化等有机整合，形成一种整体形象和系统文化。

1. 校园基础性标志文化

这一类设计包括校徽设计及徽标设计说明，公共场所使用的学校名称标准字体、标准色，校园吉祥物造型及说明，学校专用印刷字体及基本要素组合规范。这一系列基础性标志文化的起点是学校的校徽设计，也为其他文化设计奠定基调。大学校徽作为高校校园视觉识别系统的重要元素，本质上是一种独具匠心的艺术创作，这种创作可以看作大学自我形象物化的外在展示。

当前的高校校徽一般由校名、建校时间及能够体现学校特色的标志物等元素组成。校名基本以中、英两种语言书写。校园吉祥物设计的过程中应动员全体师生员工广泛参与,这样可以增进全体师生对高校校园文化建设的主动性和责任感,确保全体师生高校校园文化建设主体地位的实现。吉祥物设计是校园物质文化建设中的一个新内容,值得我们在这方面加强思考、开拓思路,推进新型物质文化的建设。

2. 校园应用型标志文化

(1)服装设计。校园服饰文化是学校文化的一个重要组成部分,指在学校这样一个特殊的环境中,作为学校的教师、学生、员工等,他们在服装式样、着装方式以及服装搭配等方面所表现出来的较为一致的审美取向。校园服饰是一种语言,一种躯体文化的表达方式,一种不同于大众时尚文化的特殊文化现象。它背后体现的是人们的价值取向、审美情趣和着装观念等。正因如此,校服和学校的教具、课本一样,在学校建设中具有不可忽视的重要价值和地位,它潜移默化地熏陶着人的心灵。

(2)办公事务用品设计。办公事务用品包含许多内容,比如领导名片、教师名片、员工名片、信纸信封、便笺、档案盒、资料盒、工作证、文件袋、办公桌标志牌、及时贴标签、通讯录、记事本桌旗等。这些办公用品设计体现了学校的办学理念和指导思想,是学校文化不可缺少的一部分,每件小物品都折射出不同于其他文化的学校文化特色。这类设计反映了学校的文化特点。

(3)公共关系用品设计。公共关系用品主要包括专用请柬、邀请函、贺卡、明信片、手提袋、台历包装盒等。校园应用型标志文化的一个特点就是于细微处见精神。对于细节完美的追求使得校园物质文化从上到下、从大到小形成了一个完整的体系。在这一过程中,高校校园文化也从抽象到具体,成了时时刻刻伴随全体师生员工左右的精神必需品,全体师生员工像呼吸空气一样,自然而然地接受着校园文化的熏陶。

(4)车体外观设计。学校的校车、班车、接待用车的设计也体现了学校文化特色。每所高校有不同的车体外观设计,体现着学校之间的不同文化特点。比如在颜色设计方面、车头前额的字体方面、车体两侧的图案方面都是不同的。美国校车的颜色一般采用黄色,因为黄色比较醒目,所以上路后比较安全。另外,校车还具有质量重、框架结实和能吸收碰撞能量的设计特点。

(5)标志符号指示系统。标志符号指示系统主要包括校门外观设计、办公大楼示意图、内部方向指示牌、路牌、办公室门牌、校训牌和精神文化标语牌等。以校训牌为例，校训是学校根据自己的特色镌刻在学校醒目之处为指导师生言行、促使师生形成正确的价值观、人生观，并要求师生共同执行的基本行为准则。它是学校对师生发展的理想追求，体现了学校的整体价值取向，反映了学校的独特个性，是学校文化的核心表征。校训牌等标志则直观地体现校训所反映的某种道德价值及其追求和学校教育价值观，并弘扬不同学校的精神特质。

通过以上对高校校园物质文化三个层面的研究可以发现：校园基础建设、校园景观建设和标志性文化有着内在的一致性和必然的逻辑关系。校园基础建设包括校园环境建设、校园基础设施建设。校园基础建设不但是高校校园文化建设的基础和载体，还是校园物质文化的主体。校园景观建设分为现代校园景观和当代校园景观两种基本类型，校园景观建设承担着高校校园文化建设的重要功能，是校园物质文化的重要组成部分，是高校校园物质文化诸因素中最活跃的部分。标志性文化是高校校园文化建设中最具特色的部分，其中的许多细节问题都会对高校校园文化建设的成败产生重要影响。

合理的高校物质文化能够把高校的文化精神内化于每一栋建筑、每一处景观的设计之中；优秀的校园物质文化能够把校园文化精神的精髓涵养于校园的一草一木，点缀于校园的亭台楼榭；经典的高校物质文化能够体现人文精神，能够强化环保意识，能够实现历史文化与现代文明的完美结合。加强高校物质文化建设，建立和完善高校物质文化基础，对于高校制度文化、高校精神文化和高校安全文化建设可以发挥积极的推动作用。

第四节　新时代高校物质文化创新路径

从高校物质文化的概念可知，高校物质文化的建设受新时代发展的影响相对较小，因为高校物质文化建设的内容大体相同，新时代的发展为高校物质文化的传播提供了平台，并给高校的物质文化建设增添了适应时代发展的设施。

校园物质环境的优化是校园文化建设的基本任务之一。作为理想化的教育环境，古今中外的教育家大都十分重视校园物质环境的创建，赋予校园以艺术

第四章　高校校园物质文化建设与创新

美的效果，形成整洁、明朗、幽静、舒适，处处充满生机的优美环境，彰显出学校高雅、文明的气质。新时代高校物质文化的创新应主要从以下几个方面着手：

一、建造高校多元物质文化宁静圣地

物质是人们赖以生存和发展的自然条件和社会条件的总和。马克思主义认为人既受物质的影响，人也能改变物质。我们在建设高校校园物质文化时，要遵守马克思主义强调人与物质相互作用过程中人的主观能动作用的思想，不断改造旧物质，创建新物质，也即是创建校园文化发展的"大楼"。而现代高校之大楼是大学存在的主要物质力量，狭义的大楼是指校园的高大建筑群，广义的大楼却包括校内各种现代化建筑物在内的一切硬件教学设施，主要包括如图书馆，宿舍，教学大楼，运动场所等建筑物；大楼中的各种硬件装备和设施，如体育场所的运动设施、实验室里的各种仪器等；最后还有校园内全部建筑在内所体现出的一种高校底蕴，这是一种外延性的能够代表高校精神的象征。

这就需要处理好高校校园物质文化中大师与大楼的关系。建设现代高校既需要大师也需要大楼，这不仅是现代社会发展的需要，构建和谐校园的需要，也更是培育高素质人才的需要。大楼代表着现代大学的硬件体系，是大学存在的重要物质力量，因此必须加强大学的大楼建设，合理构建和规划大楼及设备，更新资源，但不可盲目追求大楼规模与浮夸风气。同时，高校的大楼应该尽可能的吻合一所高校的历史特征与人文情怀，创造条件形成自己的大学文化传统并传承下去。另外，现代高校并不一定是培育大师的地方但是可以甄选大师，现代大学要学会多挖掘真才实学、具有大师风范的大师，避免大师稀缺的局面，良好的硬件设施也是吸引大师前来的重要砝码，同时在大学内部培育他们良好的职业道德进而影响学生的品行。

从生态物质的角度来看，大学校园物质文化要遵循一定的生态规律，保持高校内部生态系统的稳定与平衡，合理美化校园，可以适当借鉴国外或者国内校园物质文化建设效果良好的高校，进行规划布局，区分功能区，树立持续发展理念，合理配置校内资源，充分利用现有资源，避免过度美化，塑造简洁大方的宜人校园环境。从学校硬件设施来看，大学要实现真正的现代化，努力实施技术更新和创新，适当增加投入比重，并加强硬件设备的及时学习与管理。

从景点建设来看，不管是山形水系还是草坪植被都应当立足于本校的历史发展、传统文化，重视标志性建筑或者标志性景观的建设，使大学生一踏入校园就能感受到历史的积淀与厚重。大学校园文化既不是不着边际的盲目创建，也不是死气沉沉的循规蹈矩，大学校园应当在规划和建设上独具匠心，使其充满艺术的氛围。只有这样，大学生才能发挥出不可估量的创造活力，知识才会在这样的校园里竞相迸发。

总之，学校空间的配置必须顾及师生生命安全和多方面发展的需要，顾及开展教育活动、满足交往与表达的需要，并注意空间分隔的固定与灵活、功能的通用与专用等区别。学校建筑、空间是学校品质给人的最直观的印象，从中可以看出学校的追求、精神面貌和师生生存状态。学校空间是学校文化的重要载体，是教育理念的空间存在形态。高校校园物质文化并不是孤立存在和发展的，而是需要高校校园多元文化的相互融合和创建，大学这一学术的象牙塔也应有了校园文化而变得朝气蓬勃，大学生的身心和道德品格也会在大学文化的熏陶下实现自我完善，也才能充分体现出"大学之道，在明明德，在亲民，在止于至善"的育人宗旨。

二、植根中华民族传统文化优良土壤

社会主义核心价值体系是社会主义意识形态的本质体现，也是马克思主义中国化的最新成果之一，将它作为主导力量占领校园文化阵地才能够内化到师生的内心深处。但是，社会主义核心价值观并不是简单的口号，也不是简单的词语堆叠，而是潜藏在文字背后中华民族优秀的历史文化与传统。中华民族的优秀文化从广义上来说就是曾经在历史上产生过重要价值的文化，就是有利于人类社会不断前进的文化，包括物质文化遗产、自然科学成果以及诸多文化遗址等等，当然民族传统的手工技艺、民族器乐、美术等等也是历史留下的宝贵遗产。而中华优秀文化传统之精华在于宇宙人生观、道德伦理观以及今天的社会主义核心价值观等具有丰富内涵的思想观念。我们现在要做的就是要将我们中华民族优秀的传统文化植根大学土壤，传承大学文化。

从文化人类学和教育人类学的意义上看，文化传承是指文化从上一代传到下一代的过程中，智力因素和非智力因素的影响作用，既包括一些技能技巧的传承,也包括体能和生理因素的影响。在大学校园,大学主体也只有通过文化传承,通过具体的文化实践才能使得自身的道德与意志、体能与智力的全面发展。文化传承的过程中不仅是将知识传授给学生,更重要的是一种素质教育,也就是要把传播知识当作培养人的手段,而且文化传承的过程中需要一定的媒介,这就是所谓的大学校园物质。只有具备了以上两个条件,在大学校园物质中传承中华优秀传统文化才变为可能。

具体而言,目前大学校园物质文化虽然体现着我国传统文化的运用,但是无论从规模上还是方式上都没有达到理想的效果。所以,大学首先要做的就是要大力弘扬中华优秀传统文化,对我国传统文化进行价值判断,将最适合大学生并且容易被接受的传统文化提炼出来融入校园物质。当前最常见的就是校园内悬挂的名言警句或者诗词佳话以及少数高校在校园里主推的校训文化,除此之外基本呈现出单一性特点。因此,大学校园应当加大传统文化的投入力度和广度,在正确诠释经典弘扬优秀文化的基础上创新,使得大学校园物质文化具有开放性和超前性。大学生之所以对自己的母校缺少应有的认同,正是因为他们没有感受到优秀校园文化的熏陶,没有感受到高校校园物质文化的魅力。只有将优秀传统文化植根于高校校园物质文化,高校校园物质文化才会具备一定的基础,才能够使得高校校园物质文化生生不息,更好的彰显高校校园应有的文化魅力与高雅气质。

三、促进高校校园物质文化和谐统一

高校校园物质文化不是一成不变的,它也受到客观条件的制约与影响,所以建设高校校园物质文化需要用历史辩证思维。同时,在接受外部客观条件变化所带来的文化更新与创造时要时刻稳固的高校精神这一核心要素。大学校园物质文化的建设可以用一对充满矛盾的词语进行简单概括,那就是"变"与"不变"。所谓的"变"就是改变,是更新,是创造,是继承。而"不变"则是一种稳固的、必然的大学核心要素。大学校园物质文化之所以要寻求改变,是因为学校文化要不断适应各种外在的条件变化,如学校外的社会文化物质、新的

---

① 北京市高等教育学会美育研究会.中国优秀传统文化在北京高校中的传承与创新[M].北京:北京师范大学出版社,2016:67.

思想观念、价值观念；还有适应学校本身的发展变化，如学校在每一个历史阶段所展现的不同的面貌，包括大学办学理念、目标追求等的变化。大学校园物质文化也只有寻求客观条件的变化而跟着做出相应的调整以适应大学的文化需要，才能够影响大学生不断变化的思想与心灵。但是，改变并不意味着超脱一定的范围，创新与提升文化品质需要掌握一定的度，把握好那个关键的节点，张弛有度，才能在外界及自身的变化中不失方向，不失大学的根本。这就需要审视"不变"的大学根本即大学精神的重要性。

因此，高校应该努力促进大学校园物质文化的和谐统一，将"变"与"不变"这一矛盾解决好，守护大学的防线，才能构筑大学的驿站。虽然现在大学是社会上唯一的学位授予机构，也只有大学才能颁发对于多数人来说意味着稳定、舒适生活通行证的学位，它被授予那些参加特定文化和社交活动的学生[1]。总之，守护大学防线的首要因素就是要坚定这样一种信念，大学是最高的教育层次，有着培养良好道德情操和精神品质的人才的社会责任，只有经历大学精神熏陶下大学生才可以成为一个有着健全人格的社会人。虽然在信息社会大家足不出户就能学习到来自全球的知识信息，但是大学是一个现实的社会，是一个群贤毕至之地，每个人的学习都应该受到大学精神的熏陶。在这样的驿站里，同学们可以携手志趣相投的人共同习得更好的品味和修养。综上，无论大学校园物质文化如何创新发展，都要在与时俱进的基础上承载大学精神。

四、还原高校校园物质纯净自然生态

"破窗"是一种比喻，原指社区中出现的扰乱公共秩序、轻微犯罪等现象。就像被打破而未被修理的窗户，容易给人造成社区治安无人关心的印象，如不加干预而任其发展，可能会导致更严重的犯罪。因此，一旦出现破窗，应立即修复，防止破坏蔓延导致治安恶化。如今，该理论除了在犯罪控制方面的创新与实践外也被用来解决其他领域的问题。个别高校目前存在失序物质即"破窗"现象，造成高校校园物质破窗现象的原因在很大程度上归因于大学生不经意间对生态校园物质的破坏，更重要的是对自然生态造成破坏以后没有及时对失序

---

[1] 史密斯，韦伯斯特. 后现代大学来临[M]. 侯定凯，赵叶珠译. 北京：北京大学出版社，2010：159.

物质进行处理，最终导致了校园物质的面容创伤。校园生态物质的破坏严重影响了正常的教学秩序，同时也影响了高校校园物质的育人效果，使大学生情不自禁地融入校园变为了对校园物质的不满。高校校园物质也和其他外界物质一样都需要一个纯净的绿色空间，这样的场所既是普通的又是特别的。高校良好的校园生态物质就是一个供给大学生呼吸新鲜氧气的舒适场所而不是一个杂乱无章的散漫空间。

因此，大学应该努力规避高校校园物质的生态破窗，保持高校校园物质的相对整洁有序，从源头上遏制破窗现象的发生。具体表现在，高校领导者首先可以从树立先进的建设理念入手，在校园的物态空间、自然空间还有人文空间上投入相应的人力和财力，严格把关建设质量以及选取适合的原材料，合理规划校园结构，适当增加和建设校园垃圾回收站，遵循客观规律，使大学生能够真正感受到物质空间的价值；其次，在建设过程中要注意易被利用和开发的边缘区域的建设，因为这些区域极易使得破窗行为有机可乘，要努力使校园开发在可控范围之内，及时整改老旧的校园空间，及时修理不规整的自然物质等。最后，要加强校园物质的监管，坚决抵制宣传广告的随意张贴以及小摊小贩的随意摆放，它们极易造成对物质的破坏，同时也要严格控制外来车辆以及人员对高校物质的各类污染。还原高校校园自然生态既是高校工作中一项艰巨的任务，其目的就是让置身于高校校园的人们被所处的物质所吸引，自豪感与责任感油然而生并使之能够自觉保护物质，做到不危害、不破坏、不盲从。只有具备了优良的校园物质才能够在此基础上建设富有内涵的高校校园物质文化。

第五章 高校校园网络文化建设与创新

第一节 信息化环境下的高校网络文化

网络扩大了高校校园文化的覆盖面,丰富了高校校园文化原有的内质。网络媒介通过将大量的文化信息展现给广大的高校师生,给高校原有的校园文化注入了现代化、信息化、数字化的新鲜血液,使生活在高校校园中的师生在网络世界中找到了更多的观察世界和感悟人生的文化视角,推动了校园文化的现代化进程。可以说,网络的发展为高校校园文化的建设提供了新的机遇。

一、网络文化

网络文化是20世纪80年代以来随着计算机网络技术的迅猛发展而诞生的产物。随着网络的普及以及日益更新的网络技术,网络服务广受好评被迅速应用到千家万户,潜移默化地影响着人们的思维方式、生活模式以及价值观念等。学者对网络文化的概念众说纷纭,主要从广义和狭义两方面进行解释。广义的网络文化是指网络时代的人类文化，它是人类传统文化、传统道德的延伸和多样化的展现，以网络为媒介，以现代技术为手段，从事各种社会文化活动；狭义的网络文化是指电子媒体进行的文化创造活动，主要以文字、声音、图像等形态表现精神文化成果[①]。

网络文化非常复杂，它既是以信息高速云集，不断更新替换的碎片文化，又是以数字化为传播方式，逐渐影响人们价值取向，行为观念等的虚拟文化。本文所定义的网络文化，是以网络媒体为媒介，以文化信息为载体，通过数字化技术创造出来的物质财富和精神财富的总和。网络文化在传统文化基础上创新发展，具有虚拟性、便捷性、多元性、交互性等新的时代特点，是社会文化的重要组成部分。

二、高校校园网络文化内涵

随着网络的普及和发展，网络已经成为一种喜闻乐见的工作生活必需品。高校发展紧跟社会潮流发展的步伐，网络在大学校园中也成为随处可见的文化现象。校园网络文化的定义和网络文化大同小异，可以从广义和狭义两方面解释。从广义来看，高校网络文化是指高校校园中一切与互联网结合的物质财富与精神财富的综合；从狭义来看，高校网络文化特指以网络数字化媒介为载体，在学生学习和文化活动中，大学生所共生、共享、传递的网络价值取向、网络生活方式和网络行为方式[②]。网络文化的复杂性表现在它碎片式的信息处理方式，其内容冗杂，包罗万象并且良莠不齐，但是大学校园网络文化主要反映校园信息，与教师、学生紧密联系，贴近校园生活。另一方面，从传统校园文化的环境来看，校园文化是以教师和学生为主体，在校园范围内举办的各种形式的文化活动，来体现学校理念和共同价值观的群体文化；在当前网络为主流的时代背景下，网络不仅是校园文化的传播主体，更是传统文化的拓展和延伸，进而衍生成一套独特的、与传统校园文化碰撞交融的、颇具时代特点的校园网

---

① 谢翌，江渝川. 大学计算机计算思维与应用[M]. 重庆：重庆大学出版社，2017：46.
② 李成恩，张远航，赫铭，等. 论高校网络文化的内容结构与价值导向[J]. 大连理工大学学报（社会科学版），2016，37（3）：1-5.

络文化。[1]

总的来说，校园网络文化就是网络信息技术应用于大学校园领域，以教师、学生和管理者为参与主体，通过网络互动交流和文化活动等形式，共同创造的精神文化和物质文化的总和，兼具校园文化和网络文化的特点，既具有校园文化的沉稳内涵，又具有网络文化的快捷高效。高校网络文化表现出一种独特的精神气质，体现出自由、平等的理性精神和人文精神的灵魂文化。

三、信息化环境下高校校园网络文化的特征

校园网络文化是网络文化应用在校园领域发展而来的，具有网络文化特点的同时，还具备校园文化的特点。因此，校园网络文化主要体现在校园网络应用在师生的学习、生活、文体娱乐方面时产生的特征。

（一）虚拟性与现实性的统一

校园网络文化的虚拟性与网络文化的虚拟性大同小异，都是表达了一种不以传统物质形态而存在的新型信息互动方式，不同的是，校园网络文化针对的对象是大学校园文化的虚拟，而网络文化针对的虚拟范围较广，既包括对现实的虚拟，也包括对可能性的虚拟和对非可能性的虚拟[2]。校园网络文化是对校园文化虚拟化，包含的对象是教师、学者及校园管理者，对这三者之间为达成信息共享而提供虚拟手段。例如，慕课、翻转课堂的出现就体现了在教师和学生之间进行的虚拟世界的传播，从而达到育人的作用。

值得一提的是，校园网络文化虚拟的内容不是凭空捏造的，而是有着一定的现实基础，是现实存在的。也就是说，校园网络文化是对传统校园文化的继承，通过网络技术手段得到发展，因此，排除网络因素所带来的虚拟化方式，其他的传播内容是继承了之前文化的成果，这一点是毋庸置疑的。以受欢迎的慕课为例，慕课的授课方式是借助了网络平台，通过计算机数字化处理后呈现出虚拟界面对学生进行知识传授，然而网络的存在就可以发现，慕课上讲授的内容

---

① 陆优优.移动互联网时代高校网络文化建设的挑战与应对[J].思想理论教育，2016（4）：78-82.
② 王文鹏，刘刚.多维视阈下的大学校园文化研究[M].北京：现代教育出版社，2009：219.

与现实中传播的知识是一致的,具有现实性。校园网络文化也是同样的道理,借助网络工具为教师与学生之间搭建一个虚拟平台,使彼此更好地交流,使教育达到最完美的效果。

（二）时代性与数字性的统一

校园网络文化是新时代的产物。与传统的校园文化不同,当今的校园文化加入了网络元素,不拘泥在校园建筑的实地范围就能得知全世界的信息,具有显著的时代特征。网络的数字化与校园文化相结合,满足师生多样化的信息需求,师生在校园网络平台相互交换信息,加强沟通,并在思想汇聚中产生新的想法,有利于创新能力的提升。此外,大学校园网络文化作为校园文化的一种,必然会在其发展过程受到限制,如政治制度,经济制度,文化制度等。

数字化是计算机处理信息的基础,也是网络文化存在的必要条件之一。现今计算机基本采用二进制系统来处理信息,因为二进制最容易用数字电路来实现,所以计算机通过"高—低","导通—截止"等对立状态来区分表述0或1,这样可以将庞大数量的信息数字化,比如声音、音像等进行计算机处理而呈现出网络状态。高校校园网络文化就是以同样的方式,将大学校园内的各类信息,包括文本,视频及各项活动通知甚至社会新闻等信息进行二进制系统的处理,形成网络数字从而在校园师生范围内进行传播,真正做到"足不出户知晓天下事",达到信息共享的目的。

加强和改进新形势下高校宣传思想作用的指导思想要以加强高校网络等阵地建设为重点,体现出校园网络文化是时代的反映,同时也是时代的一种标志。因此,数字化将网络文化变成现实,网络文化的发展也反映出时代的风貌。

（三）平等性与制度性的统一

网络文化作为社会文化的一种,是面向全社会人民的开放性文化,每个公民都可以平等参与到文化圈中。校园网络文化作为网络文化在校园范围中的延伸,同样具有平等性的特征,在师生参与上是垂直的,在相互间的交流中是平行的,在彼此间的关系上是平等的,在各自的选择方面更是自主的[1]。随着信

---

① 王文鹏,刘刚. 多维视阈下的大学校园文化研究 [M]. 北京：现代教育出版社,2009：222.

息技术时代的发展，几乎每一个学生，每一位老师都通过电子设备使用网络服务，包括手机、电脑、iPad等，这就使得人们上网的机会大大地增加，随时随地参与网络活动成为可能，体现出校园网络文化的平等性。

制度性是校园网络文化长远发展的关键，也为校园师生平等地参与提供制度保障。俗话说"没有规矩，不成方圆"。即使师生可以平等地参与到校园网络文化的生活中，但也不是绝对自由的，需要有一些制度管理加以保障，否则，新型的校园网络文化就可能是一把双刃剑，除了一些明显的优点之外，还会出现超出意料的阻碍。因此，在校园管理中建立一系列的制度保障是非常必要的，该保障内容方面包括学校的行政管理、信息管理、教学管理等，凡是涉及师生参与的领域都明确地建立制度规范，切实落实到校园网络文化的实际运行当中。

（四）开放性与创新性的统一

"互联网"三个字意味着网络包括的范围非常广泛，遍布世界各地。在以分甚至是秒为单位进行信息更新的网络世界，可以肯定的是，每一个网点发生的信息都会产生蝴蝶效应，最终被全世界获知，表现了网络文化具有开放性的特征。同样的特征也存在于校园网络文化中，以每个大学为单位，在校园网站不加密的情况下，可以肯定各个学校内产生的网络信息都会被其他学校获取，比如学校的相关信息，网络平台课程，图书馆馆藏资源，甚至可以从微信公众号得知校园大事，特色活动等，方便进一步了解学校详情。

另一方面，教师和学生在校园网络文化体系中也是开放的，自由的。由于网络的虚拟性，每个人都可以对自己的个人信息进行自由编辑，也可以按照自己的意愿与他人联系，分享信息。开放的校园网络环境让时间、空间限制成为过去，学生可以按自己的需要随时随地地了解相关内容，提高了学习交流的灵活度。

正因为开放性的特征，使得人们可以自由、灵活地进行交流。无论任何思想、观点对错，也无论种族异同、语言差异，都可以在这里畅所欲言，进行思想碰撞或者学术谈讨。校园网络文化使得师生间、学生间沟通更加灵活，打破不同种族间交流的屏障、降低师生间沟通存在的代沟，创新性由此诞生。校园网络文化使得各种思想汇集、碰撞，产生新的观点，由一而多，形成欣欣向荣地文化局面，正是育人功能完美的体现。创新是引领社会发展的第一动力，也是校园发展的重要驱动力。校园网络文化为新思想、新观念的创新带来了可能，是创新能力的原动力。

四、高校校园网络文化构建原则

构建先进、强势、和谐的主流校园网络文化，必须首先从理念上坚持六个原则。

（一）把握正确方向

要以政治家的眼光，建设校园网络文化，那就是始终不渝地坚持社会主义方向。建设校园网络文化的首要原则就是把握正确的方向，这是构建先进而强势的主流校园网络文化的前提。

（二）尊重主体个体

即充分尊重大学生作为校园网络文化主体的地位，加强理解和关怀。作为校园网络文化中的主要受众群体，大学生在参与和开展网络实践活动中具有独立意识，具有控制和使用网络的能力，以及根据自己的需要灵活地选择网络资源，并创造性地参与网络各项实践活动的能力。因此，校园网络文化建设应定位于充分发挥大学生主体的内在动力，唤起和激发其内在的理性需要。只有尊重大学生的主体地位，才能使他们获得自尊、自信的网络情感体验，也才能促使他们在网络上保持对自我、对他人、对学校、对国家和社会的责任感。所以，抓住网络的平等、民主特点，理解大学生的网络主体行为，关怀大学生的网络主体意识，摒弃传统的居高临下的教育态度，从而使其主体意识实现理性化，保持在有序的网络限度和虚拟规则内。这是构建先进而强势的主流校园网络文化的基础。

（三）积极因势利导

中国传统文化强调"因势利导"的教育理念，同样值得在构建主流校园网络文化过程中借鉴。对校园网络文化建设中出现的问题，应将重点置于合理疏导与引导，而不是一味拒绝和简单、粗暴的防堵上。互联网的突出特征就是具有高度两面性，消极和积极并存，机遇和挑战往往共生，正面和负面经常转化，先进和落后同在。所以，问题的关键不是有没有消极、负面的东西，而是积极正面的东西是否占据主流,不是错误的观念是否具有影响,而是正确的观念是否强势。因势利导,因变化而调整,化被动为主动,有针对性地实现校园网络文化主体的合理需求,使他们从教训中吸取经验,从问题中看到希望,从纷繁复杂的网络文化浪潮中增强道德认知、辨别并择善而从的能力,达到事半功倍的效果,这是构建先进而强势的主流校园网络文化的关键。

(四)重视造势引导

要高度重视校园网络在大学生舆论引导中的作用,也要高度重视大学生在校园网络舆论引导中的作用,根据形势需要和政策要求,把握网络主体的心理动态和精神需求,运用网络环境下的各种有特色的语言和行为,有针对性地发布一些既有利于主流文化发展又能激发主体积极参与的信息,主动在校园网络空间中进行造势引导和调控,从而形成良好的主流网络氛围。尊重主体和因势利导,并不意味着主流校园网络文化构建者的无为。事实上,"网络的匿名行为、自组织特征和互联网上信息的流动性"为教育者根据一定的需要进行"造势引导"提供了可能。这是构建先进而强势的主流校园网络文化的保证。

(五)重塑人文精神

以建构主流校园网络文化为契机,重塑高校校园文化中的大学精神和人文精神,实现人的全面发展,完成高校"培养人"的根本任务。无论是尊重主体、因势利导,还是积极主动、造势引导,贯穿其中的一个马克思主义的哲学观念,就是实现人的全面发展。校园网络文化在人的思维方式、行为模式和人格特质等方面的现代性延伸上发挥着不可忽视的作用,是促进人的全面发展的重要途径,这已经被许多研究者所认同。因此,要把校园网络文化作为校园主流文化的重要组成部分,作为一项塑造与提升大学精神和人文精神的人文价值工程,把它所带来的对年轻群体的自主性、个性和个人创造性的张扬,上升到元理论的层面加以重视。在校园网络文化的机遇和挑战、碰撞与冲突中,寻求群体内外和谐、主流文化先进、舆论引导强势、人文精神浓厚的大学氛围,使"具有各种不同的认知风格、学习方法和表现行为的人,都可能成大器。"这是构建先进而强势的主流校园网络文化的根本。

(六)注重继承创新

网络环境虽然打破了传统的信息传播模式,却难以彻底改变校园文化建设固有的规律。大学的历史积淀和丰富的文化底蕴是必须要继承和发扬的,要创新网络文化的流通模型和方式方法。要将传统文化传播方式与新的传播方式、实在性与虚拟性有机结合,使其与时俱进,与整个高等教育的发展形势相适应。

五、高校校园网络文化的育人功能

育人是校园网络文化的功能之一,与传统的育人方式不同,校园网络文化的育人功能表现在高校师生以网络为媒介,在网络平台中进行学习与交流。凭借网络的便捷性与开放性等特点,教育工作的完成度比传统教育模式更加充满效率,并在潜移默化中达到对受教育者的育人的目的。因此,大学校园网络文化的育人功能分为五个方面,即价值导向功能、教育传承功能、激励创新功能、陶冶情操功能和娱乐调剂功能。

(一)价值导向功能

学生在上网过程中,面对纷繁复杂地网络内容,极易受到来自各个层面的价值判断的冲击,进而影响自身的价值观,而校园网络文化所具有的价值导向功能,顾名思义,就是为学生们进行正确价值观的引导,帮助他们确定正确的价值取向。所谓价值观,就是人的一种认知、理解、判断或者是抉择,是人们关于某类事物的价值的基本看法和总的观念,它基于人的感官思维,能够体现人、事、物的价值或作用,本质上是一种实践观念。

校园网络文化是有制度规定的开放性互动校园文化,在网络传播信息中以社会主义核心价值观为辅,以各类政治、经济、文化、社会生活信息为主要传播内容,散播积极向上的正能量思想,在网络浏览、学习的过程中起到潜移默化地影响学生价值判断的作用,引导学生建立正确的理念和价值观念。待大学生完成学业步入社会之时,已经形成了完善的价值体系。正确的观念根深蒂固,成为他们以后工作生活中价值判断的指向标。

网络上传播的思想观念,来自社会中各个阶层,鱼龙混杂,观点也是对错掺半,信息容量极大。处于象牙塔的学生不谙世事,价值观并没有完全建立,容易被影响。正因为如此,才需要校园网络文化发挥其价值引导功能,成为学生成长路上的指明灯。

(二)教育传承功能

教育是人类特有的传承文化的能动性活动。大学是一个传播文化、教书育人的文化机构,教育功能是大学育人基本的功能之一,文化传承也是大学基本的职能之一。现代的教育指的是有目的地增进人的知识技能、影响人的思想品德、增强人的体质的活动。高等学校作为一个弘扬文化、传播知识、培育人才的高级机构,促进学生们的全面发展是重中之重,这个过程需要教育来达成。传承就是对长期以来保留下来的文化进行继承与传播。高校需要立足于优秀传统文化的顶端,以当前社会经济形势为导向,文化趋势为基础,鉴往知来,发展眼光长远,对国内外的文化取其精华去其糟粕,汲取丰富的文化内涵并炼化为高校的特色文化。文化的发展需要后人不断地继承与创新,在继承传统文化的时候,对糟粕文化果断舍弃,对优秀文化传播弘扬,革故鼎新,推出体现新时代精神的新文化,自觉成为文化的继承者和弘扬者。文化传承需要教育来实现,通过对受教育者的"传道、授业、解惑",将古人对文化认识的精华一代一代地教育传承下去,使当代人"站在前人的肩膀上",能够在有限的人生岁月中学到丰富的文化知识,并创造新的文化。

校园网络文化作为大学文化的一环,继承了教育与传承的显著功能,并且能够通过网络文化的特性更好地将功能最大化。一方面,网络文化便捷性能够将世界各国文化囊括其中,网络能最大力度的满足对各种文化的需求,当然这个过程需要有正确的价值判断,对一些不好的文化进行摒弃,只采用正确的优秀文化思想进行传播与交流。另一方面,校园网络文化本身也是一种教育文化,无论是平台显示的文化知识课件、师生在网上有关学术问题的讨论,抑或是学校公众号中体现的校园信息,都可以起到到潜移默化的教育作用。

(三)陶冶情操功能

陶冶情操指的是通过外部条件作用于人的身心从而产生良好的熏陶感染的效果,在影响的过程中,人的心灵得到洗礼,思维得到拓宽,精神得到升华,情感得到丰富,生活得到充实,使人的气质由内而外地大幅度提升[①]。情操指的是情感和操守的结合,在心理学中,情操统被分为求知、审美、道德和信仰四种。而在现代心理学中关于情感的理解则有理智感、道德感和美感三种。

---

① 张万景.高校网络文化育人功能及其优化对策研究[D].桂林:广西师范大学,2016.

对情操进行陶冶，也就是对人的性格、情感、思想等方面进行正能量地培养，属于隐性教育的一种。从社会发展的角度来看，陶冶情操是非常必要的，如今社会飞速发展，人们在享受过丰富物质的生活之后，对精神食粮极度渴望。精神发展与社会发展没有同步，意味着思想品质同样没有得到提升，这就为社会生活带来许多隐患。

网络的开放性为一些思想意志不坚定的人提供了"放飞自我"的场所，虚拟性更是为这些人提供了面对面交流的便利，于是，不能做到自我约束的人会在网上发表不当的言论，表现出隐藏的阴暗面，将社会责任感弃之如履，对社会风气造成不好的影响。校园网络文化是新科技的产物，随着其不断地创新发展，内容和形式都得到改善，不论是五花八门的信息更新，还是日新月异的呈现手段，都让学生在体验中得到最大程度的新鲜感，使得学生的校园生活不枯燥，每天都充满活动。学生在这样的网络环境中，一方面能够拓宽视野，解放自身思想，并通过不断地交流互动，获得丰富的网络体验感，使精神得到满足；另一方面，虚拟的网络可以使学生匿名在网络中寻求帮助，既能够获得心理安全感，又能够解决实际生活中自己无法解决的困惑，这样可以使学生的负面情绪得到释放，缓解自身压力，有利于身心发展。校园网络文化本身具有教育功能，在引导学生进入网络世界的过程中，一定会坚持正确的社会舆论导向，紧扣时代发展的主题，传播正能量主流文化思想，学生长期在这样的网络环境中学习，对问题的认知会更加深刻，思想境界会受到潜移默化的提升，从而达到提高思想道德，促进全面发展的目的。

（四）娱乐调剂功能

从物质和精神两方面考虑，享受物质生活包括衣食住行的满足，也就是马斯洛需求层次理论中第一层次的生理需要得到满足并产生愉悦心理；精神生活的享受则是人的情感得到慰藉，心灵得到洗涤，不可否认的是，如高铁般快速的生活节奏使人们生活面临着巨大的压力，刚步入大学的学生有学业的压力，即将毕业走向社会的学生有就业的压力。有压力就会有动力，但压力也会产生焦虑，面对这种情况，网络可以起到一个缓冲剂的作用。如利用空闲时间上网查看新闻，登录论坛讨论各种问题，也可以通过在网上适当看剧、看电影、玩游戏放松紧绷的神经。劳逸结合、松弛有度，这样人们才能产生高效率的作业。

校园网络文化既是网络文化又是生活文化，既满足了大学生对知识学习的追求，又丰富了多姿多彩的校园生活，具有娱乐与生活调剂的功能。作为一个网络交流的平台，校园网络为学生提供资源丰富的广阔空间，在学习之余能够享受校园生活，提高生活技能，增强同学间的友情，对学生的身心健康以及长远发展有积极作用。首先，校园网络文化的建设并不是刻板无味的，除为学生显示文化信息外，还有一些趣味性的娱乐内容，比如传统习俗相关知识、校园比赛的实况转播、教育学专业的心理测试、戏剧学专业的精彩表演等，让学生可以从网上就能体验校园内发生的事件。其次，通过校园网络通知校级比赛信息，能够吸引各个学院各个专业的学生参赛，甚至可以与别的学校打一场友谊赛，这样既放松了学生的头脑，锻炼了身体，又使得学生的综合能力得到提高，学生还可以在比赛过程中交到新朋友，相互鼓励彼此加油，得到了珍贵的友谊。最后，校园网络也是学生心灵治愈的"树洞"。每所高校都有心理咨询室，里面有专职老师耐心为学生解答各种疑惑，然而并不是每位学生都会勇于将自己的另一面暴露人前，尤其是尊敬的老师。因此，校园网络提供一个平台，学生可以匿名向老师吐诉心声，宣泄情绪，老师也会针对问题提出合理的建议，帮助学生调节情绪走出迷惑。

（五）激励创新功能

全球经济一体化的不断深入以及激烈的市场竞争使得创新型人才需求不断增加，创新能力在高校教育领域中的作用愈发突出。快捷的网络速度、丰富多彩的信息内容，丰富了学生的见闻。创新是指立足现有的思维模式提出有别于常规和打破思维定式，发现新事物、提出新思想、制造新产品等对社会有价值的活动，是一种创造性的实践行为[①]。包罗万象的网络文化可以对学生的思想产生刺激性作用，以充满好奇心为前提，产生疑惑为基础，解决问题为结果，创造新问题为目的来锻炼学生的思维能力，刺激他们的想象力，增加答疑解惑的技巧，增强思维的活跃性，促使潜能得到开发。因此，充分利用好校园内的各种资源，为学生创造力的培养提供可行性教育模式，是高校管理工作的重点。

校园网络文化的开放性能够使学生自由畅游在网络世界浏览各种有用信息，通过筛选后保留自己需要的内容进行学习，既为学生提供了便利又能够提

---

① 黄小兰.高校校园新媒体的育人功能及其实现研究[D].武汉：华中师范大学，2015.

高学生学习积极性,自由的时间分配更加满足学生灵活性的需要。由于网络打破传统模式对信息的垄断,如今各种信息势如破竹般不断涌出,为学生学习提供了更多的机会。校园网络文化就是结合这个特点,利用新型科学技术以及学校掌握的资源为学生与老师提供网络渠道,创造虚拟空间供给师生进行学习的发挥。这与传统的教育模式有很大差异,不仅打破了时间、空间的界限,而且突破了知识的数量与内容,让学生的思维能力与创造能力不受拘束。信息获取唾手可得,先进思想理论快速获知,长此以往,学生可以逐渐具备独立思考问题的能力,快速敏捷的判断力,对事物的各个方面进行细致观察,提高创新意识和创新能力。具有自我判断能力和创新思维,学生不再是传统教学模式中教学课堂的随声附和者,而是真正成为课堂的主体,大学的主人翁。

第二节 高校网络文化建设的意义

随着互联网席卷全球,网络技术在校园中的应用也变得随处可见,形成一种独特文化。伴随着校园网络文化的发展,校园育人的模式也需要随之改变,产生新的教育效果。新的时代,高校的育人方式不能保留传统模式,应随着社会的变化做出相应的调整,不仅要求满足个人发展的需求还要在此基础上拓宽育人渠道。充分发挥校园网络文化的正向价值,才能使其成为育人工作展开的新途径。

校园网络文化在高校学生的育人模式中起着潜移默化的教育作用,利用网络的便利,将校园网络引入文化教育中,能够丰富高校的校园文化体系,满足大学在网络媒体方面对学生的教育要求,实现大学多渠道教育育人。随着高校的发展,高校校园网络文化已成为高校生活的必需品,高校校园网络文化也作为一种与时俱进的文化产物,成为高校建设的重要组成部分。

大学生是一群处于长知识、增能力的青年,可塑性强而鉴别能力却弱,尤其是刚脱离高考枷锁的大学新生,更是如脱缰的野马,对新生事物充满了好奇与探索,更容易受到网络文化的影响,使价值观念偏离高校教育的轨道。因此,建设校园网络文化需要对学生进行正确的思想政治教育,帮学生树立思想观念,引导学生建立正确价值观。

高等学校校园文化建设与创新发展研究

一、校园网络文化符合信息时代发展的需要

信息时代的到来意味着社会科学技术的大力发展，也意味着网络时代迎来新的转机，与网络相关的文化、产品将以新的方式进入到人们生活中。五花八门的电子设备更新速度日益加快，样式愈加精美、功能愈加强大的通信工具已经在电子市场上占据一席之地，逐渐满足着人们对网络使用的需求，电子设备已经成为日常生活中必不可少的物品。如今即将面世的 5G 网络，以其网络速度快、覆盖面积广的特点更让人们对网络发展有了新的期待。网络已经普及到社会各领域，影响着方方面面的人、事、物。根据中国互联网络信息中心（CNNIC）发布的《第 49 次中国互联网络发展状况统计报告》显示[①]，截至 2021 年 12 月，我国网民规模达 10.32 亿，互联网普及率达 73.0%，即时通信、网络视频、短视频用户使用率分别为 97.5%、94.5% 和 90.5%，用户规模分别达 10.07 亿、9.75 亿和 9.34 亿。截至 2021 年 12 月我国移动电话基站总数达 996 万个，累计建成并开通 5G 基站总数为 142.5 万个，全年新增 5G 基站数达到 65.4 万个。移动电话用户总数达 16.43 亿户，其中 5G 移动电话用户达 3.55 亿户。三家基础电信企业的固定互联网宽带接入用户总数达 5.36 亿户，比上年末净增 5224 万户。其中，1000Mbps 及以上接入速率的固定互联网宽带接入用户达 3456 万户，比上年末净增 2816 万户。这表明我国网络规模不断扩大使得网络传播速度快，覆盖范围广，能够充分带动社会经济发展水平和提高人们生活满意度。

大学生是一个具有好奇心和探索能力的群体，容易受到社会中新兴事物的吸引，进而实践和体验新事物。微信、QQ、微博等社交媒体由于其自身带有的娱乐功能和交流功能，在学生群体中受到广泛使用，学生通过这些网络产品能加强彼此的交流，减少为见面花费在旅途上的时间。网络也能够让学生更方便获取大量的学习信息和时事新闻，让学生能够不出屋子便知晓天下事。校园网络文化也以其独特的方式改变着高校的教育教学活动、科研活动和师生的生活学习方式，成为大学文化育人的新兴利器。

---

① 中国互联网络信息中心. 第 49 次中国互联网络发展状况统计报告 [R/OL].(2022-02-25)[2022-02-25].https://www.cnnic.cn/n4/2022/0401/c135-5314.html..

二、校园网络文化是大学文化育人功能的重要途径

文化具有丰富的内涵,在文化的熏陶下,大学生的身心会受到由内而外的影响,整体气质得到提升,文化修养也会提高,对身边发生的真、善、美得到新的理解和感受。目前,互联网拥有的全面、快捷、高效等特性已让人们对其产生依赖,成为生活中的必需品,也成为校园生活中师生群体集沟通、学习、娱乐于一体的主要工具。作为第五次信息技术革命的产物,互联网以其势不可当的推动力促进了人类思想浪潮的改革,使人们进一步解放思想,创新观念。网络的空间性为人们提供了一个虚拟平台,为人们积极主动地交流增加了一个学习机会,这种方式不仅改变了人们的思维方式,以及开阔了人们的眼界,而且网络上不停推送的即时消息和新闻更是挑战了人们的传统观念,以强硬的姿态冲击人们的思维,消除停滞不前的思想,做到与时代发展脚步并驾齐驱甚至是达到思想超前于社会发展的地步。校园作为接受新生事物最具活力的场所应当做出表率作用,摒弃愚昧、落后的旧思想,开创开化、先进的社会主义思想,倡扬开放、民主、平等、创新的科学观念,达到育人的目的。网络文化凭借其方便、快捷、及时等特点,以其巨大的信息量和大学文化的浸润下,极大地丰富着广大师生现有的求知需要,对在校大学生的思想认知、价值观念、情感发展、行为规范等方面产生了积极影响[①]。

使用大学校园网络文化进行育人工作是高校结合信息时代发展进行的校园文化创新,利用网络信息技术能够提高高校育人的效率,但是同样地,这个过程也充满挑战,由于目前校园网络文化平台建设还不够成熟,如何利用好校园网络文化,把握好校园网络文化的利与弊,掌握这个"度"是高校在校园网络文化育人工作建设中亟须思考的问题,这也是高校完善校园网络文化体系的重要机遇。所以,建立一个理想的校园网络文化育人模型,积极开展校园网络文化育人功能及其实现路径研究,建设丰富多彩积极向上的校园网络文化平台,是大学文化建设工作的迫切需要。

---

① 秦广龙,叶兵.高校校园网络文化产品论纲[J].合肥工业大学学报(社会科学版),2014,28(3):99-103.

三、校园网络文化是推动高校文化创新的重要手段

高校作为一种功能独特的组织，既是文化的传承者，也是文化的创新者，在社会舆论风向中起着领头羊的作用，是国家"软实力"的重要载体。高校与社会是相互作用的关系，社会经济的发展决定高校建设，而高校培育的学生走向社会，又成为社会中新的生产力，促进社会经济的发展，形成一个循环圈，对两者的发展起到促进作用。但是高校在发展的同时要保持着自身独有的特性，能够不受外界因素影响保持教育本色。文化是一个国家和民族进步的灵魂，没有了文化国家就会失去精神动力和精神风貌，社会发展萎靡不前，因此要不断赋予文化保持生机和活动的生命源泉，即创新。创新能够使文化在之前优秀的基础上不断发掘新的潜力，产生新的文化内涵。高校校园文化作为社会文化的重要组成部分，必须拥有发掘新兴事物的敏锐触觉，走在文化建设发展的前列。高校校园网络文化是高校校园文化在网络空间的延伸与拓展，不仅充分利用了网络这一重要资源，而且借助网络在文化建设理念、内容、形式等方面实现自身创新性的发展。[1]除此之外，广大师生可以通过论坛、微博、微信、知乎等各种平台，积极交流互动，畅所欲言，让彼此能够在交流过程中从新的角度获得思想的启发，从发表的见解中对一个人产生新的认识，这个过程既能培养学生的创造力，又能鼓励学生互相交流，营造出活跃热烈的学习气氛。

第三节　高校校园网络文化建设管理分析

在当今的高校生活中，越来越多的师生已离不开网络，网络成为联系学校成员、构建校园组织、推动事业发展、培养合格人才的重要工具和载体。加强大学网络文化建设和管理，营造健康积极的网络环境，是学校事业发展和构建和谐校园的必然要求。

---

[1] 李亚青,张国磊,夏鑫."互联网+"大学生社会主义核心价值观实践教育研究[M].北京:知识产权出版社,2016: 168-169.

第五章　高校校园网络文化建设与创新

一、高校校园网络文化建设管理概况

（一）高校校园需要足够重视网络文化建设

校园文化建设分硬件建设和软件建设两部分。一般认为硬件建设是高校校园文化建设中的重头戏，它包括建筑、设备、人文景观、校园环境等相结合而营造出的文化氛围。硬件建设作为软件文化的物质载体，具有很强的直观性，是高校评估中的重要指标参数。因此各高校长期以来都很重视校园文化中的硬件设施建设。随着校园网的普及，近几年各高校在校园网硬件建设方面投入很大，例如服务器的更新改造、校园网带宽的提升、无线网建设等，基本实现了校园网覆盖办公区、教学楼等区域，部分高校还实现了校园网进宿舍。可以说，校园网的飞速发展为高校校园网络文化建设打下了良好的基础。但是部分高校在大力发展硬件设施的同时，没有充分认识到软件建设的重要性，即校园网络文化的重要性，没有看到网络文化对师生思想意识方面深层次的引导作用。校园网络文化建设是高校信息化发展的必然要求，是高校深化教育改革的重要方面，不能仅仅流于形式，应该将其纳入学校工作的重要议事日程，健全工作体制，将其真正纳入校园文化的总体规划布局中。

（二）高校需要丰富校园网站内容

目前大部分高校都有自己的校园网站，而教师、学生对校园网站的利用很大程度上局限于查看通知、查询成绩、浏览学校新闻等，这与校园网站内容单一、网络文化活动缺失有很大关系。在校园网站的栏目设置、内容框架上考虑更多的是宣传教育功能。诚然，学校重视学生的思想教育无可厚非，但是面对新时代的大学生，教育不应该仅仅局限在思想教育上面，思想引导也很关键。而引导的前提首先需要吸引学生的眼球，知道大学生的所思所想，有的放矢，这对塑造他们的人生观、价值观是非常重要的。

（三）高校需要有效监管校园网络文化

大学生处于由学校到社会的转型期，对多数事物还缺乏明辨是非的能力，但是又存有很强的好奇心，网络是他们获取信息的主要来源和渠道。由于网络的隐蔽性和虚拟性，部分学生难以分辨网络信息的真伪，有的学生沉迷于网络游戏不能自拔，严重者上网成瘾，影响到了正常的学习和生活。这些情况的

发生，与部分高校缺乏对学生正确的引导和有效的监管有很大关系。为了学生的身心健康，各高校应该尽快健全网络文化的监管机制。

二、校园网络文化建设管理策略

（一）转变观念，高校校园文化建设硬件软件一起抓

各高校在校园文化的建设过程中，首先要做的就是转变观念，与时俱进。目前，高校校园网的发展很不平衡，有的高校在观念上还没有得到根本转变，把网络所带来的弊端看得过重，在组织、管理与建设上认识不够、重视不足，没有真正发挥校园网络文化的作用。校园网络文化建设是深化高等教育改革、高校校园不断向信息化高速发展的必然要求。高校是人类文化、知识传承和发展的基地。在信息时代加强和加快以网络化、数字化为主要支撑的信息化大学校园文化建设，是大学校园文化建设走上健康发展轨道的最可行的方式之一。校园网络使校园内部的各种信息资源得到共享，并不失时机地增加各种新的信息资源，开拓高校更为广阔的办学空间，成为推动远程经验和终身学习体系发展的核心动力。因此，转变观念是大学校园网络文化建设的关键。

要充分认识到校园网络文化作为校园文化建设中软件部分的重要性，要将网络文化纳入校园文化建设的总体规划中，要加大校园网络文化的建设力度，硬件软件一起抓。硬件方面，校园文化硬件建设程度关系到校园网络文化的孕育、成长和规模的形成，直接影响着高校校园文化建设的进程。各高校应该继续扩大硬件建设规模，为实现真正的信息化校园搭建良好的平台。软件方面，校园网络文化跟每个学校的办学理念、历史沿革、依托的校园网络发展水平有密不可分的联系。校园网络文化建设应该有一个总体定位，根据学校自身特点确定是以人文历史积淀为主还是理工类自然科学的求真理念为主等。确定好定位后，要积极开发有利于网络文化建设的应用软件，如开发一些集思想性、知识性、教育性、艺术性、娱乐性和易操作性于一体的中文宣传教育软件，打造网络文化前沿阵地。

（二）完善校园网站建设，丰富网络文化活动

校园网站是校园网络文化的载体，是高校的网络门户，代表着学校网络文化发展的水平。学校要紧紧抓住校园网络这个平台，通过网络确保思想政治教

育的正确导向。要深入挖掘校园网站的模块功能,除门户网站外,还要积极开设一些吸引学生兴趣的版块,增加学生的上网浏览量,丰富学生的网络文化活动。比如开设一些集知识性、趣味性、服务性于一体的主题教育网络课程,让学生在上网的同时学习到一些专业知识;开办校园 BBS 论坛,给学生提供一个可以交流思想、发表言论的自由空间;为高校的名师、专家建立特色宣传网页,充分发挥名师的模范效应,让师生可以进行实时交流等,使网络真正融入师生的工作、学习、生活中,充分发挥其高速、及时、快捷的传播优势。另外还可以将一些现实中的校园文化活动和网络文化活动结合起来,创新活动形式,扩大活动的影响力和覆盖面,给学生以全新的网络体验和感受。这样有助于学生在各种积极向上的文化活动氛围中树立起勇于进取的世界观、人生观、价值观。

(三) 增强对校园网络文化建设的监管力度

首先要加强完善校园网络管理的相关制度和规范,使校园网的管理有章可循。目前利用网络进行不法行为的现象时有发生,高校要做好防范工作,通过对师生上网行为、校内网络服务场所等的规范,减少校园网络的不文明行为。其次要通过技术手段对校园网络进行实时监控。要对校园网络信息进行搜集、分析、处理,把与社会主义道德相违背的信息言论彻底清除。避免个别学生利用网络对他人进行人身攻击,以免造成社会恶劣影响。最后要定期对学生进行网络安全和网络道德方面的培训,提高其自身对网络信息的识别能力以及对不良信息的分辨、抵制、自控能力。

第四节 新时代高校网络文化建构的新路径

高校网络文化是网络文化与大学校园文化综合的产物。高校网络文化建设是一个系统工程,具有多层次、多角度、全方位、全天候的特点,它的建设和发展既要有正确的指导思想和原则,又要有系统的建构路径和措施。在新时期,加强大学网络文化建设仍然是一项十分重要的工作。为此,笔者认为应当从以下几个方面加强高校网络文化的构建。

一、遵循高校网络文化建设的基本规律

(一)正确处理网络文化与高校文化的关系

高校是文化的传承者和创新者,起着引领社会风尚的作用,是国家"软实力"的重要载体。高校网络文化作为高校文化在网络空间的延伸与反映,必须与文化放在同等的高度加以重视。目前,互联网已经成为人们精神生活的重要组成部分,成为高校广大师生了解信息、浏览新闻、学习知识、休闲娱乐的主要渠道。

如果不注重引导高校网络文化价值取向,社会主义核心价值观就难以成为师生共识;如果不注重通过网络满足师生的精神文化需求,社会主义文化建设的目标就难以实现;如果不发挥师生在高校网络文化方面的创造性,就会使校园文化失去凝聚力、感染力,最终丧失其文化育人的功效。高校网络文化建设就是要通过培育建设、创新创作出优秀的校园网络文化品牌和产品,唱响网上舆论主旋律,营造积极健康的网络文化氛围,促进社会主义先进文化繁荣发展。

(二)正确处理网络文化需求与供给的关系

目前,高校网络文化建设还处于初级阶段,网上优秀文化产品数量不多、水平不高,不能有效满足广大师生的关注点和兴趣点。公共文化信息服务还不到位,个性化、特色化服务不够,与社会主义先进文化的发展要求还不适应。发展丰富多彩、积极健康的校园网络文化的任务十分繁重而紧迫。要更广泛、更充分地动员高校师生参与到网络文化建设中来,把网络意识形态的主动权牢牢抓在手里,提供大量高水平的优秀网络文化产品,最大限度地消除发展进程中的"离心力",最大限度地凝聚全体师生为实现中国梦而奋斗的"向心力",构筑中华民族伟大复兴的网上精神家园。

(三)正确处理网络传播与舆论引导的关系

当前,以"两微一端"(微博、微信、移动客户端)为代表的网络传播新渠道具有传播快、覆盖广、影响大的特点,具有很强的社会动员能力。在信息传播过程中更加注重二次传播和可视化传播。社交化、个性化的信息筛选成为新常态,趣味化、精准化阅读成为新趋势,信息传播链条更具动态性。在网络舆论引导中要适应这些新变化,不断丰富网络文化产品供给,建立适合不同兴趣爱好人群的"信息超市",以供选择和转发;加强网络微平台的建设,为正

第五章 高校校园网络文化建设与创新

能量的传递和正面舆论场的形成提供"信息高速路";通过可视化、图解、动漫动画等信息传播形式,提高师生网络阅读的愉悦感和接受度。

二、培养大学生的网络素养

(一)增强大学生的政治意识和时代使命感

高校网络作为青少年学生学习生活的重要空间,既是思维活跃的创新之所,也是思想教育和舆论引导的必争之地。在网络空间上,能否掌握主导权和管理权,直接关系到社会主义建设者和接班人的培养,关系到国家政治安全和政权安全,一定程度上决定了党的长期执政地位,其重要意义毋庸置疑。为此,中共中央办公厅、国务院办公厅联合最近印发的《关于进一步加强和改进新形势下高校宣传思想工作的意见》明确提出要创新网络思想政治教育,加强高校网上舆论引导工作,培育建设高校网络评论队伍。教育部也出台了一系列政策文件、建设项目、工作举措,努力夯实信息化和信息安全基础,坚持遵循网络传播规律,大力推动人才队伍建设,确保高校网络文化建设有阵地、有方法、有声音,通过网络凝聚和团结更多的青年学生,共同把网络文化建设得越来越好,营造清朗的校园网络空间。

要以中共中央办公厅、国务院办公厅印发的《关于进一步加强和改进新形势下高校宣传思想工作的意见》为指导,创新网络思想政治教育,大力推进校报校刊数字化建设,立足校园网站建设,创办一批贴近学生的网络名站名栏,建设一支由学生和青年教师骨干组成的网络宣传员队伍,打造示范性思想理论教育资源网站、学生主题教育网站和网络互动社区,培养大学生运用马克思主义理论解决重大现实问题的能力,坚定正确的政治方向和政治立场。

在网络日益成为生活不可或缺的必需消费品的今天,高校需要确立校园网络文化在培养高素质人才工作中的重要地位。高等学校要通过校园网络加强对学生的道德思想管理,结合本校特色和校风校纪组成具有高校自身特点、体现当代文化精神的网络文化品牌,使校园网络文化在学生思想品德教育,文化内涵提升过程中起到推动作用,促进学生提高自身修养和精神内涵。

(二)将网络素养教育纳入中小学基础教育体系

建议"抓早抓小",将网络素养和网络技能一并纳入中小学基础教育体系,现阶段可在计算机课程、思想政治教育和课外读本中增加相应内容。要将网络素养教育贯穿青少年学习成长的各个阶段，不断优化课程内容设计，探索情景式、体验式、互动式教学方法，培育青少年正确的互联网观念和良好的使用习惯。

（三）引导大学生科学高效地运用网络

高校可以通过开发一批高效的学习型 APP，鼓励和引导大学生上网时将精力更多用在学习文化知识上。为大学生参与网上服务提供平台，如建设一支网络志愿者队伍，利用互联网开展政策宣传、知识普及、心理疏导、技能培训，让大学生在虚拟空间实现人生"增值"。要同步加强高校网络素养教育，利用公共课、选修课讲解讨论网络沟通技巧、网络心理健康、网上道德伦理等内容，为大学生顺利踏入社会提供引导和调适服务。

1. 加强网络精神文化建设，提高大学生驾驭网络的能力

高校要加快网络信息技术和网络知识的普及，培养大学生掌握信息技术的能力，提高信息筛选和网络意识，使他们学会利用网络进行交流沟通，利用网络进行科学研究，利用网络全面发展自己。同时重视和加强对大学生的心理辅导，防止使用网络而导致的人格障碍和心理障碍，让大学生逐步适应数字化环境，真正成为网络世界的主体。

2. 加强网络道德教育，增强大学生的防范意识

高校要积极利用网络手段，加强网络道德教育，提高大学生的网络道德水平和自律意识，使他们树立正确的网络道德观念，引导大学生自觉抵制网络垃圾的侵蚀，恪守网络规范，约束网络行为，自觉维护网络秩序，做到文明上网、文明聊天、文明交友，努力营造健康有序的网络环境。同时，高校还应积极倡导社会主义文化的主旋律，坚持用马克思主义理论教育和引导大学生，弘扬民族精神，强化爱国主义意识，帮助他们牢固树立科学的世界观、人生观和价值观。

3. 提高大学生对网络文化信息的判断力

网络文化信息的判断力是指面对复杂信息能够做出全面审视和迅速选择的能力。提高大学生对网络文化信息的判断力是减少校园网络文化消极影响的根本措施。在互联网上，大学生如果不具备敏捷的判断力，就有可能被大堆的垃圾信息侵蚀。学校特别是高校应重视网络知识培训，提高大学生使用网络的水

平。在培养大学生具备网络使用能力的同时,学校还应教会大学生辨析网络信息的能力。一方面,面对网络信息要有科学、全面、深入的认识;另一方面,对自身信息需求要有良好的自我意识。只有这样,才能提高学生利用有效信息的能力和抵御信息污染的能力,使其在有限的时间内接收更多、更新、更有用的信息,达到学习知识、陶冶情操、培育美德的目的。

(四)培育高校网上意见领袖

着眼校园网络舆论场,培育一批导向正确、影响力广的网络名师,使之成为大学生的良师益友和引路人,转移大学生对明星名人的关注。推进辅导员博客、思想政治理论课教师博客、校务微博.校园微信公众账号等网络新媒体建设,吸引学生浏览。善于从校内 BBS 论坛、QQ 群中挖掘打造学生意见领袖,温和有效地做好引导。

(五)不断丰富大学生社会实践体验

要充分挖掘学生的兴趣和特长,丰富业余生活和社团活动,锻炼强健体格,活跃人际交往,逐步摆脱对虚拟世界的过度依赖,养成积极健康的学习生活习惯。要引导大学生勇敢面对现实,积极参与社会实践,提高环境适应能力和动手操作能力,培养实干、创新、合作精神。

三、全面发展高素质人才

应当发挥好高校人才优势,凝聚一批勇于发声又善于发声的优秀人才,建成一支政治强、业务精、作风好的强大网军队伍。能够始终和党中央保持高度一致,综合运用专业知识,及时准确地解读党和国家的方针政策,积极推介教育改革的新进展、阐释师生关注的新焦点、传播身边的好故事。在关键时候能站得出、顶得上、打得赢。积极团结引导网络名人,培养主流意见领袖,做到"四两拨千斤",解决"正确的不发声"问题,唤起"沉默的大多数",在大事难事上协同作战,在大是大非上坚定立场。

"培养什么人,如何培养人"是社会主义高校必须认真思考的战略问题。校园网络文化建设必须结合高校的特点,思考能发挥高校优势的新办法。校园网络培育全面发展的高素质人才工作中,需要以学生为中心,站在学生的角度考虑育人培养方式。首先,需要重视学生心理健康,利用校园网络平台与学生进行思想交流,通过语言对话和观察学生行为动作,对学生进行心理健康评价。若发现有心理健康问题的学生,教师要及时作出反应,帮助学生走出心理困惑,建立乐观向上的健康心态,既对学生的身心发展起到引导作用,又能够保障校园生活的和谐稳定。其次,需要重视学生个人修养,大学是学习科学文化知识的文化机构,同时也是自我能力和品德锻炼的修炼场。所谓修身养性,就是古人提出的对自身反省体察,即"吾日三省吾身",使身心境界提升,培养学生的个人修养,也是对学生产生无形的约束力量,使学生明辨是非,严于律己。最后,需要重视学生行为规范,学生是大学形象的标志,一言一行都影响着学校对外的形象,培养学生形成良好的行为规范不仅是对学生自身发展带来益处,对高校风气校貌也达到好的宣传效果。因此,高校需要经常通过校园网络平台建设相关德育课程,提升学生的思想意识形态,时刻注意自己的行为举止。

四、把握高校网络文化建设的重点要求

(一)营造健康向上的网络环境

网络文化以其特有的开放性、平等性、互动性迎合了当代大学生崇尚民主、自由、平等的价值观和道德观。面对多样化的价值道德观念,必须坚持以社会主义核心价值体系为统领,提高校园文化品位,发挥其在深层维度上的教育功能,为大学生营造道德人格和价值观念再选择的先进的文化环境,这一点至关重要。从文化形态观的角度上看,主体道德人格的形成是一种文化浸润的过程,网络文化从逻辑上有助于形成普遍伦理与核心价值。校园网络文化正是融知、情、意、行为一个有机整体并孕育大学生道德人格的环境教育形态,其根本价值取向就是道德价值观的人格化。因此,网络文化熏陶和思想教育的目的应当定位于在社会主义核心价值体系的基础上,培养大学生网民的心理自主性、主体发展性,塑造与完善大学生现代化的、真善美和谐统一的、知荣辱明是非的网络社会道德人格,提高他们对网络文化信息的判断力和鉴别力。

校园网络的作用不但是校园信息传递的网络工具,也是培养学生素质提高的媒介,校园网络文化建设必须结合时代发展需要,做好网络文化阵地的先锋育人角色,营造积极健康的校园网络文化环境。校园网处于开放的互联网环境中,面临着各种风险和挑战。要继续开展打击网络谣言、政治类有害信息、淫

第五章 高校校园网络文化建设与创新

秽色情、非法传教等专项行动,坚决打击网上违法犯罪活动,全力抵制网络"三俗"文化,为大学生营造一个清朗、干净的网络空间。

近年来,在中央网信办的统筹协调下,国家对网络空间进行了集中治理和有效建设,网络建设与管理工作呈现出积极向好的态势,网络空间不断清朗,网络舆论生态不断优化,网络正能量不断增强,网络工作队伍不断壮大,网络管控手段不断丰富,网络有害信息不断减少。从高校来看,因为阵地在我、主权在我、技术在我、人才在我、管理在我,再加上近年来各地各高校加大网络建设与管理力度,抓工作格局、抓阵地拓展、抓内容创新、抓队伍建设,校园网建设与管理取得了可喜成绩,积累了宝贵经验。但是我们也要清醒地认识到,因为起步晚、基础薄,加之网络意识形态领域斗争的长期性、艰巨性、复杂性,高校网络文化建设和网络育人功能的发挥还面临着很多的困难和挑战,还需要长期的研究、探索和实践,深化对一些规律性问题的认识。

(二)抓好网络信息化基础

信息化建设是高校网络文化建设的基础。目前,全国高校的门户网站、主题网站、学术网站、互动社区"两微一端"(微博、微信、移动客户端)等校园网络平台逐步发展完善;教育部实施的"易班"推广行动计划和中国大学生在线引领工程,成为覆盖面越来越大的学生网络互动社区和主题教育网站。数字图书馆、虚拟仿真实验室、网络思想政治理论课、大学生网络文化工作室等丰富了学生能够获得的教育资源,校园网日渐成为青年学生的网上精神家园。但部分校园网站尤其是一些二级院系网站或实验室网站还存在一定的安全隐患,易受到黑客的攻击。缺少信息技术安全的保证,网站平台就如同建立在沙滩之上的城堡,看似美轮美奂,实则经不起雨水的冲击。安全可靠的信息化空间,是高校网络文化建设发挥作用的阵地。

五、确定全面系统的校园网络文化建设战略

要形成和谐发展、内容健康、布局合理的校园网络文化,就必须对校园网络资源进行整合,使校园网为代表的校园主流网络文化更加人性化,使自由网站为代表的校园边缘网络文化主流化,彼此呼应,丰富校园网络文化空间和内容,形成上下联动、左右互动的校园网络集团规模。在此基础上,要针对校园网络文化建设目标不清晰的现状,尽早制订系统的校园网络文化建设战略,统一规划、统一布局、齐抓共管,建设具有可持续发展能力的校园网络文化。

(一)创建校园主网站和思想政治教育专题网站

高校网络文化建设必须遵循互联网发展规律和社会主义精神文明建设规律,体现社会信息化进程要求和大学生思想政治教育要求,把校园网建设成为传播先进文化和弘扬主旋律的重要渠道、加强大学生思想政治教育的重要阵地和全面服务大学生观念的重要平台,充分考虑到学生的内在需求,做到内容上贴近学校生活,形式上生动活泼,实现思想性、知识性、趣味性与信息性、交互性、服务性相结合,使校园网真正成为广泛吸引大学生关注的重要媒体,成为他们获取健康信息的重要渠道。

(二)加大校园网络管理制度创新

信息管理制度创新是高校校园网络文化建设的重要一环,也是提升高校校园网络文化的品位和层次的重要保障,必须在管理理念上从封闭走向开放,从单一走向多样,从静态走向动态,从直线性走向立体性,从孤立走向协调;在管理体制上理顺关系,明确责任,厘清范围,避免互相推诿卸责的情况;在管理方式上要充分运用、发挥网络的技术优势,提高管理效率;在管理文化上要重视营造健康的文化氛围与和谐局面。而作为管理的主体也是客体的师生,是整个信息管理制度创新体系中最重要的一环,也是最具有主动性的一环,要通过加强师生的网络素质教育,引导师生理性地使用、利用和创造网络资源,增强师生抵御网络文化中不良因素影响的抗体,掌握高校校园网络文化建设的主动权。总之,加大校园网络管理制度创新,使网络活动有章可循,活而不乱、严而不死,是校园网络文化建设的一项重要内容。

(三)健全网络舆情收集反馈机制

校园网络特别是 BBS 论坛,是当前在大学生群体中具有较强影响力的信息载体。高校网络思想政治工作必须重视校园网络论坛,充分发挥其功能和作用,使其成为学校领导管理层了解普通师生所思所想的有利途径。对此,一方面可以按照统一协调、反应灵敏、高效畅通的原则,坚持定期整理网络舆情信息,将学生网上关注的社会热点问题和关系师生学习、生活、工作的重要意见、建议等进行汇编整理，认真分析问题产生的原因、发展趋势及对大学生思想的影响，准确把握本校校园网整体舆情动态，为学校决策提供参考。另一方面，积极挖掘校园网络特别是BBS论坛的潜在功能，为大学生提供学习、生活、就业、心理咨询等服务，使其成为学生学习、生活的好帮手，成为校情、民意传达沟通的桥梁和纽带。北京大学、南开大学等高校就努力把BBS论坛建成校内网络用户信息交流的平台。在定期编辑BBS情况简报、专报和舆情动态，收集、整理、分析网上舆情信息的同时，支持建立网上"服务特区"，还支持举办校园生活网上咨询会，请来与学生学习生活密切相关的校医院、后勤等部门的负责人现场在线答疑释惑、解决问题。此外，在学校协助下，学生以BBS为宣传平台，经常举办各种学术沙、龙讲座、爱心公益活动和文化展览活动；还将BBS的功能、版面介绍和操作指南汇编成《校园生活宝典》，使师生对BBS的各种功能和用法有更加深入的了解。所有这些，突破了传统呆板僵化的网络管理模式，为更好地建设校园网络文化奠定了坚实基础。

（四）创新行为模式

网络对人类的冲击不仅是行为方式上的，更是思维上的。在充满信息的时代，互联网是传播新知识的好途径，如何选择信息为知识、科学技术服务，是一个刻不容缓的问题。网络作为"学习共同体"的构想对于我国的教育改革具有重大的理论价值和实践意义。网络不仅是形成新教育范例的前提，还是促使教育改革的刺激媒介。未来的高校文化将会接受丰富多样的媒体与人力资源，提供大学生以自主的学习活动的天地，使大学生拥有高度网络归属感。所以，未来的网络文化应当是平等、正义、公道和人性化的"学习共同体"。校园网络文化作为陶冶当代大学生性情的主要手段之一，必须站在时代的前头，以先锋的姿态，开创新局面，体现一定的超前性。因此，由前瞻性的眼光，积极发挥网络作为新型学习共同体的作用，探索这种新型载体对大学教育发展的促进途径。

（五）建设强有力的校园网络文化工作队伍

校园网络文化强调思想性、艺术性、积极性、教育性和指导性，高校必须建立一支强有力的网络文化工作队伍。在这支队伍中，既要有网络技术方面的专家，又要有思想教育方面的专家；既要有校领导，又要有教师；既要有学生干部，也要有普通学生，构成校园各项工作能在网上互动的工作局面。主要从三个方面开展队伍建设：

其一，开展"网上辅导员"实践。通过举办网络培训班，加强对有关教师的培训，增强网络意识，提高网络技能，使大家了解并掌握校园网络的特点和规律，特别是校园 BBS 的基本功能和管理方法，成为学生的"网上辅导员"。网上辅导员队伍可以由专职学生工作队伍中年纪较轻、能力较强并且较好的网络知识和技术的教师组成，可以包括主管学生工作的院（系）副书记、学工办主任、团委书记、副书记和年级主任、班导师等。辅导员在校园网络论坛上应当力避呆板、僵硬的说教，以平等的身份，用青年大学生熟悉的网络语言风格进入网络，进行真诚的交流和对话，掌握大学生的思想动态，有针对性地开展工作。

其二，建立"网上评论员"机制。针对目前一些网上热点问题缺乏主流舆论理性引导的情况，组建一支政治可靠、知识丰富、数量充足并熟悉网络语言特点和规律的"网上评论员"队伍，围绕热点问题主动撰写帖文，吸引学生点击和跟帖，形成网上正面舆论强势，有效地掌握和引导校园网络动态。

其三，组织学生"红客"队伍。选拔政治立场坚定、学习成绩优秀的学生，组织成为一支精干的学生"红客"队伍，在校园网络信息监控、正面舆论引导等方面发挥积极作用。特别是在校园网络发展中遇到的一些特殊、敏感、突发事件中，学生"红客"以同学熟悉的方式对错误言论及时予以反驳引导和帮助，能够有效地维护校园网络的稳定。同时，要积极与校园民间网络论坛的学生站务组进行沟通和交流，保持与他们的紧密联络．并注意大胆发掘培养政治立场坚定、具有一定政策水平和处理特殊事件能力的学生，发挥他们在网友与 BBS 管理中的独特作用和影响。

同时，各高校的广大专业教师积极主动利用校园网络，开展网上教学；鼓励学生社团、学生党支部、各团总支设立自己的网站，充分发挥学生利用校园网自我管理、自我服务、自我教育的功能。建立校园网络文化研究组织，譬如校园网络文化研究小组或协会等，发挥广大学生在校园网络文化研究中的主体作用，建设具有中国特色的高校校园网络文化理论体系。这样，从上到下，从专职到兼职，从教学科研到教育管理，从实践参与到理论研究，形成全方位、

第五章 高校校园网络文化建设与创新

多纬度，立体化的校园网络文化工作队伍，从而确保校园网络文化建设有序推进。

（六）建立校园网络安全事件响应体系和应急机制

在网络文化发展欣欣向荣之际，因网络本身缺乏内在的安全机制和部分网民道德素养有欠缺等因素引起的网络犯罪也严重影响着校园网络文化的健康发展，建立校园网络安全事件响应体系和应急机制势在必行。事件响应和应急，是对发生在计算机系统或网络上的威胁安全的事件进行提前响应和处理。在技术上，高校应该建立信息安全事件响应和应急机制，避免信息资源被窃取、更改和攻击；在道德方面，高校更应该完善包括集预警、紧急反应于一体的信息安全事件响应体系，通过全面、立体、多维的思想政治工作构建师生网络道德的防火墙，通过丰富多彩的网络文化活动引导师生树立良好的网络道德，通过扎实的网络工作队伍及时发现不良行为，通过快速的紧急反应机制迅速消解不良影响，保障校园网络文化的良性发展。

总之，高校校园网络文化建设是个崭新的课题，随着网络技术及其应用的迅猛发展，校园网络文化建设的内容、方法和手段，以及校园网络信息的服务和管理，会不断遇到新情况、出现新问题，网络和校园文化建设之间的关系也会增添新内容、面临新挑战。对高等院校而言，只有始终与时俱进，不断创新探索，才能适应网络时代的发展，适应社会主义精神文明建设、社会主义和谐社会建设和加强大学生思想政治教育的要求。

第六章 高校校园科技文化建设与创新

第一节 高校校园科技文化的内涵与重要性

高校具有丰富的青年人才资源,学术思想活跃、创新思维纷呈、学科门类齐全,成为知识传承、科技创新及应用的主阵地。大学生作为知识传承的主体,是引领和实现科技创新的活跃群体。高校通过组织、引导大学生有序参与科技创新活动,不但可以帮助其加深对课堂知识的理解和把握,有效巩固和开拓第二课堂,而且有益于大学生的思想观念、道德品质、作风意志的培养等,也使得高校成为大学生启迪智慧、引领科技、崇尚创新、成就梦想的高地。

一、校园科技文化的内涵

校园科技文化是一个大学在探求知识、追求真理过程中所形成的特色和氛围,它是大学校园文化的核心,反映了一所学校的特色。校园学术科技文化建设倡导"勤奋学习、热爱科学、追求真知"的科学精神,增强大学生对民族振兴和社会进步的责任感，立足于青年学生的知识应用和创新能力的培养，缩短大学生成才与社会需要之间的距离，提高解决实际问题的能力。

（一）育人是学术科技文化建设的根本

加强学术科技文化建设，就是要通过一系列科研实践和良好的科研机制、环境，培养大学生的实际科研能力；通过培养大学生严谨的求学态度和创新务实、开拓进取的科研精神，使他们热爱科学，树立献身科学事业的信心和决心；还可以弥补课堂教学不足，巩固所学的知识，扩大学生知识领域，完善、优化知识结构，活跃思维，挖掘潜能，提高学术水平、学识修养。

（二）创新是学术科技文化的特质

科技的发展、知识的创新、学术的繁荣越来越决定一个国家、一个民族的发展进程和在国际社会的地位。创新是引领发展的第一动力。焕发创新精神，树立创新意识，培养大批创造性人才，是时代的要求，是教育在新世纪的重任。高等教育改革就是要从知识传授为中心的传统教育，转变为培养学生创新能力的现代教育。以创新为特质的学术科技文化建设，就是为了适应新时代发展的要求。创新是学术科技研究的灵魂和原动力，学术科技研究是创新的实践和过程，是创新精神的体现和张扬。

大学生科技创新活动主要指大学生运用所学专业知识和技能，在课外从事学习、研讨、实践、创造等方面的活动，它是高校开展创新创业教育的重要组成部分，是提高大学生综合素质不可或缺的重要环节，对高校创新型人才培养发挥着极为重要的作用。大学生科技创新活动有助于学生自主开展创新型学习，提高学生自身创新能力。罗马俱乐部在《学无止境》的报告中提出了创新型学习的概念，认为创新型学习应具备预见性学习和参与性学习两个主要特征。而大学生的科技创新活动有利于二者的有机结合，旨在培养学生创新思维。大学生创新能力的培养离不开学生的个性培养，要根据学生的个性化差异培养其独立的思维能力，让学生参与科技创新活动中善思多想，鼓励积极探索，发现问题，分析问题，找出解决问题的方法并为之付诸努力。

（三）多样性、层次性是学术科技文化建设的方向

学术科技活动是学术科技文化的主体，既包括各类以课题形式开展的群体

协作科研活动，又包括师生在教学之余所开展的个体学术科技活动；既包括各种学术科技会议的举办，也包括专业学术科技刊物的编辑、出版等。不仅如此，教育改革还要求把科技引入大学教学过程，努力使教学过程带有研究性质，将学术科技研究渗透到教育教学的各个环节。这是学术科技文化建设的重点方向，不能仅靠举办一些征文大赛、辩论大赛等活动。学术科技校园文化建设要向多样化、层次化方向发展，重点是提高学术科技含量，提高品位和层次，更好地服务于教学研究。此外，学术科技文化建设还包括相应的制度建设、营造浓厚的学术氛围、形成具有自己特色的学术传统等。

二、校园学术科技文化建设的重要性

（一）有利于促进高校学科建设

学术科技文化是学科建设与发展的有力推手。一方面，作为学科发展核心的学术带头人，决定了一个学科的学术地位、学术声誉和学科发展方向；另一方面，学术团队的研究成果特别是标志性的成果，能够提升学科的地位和实力。因此，高校有必要通过学术科技文化建设，营造浓厚的学术氛围，不断促进学科的建设与发展。

（二）有利于提升大学校园文化层次

在竞争日益激烈的今天，学术科技水平已经成为高校发展的标志性动力，浓厚学术科技氛围的营造和丰富学术科技活动的开展成为大学校园文化建设的关键内容。学术科技文化建设有利于提升大学校园文化建设的层次和水平。另外，学术科技活动日益成为实施素质教育的有效工作载体，对促进学生素质教育和教师素质的提高十分重要。

（三）有利于提高学生文化素质

高校的教育资源主要包括课堂教学、校园文化、各种传播媒体以及实践环节。除课堂教学之外，学术科技活动越来越成为学生获取知识的重要手段，推动学生自觉地、积极主动地学习，进一步探索，形成良好学风，提高学生的创新意识。学术科技活动既是学生汲取知识的重要途径，也是提升学生学习自主性、发掘学生专业探索性、培育学生创新性的推动力。高校开展高质量的学术科技活动，对于学生而言是一种潜在的教育力，进而影响他们的思想感情、道德水平，丰富他们的内心世界，最终内化为学生的综合素质。

（四）有利于学者型教师队伍建设

良好的学术科技文化氛围可以提高高校教师的学术素养和水平，有利于构建学者型教师队伍。这对于建设一流高校具有重要的作用，是高校在加快自身发展过程中必须重视的问题。通过在制度上激励教师提高教学水平，在行动上尊师重教，搞好教学科研服务，体现人文关怀，与教师建立和谐的人际关系，充分调动教师的工作积极性，建设学者型教师队伍，提高学校的教育教学水平，以期建设高水平大学。

第二节　高校校园科技文化活动类别

随着国家大力实施创新驱动发展战略，努力培养广大青年的科技创新意识，造就一代经受得起时代挑战的高素质人才，已成为实现中华民族伟大复兴的要求。为给当代大学生提供科技创新平台，校内外都组织了丰富的学术科技活动，这些活动既启发了大学生的思维，又很好地提高了大学生动手实践能力，使一大批优秀的组织单位和个人涌现出来。

一、传授广博的科学文化知识

大学生的创新能力来源于广博的知识和良好的素质，而不仅仅是掌握某种单一的专业知识。因此，高校要抓好大学生基础教育，优化科技创新教育课程体系，深化学生的专业知识学习，不断拓宽知识的广度，特别是开设一些应用范围广的交叉学科的选修课等。这样可使学生在丰富知识积累的基础上进行加工创造，提高大学生自身的综合素质和科技创新能力，为更好地开展科技创新活动做好充足的知识储备。

二、实施科学技术项目基础性研究

大学生从事课外科技创新的过程是一个复杂的过程，包括学习、模仿、创新、应用等环节。各学生科研团队既要学习科研规范，又要选择适合自身能力的科研项目。应注重引导大学生科研团队结构合理、项目难度适当、研究计划可行、指导教师到位的研究项目。处于起步阶段的学生团队，可以先通过创建兴趣小组、基础课题立项，通过学校拨款、企业赞助等形式筹措经费资助。各学生团队在经历科研课题申报、立项、过程指导、评审、验收、奖励等过程中，不断历练和提升。

三、开展有针对性的创新能力培养学术讲座

针对不同专业、不同年级学生的特点，有针对性地引导学生参加不同层次的学术讲座。对于一、二年级的低年级学生，应更加注重进行专业基础教育，使其充分了解自己的专业方向，加强对专业的热爱和认同感，提高对各自专业的学习兴趣；对于三、四年级的高年级学生，主要进行学科前沿情况教育，使其了解自己所学专业的世界前沿领域，进一步培养学生的创新能力。

四、培育有影响力的学生学术型社团

学生社团是由一些兴趣、爱好相同的学生组成的学生群体，在开展科技创新进程中，将对科技创新感兴趣的学生聚集在一起，成立科技创新类的学术型社团，可以对大学生创新素质和创新能力的培养产生积极深远的影响。高校要在建设学生社团的同时，加大对科技创新类社团的投入力度，推动学术型社团的发展。通过兴建、培育和发展一大批优秀的学生社团组织，如机器人协会、数模协会、学生科技创新协会、计算机协会等，来提高学生对科技创新活动的兴趣，培养其科技创新能力。

五、组织开展系统完善的科技竞赛

完善系统的科技竞赛体系，是推动科技创新成果与科技创新人才涌现的有效载体。依托全国大赛、省级竞赛、校级竞赛、院级竞赛"四位一体"的科技竞赛体系，如以全国数学建模竞赛、全国电子设计竞赛、全国"挑战杯"课外科技作品竞赛和创业计划大赛、机器人竞赛、程序设计竞赛等国家级竞赛为龙头，积极组织学生参与省级比赛，同时开展校内的选拔赛、院系提高赛。为拓宽高校科技竞赛的参与面，鼓励以各类学术型社团为主力组织各类院级学生科技竞赛。实现大型科技竞赛届次化，中型科技竞赛院系化，小型科技竞赛活动

社团化，推动学生科技竞赛工作的日常化、专业化和规范化。

六、构建合理的学生科技创新团队

构建优秀的科技创新团队是大学生科技创新活动成功的关键。大学生科技创新团队包括项目组成员、指导教师和管理教师三个部分。高校要从制度上进一步保障科技创新项目组成员有合理的专业背景和年级结构，鼓励科研项目多、经费充足的高职称、高学历教师参与大学生科技创新项目指导，充分利用学校团委、教务处以及辅导员和学生接触多、关系密切的特点，发挥其在学生参与科技创新活动方面的督促和引导作用。鼓励不同年级、不同专业的学生组队，提高团队内成员间的交流与合作，增进不同专业的知识互补性，增强学生的团队合作精神。依托院系成立学生科技创新团队，引领学生开展科技创新活动。

第三节 高校校园科技文化建设管理与创新路径

高校学术科技文化建设是一个较为庞大的系统工程，需要从学术科技文化环境建设、学术科技活动体系建设、学术科技活动运作机制和学术科技活动资金保障等方面，探索高校学术科技文化建设的路径。

一、健全高校学术科技活动体系

高校学术科技活动体系的构建离不开由领导机构、基地建设、活动队伍、学术社团、高校学生等组成的组织体系。

（一）学生的广泛参与是开展学术科技活动的基础

学生是学术科技活动的核心要素，学生广泛参与和素质的提高是开展学术科技活动的出发点和落脚点。学校应进行全方位、多渠道的宣传，吸引广大青年学生的注意力，激发其兴趣和热情，使其积极投身学术科技活动。例如，加强学校各层次、各学科学生之间的相互交流，建立博士带硕士、硕士带本科的科研制度，让学生主动参与高层次的科研交流，加快成长；加强"学生科研人才库"建设，从各类学术科技活动中获奖的学生和其他优秀学生中选拔，加强考核，重点培养。

(二）基地建设是开展大学生学术科技活动的依托

系统的结构理论告诉人们，结构决定功能，功能是结构的外在表现。从形式结构来看，在分散模式下运作会造成学生学术科技工作管理力量薄弱，监督机制不强，资源配置不合理，现有人力、物力、财力资源得不到合理有效的利用，甚至会造成浪费现象。从学科结构来看，高校学术科技活动需要不断加强学科、专业之间的融合，从而提高活动的水平与层次。建立高校学术科技基地是解决这些问题的有效途径，有利于实现学术科技活动的长期化、规模化、阵地化。而基地的辐射作用也有利于实现学科之间的交叉互动。

(三）学术型社团的全面活跃是高校学术科技活动有效开展的载体

学术型社团是学生针对自身的爱好和兴趣自发组成的群众性团体。"创新团队"是科技型社团中特殊的力量，它强调对学生自身能力、组织能力、沟通表达能力、思维能力、创新能力、团队精神等的培养，而不仅仅是传授知识。部分高校学术型社团也存在若干问题：学术性社团偏少，虽然社团和协会的活动开展得轰轰烈烈，但学术氛围浓，科技含量有待提高。为改变这一现状，高校需从以下几方面进一步加强和改进，多方面支持和扶植学生学术型社团；规范科技社团的管理；成立学校学生科协，构建一个多元化的科技社团群；对现有较好的社团在经费、设备、场地、指导老师配备等方面予以支持；将社团活动和学生参与教师的科研相结合，和开放性实验教学相结合，积极探索学生学术型社团活动的新思路。

(四）领导机构的健全是开展高校学术科技活动的关键

高校学术科技活动是一项涉及学校教学、科研、管理以及思想政治工作的系统工程，必须建立适应学生学术科技活动开展的领导体制，理顺学校各部门在学生学术科技活动中的关系，明确学校各有关部门在其中的职责，集全校力量开展学术科技活动。高校要进一步加强大学生学术科技活动领导小组相关单位的联动配合，充实各院系相应的院系级领导小组，夯实基层基础，保证学校领导小组的工作得以高效落实。

(五）稳健的队伍是学生学术科技活动顺利开展的保障

高校学术科技活动的顺利开展，需要建设学生科技骨干团队、科技指导教

第六章　高校校园科技文化建设与创新

师队伍、组织管理队伍"三支队伍"。加强学生科技骨干团队的建设是高校学术科技活动可持续发展的重要内容。通过选拔和培训，培养学生从事科研的基本能力和基础素质，积极创造条件组织学生参加项目研究。此外，要有效提高学生学术科技活动的层次和质量，必须重视发挥指导教师的作用，帮助学生解决在开展学术科技活动过程中遭遇的技术瓶颈、经验不足等问题。高校要鼓励有课题的老师将所研究的项目向学生开放，允许学生报名参与，由学生自主选题、组队，由老师担任导师对学生进行指导；也可以是老师对学生实行聘任，招聘科技骨干学生担任教师的科研助手。高校要通过制定指导教师工作职责落实指导工作，制定相关激励政策提高老师参与科技宣传、科技讲座、科研指导等工作的积极性、能动性和责任性。要想创新性活动成功，组织管理队伍建设是决定性因素。因此，高校要多措施并举帮助管理者了解大学生学术科技活动的目的、规律、途径、运作机制、管理模式等，有效提高他们的科技创新意识和业务管理水平，促进学生学术科技活动的信息化管理。

二、加强高校学术科技活动资金保障

开展校园学术科技活动的保障条件中，资金方面的矛盾显得尤为突出，高校需多方面筹措资金。

（一）争取学校支持

学校可以划出专项经费支持此项活动的开展，并将此作为解决资金问题的主渠道。

（二）寻求经费拨款

高校可以把课外资源由计划外纳入计划内，寻求经费拨款的正规渠道。例如，高校可以将课外优质教学资源进行整合、优化，以公共选修课的形式将课外创新教育纳入正规教学体系，不但使分散、无序的科技创新教育活动规范化、有序化、制度化，而且解决了教师组织指导学术科技活动的工作量、酬金等一系列问题。

（三）通过竞赛筹措经费

参与各类竞赛可以展示学校实力、提高学校知名度，学校一般都会非常重

视。如果学术科技创新基地能够代表学校参加某类或几类竞赛,并将其作为平时的实践教学内容,就可以一方面将竞赛培训与基地的培训结合起来,另一方面也有利于将学校投入的竞赛培训经费转为基地培训经费使用。当然,高校也可逐步开发社会资源,共建共赢。一些知名企业为了扩大知名度、推广其产品和技术、吸纳优秀人才加入,纷纷在公司内部设立大学计划部,全职负责企业与大学合作计划的策划和实施。高校可以将这些社会力量与学术科技活动因素结合起来,扩大经费筹措渠道。

三、加强高校学术科技文化环境建设

高校的教学系统、科研系统、学生教育管理系统与高校学术科技文化建设密切相关,高校应从以下三个方面着手加强高校学术科技文化环境建设。

(一)树立素质教育理念

校园学术科技活动想要获得可持续发展的动力,必须进一步转变教育思想,改革教学内容和教学方法,把校园学术科技活动作为教学的实践性环节纳入教学计划,并逐步实现规范化、制度化,切实把教学重点转到培养学生综合素质和能力上来。任课教师要把传授知识与培养学生的创造精神结合起来,使课堂教学成为学生开展学术科技活动的重要阵地,使学生学术科技活动成为课堂教学的自然延伸。学生考试、考核可遵循知识与能力并重、理论与实践结合的原则,重点测试学生理解、掌握、灵活运用所学知识的能力和实践动手能力,采取书面答卷与科研论文、产品设计、社会调查报告相结合的方式,做到既考查知识又考查能力和综合素质,以促进大学生积极主动提高自己的创新意识与创新能力。考核除了重视课堂内容和教学方法创新外,还要注重实验课程的质量,尤其要抓好课程实习、课程设计、毕业实习、毕业设计等环节。高校要精心安排,实习题目拟定、实习单位选择等都要落到实处,讲求实效,让学生能通过以上环节的锻炼,真正提高实践能力。

(二)营造良好的学术氛围

为进一步适应市场经济的需要,学生科技创新项目必须树立科技成果转化的强烈意识,以科技成果为先导,积极拓展市场,鼓励以科研项目为导向的创业,使学术科技活动焕发出蓬勃的生机与活力。为适应高等教育改革趋势,高校需

深化科研体制改革，进一步确立科学研究的核心地位，重视学生学术科技创新工作，立足基础性研究，加强应用性研究；完善学生学术科技创新体系，做好发展规划，调整结构，在学术科技活动的组织形式上不断加强校校联合、院系联合、校企联合；同时，尝试走"产、学、研、用"一体化的道路。

（三）创造宽松的外部环境

首先，在学生的管理上要充分发挥学生的主动性、积极性和创造性，创造良好的民主气氛，让学生努力做到"自我管理、自我教育、自我服务"。高校要发挥共青团、学生会等群众组织和学生社团的管理和教育功能，让学生参与到学校的管理中来。同时学校管理人员要树立服务的理念，因为学生既是管理的对象，也是服务的对象。其次，在思想教育和心理健康教育活动中也要有意识地培养学生的创新素质，构建开展学生学术科技活动的动力系统。

四、完善高校学术科技活动体系

从参与层次来看，高校学术科技活动体系可分为基础性研究、群众性普及、高层次竞技三个层面。

（一）以高校科技创新专项基金推动基础性研究

大学生从事科技创新的过程既要学习科研规范、选择适合自身能力的科研项目，也要筹措课题研究所必备的经费。高校可以通过设立大学生科技创新专项基金，集中经费支持学生科研项目，这样既能解决学生研究经费的不足，又能起到良好的示范引导效果。这类大学生科技创新基金也可资助大学生创建兴趣小组、课题立项和参加各类科技竞赛。资金可以通过学校拨款、企业赞助、学生科技成果转让、学生科技竞赛等形式进行筹措。申报各类资助基金不仅开辟了新的筹措渠道，而且提高了创新基金的质量。高校要建立完善的学生科研课题申报、立项、过程指导、评审、验收、奖励等制度，规范学生科研项目资助活动的有序开展，使经费能真正用在实处。同时基金的使用应注意研究周期，资助经费应体现出差异性，综合考虑学生的层次。

（二）以大学生学术科技文化艺术节推动群众性科学知识的普及

大学生学术科技文化艺术节一般以普及科学知识、培养科学兴趣、交流科研心得、提高科研能力为目的，以学术讲座与沙龙、科技发明制作、校园学术竞赛等活动为基本形式，坚持规模化、制度化、长期性的活动方式，为吸引广大学生参与科技创新、营造良好的校园科技创新氛围打下了坚实基础。但是，其也有许多方面亟待加强，如在大学生科技文化艺术节活动设计规划方面，科技学术类活动比例偏低，活动水平不高，深度不够。大学生学术科技文化艺术节活动要突出社会实践的作用，引导学生学术科技活动走向社会，开展社会调查、课题开发，到企业实际操作，培养动手能力。

（三）以参加国内外高水平科技创新竞赛推动高层次竞技

各类大学生科技创新竞赛，由于其鲜明的科技性、实践性、探索性与大众性相结合的特点，为学生参与科技创新、进行探索性实践提供了机会，吸引众多学生参与其中，成为大学生学术科技活动开展的主要形式之一。其中，一些具有鲜明专业特色的竞赛对大学生创新能力的培养有着积极的意义。比如，如全国大学生机械创新设计大赛，要求大学生拓展思路，自行设计和制作机械机器模型参赛，极大地激发了广大学生的创造力和想象力。科技创新竞赛成为激发大学生创新思维的催化剂，既是考验大学生科技创新能力的"试金石"，也是大学生学习和成长的特别课堂。

第七章　高校校园文化品牌形象建设与传播

第一节　高校校园文化品牌内容与价值

就办学品质而言，众多高校为了追求更多生源，提高经济收益，将办学理念朝综合性办学的方向发展，使得教学同质化现象极其严重，极易出现"边缘性专业"问题，直接导致某些专业教学质量低下、毕业生就业困难等诸多问题的出现。要解决这些问题，特色办学、特色领域、特色专业将成为高校发展的新出路。品牌的塑造是提升这一领域的有力武器，是提升其知名度、美誉度和忠诚度的有效途径。"求异求真"是高校品牌发展的核心思想。

一、高校品牌形象

(一) 品牌

品牌，是一个经济学概念，主要指一种名称、标记或者符号，主要功能是与其他的产品或服务相区别便于人们区分。品牌包括内在的精神内涵如价值定位、文化导向、精神实质等，还有与其内涵相一致的表象信息，如名称、符号、图案等，以及两者有机结合形成的独特的品牌品格，并以此为中心吸引消费者的认同与肯定。文化品牌（Brand Culture），是文化特质在品牌中的沉淀和品牌活动中的一切文化现象，以及它们所代表的利益认知、情感属性、文化传统和个性形象等价值观念的总和。"校园文化品牌就是品牌理论在高等教育管理实践中的运用，是大学为了长期的生存和发展，在充分分析外部环境和内部条件的基础上，由大学领导者倡导，经全体师生员工认同与实践所形成的，具有自己特色的精神文化和物质文化的总和，从而使社会公众对大学形成较高知名度与美誉度的一种总体认识。"①

(二) 高校品牌形象的概念

通过汉字的最初含义去推演和拓展，可以使形象的内涵清晰起来：一是指客观主题的相貌与形状；二是指能够作用于人们的感官，使人们产生印象、观念、思想以及情感活动的物质；三是形象还具有形与神的关系。可见，在设计造型领域中所说的"形"，不仅有普遍意义上的"形"的意思，还可上升至文化上的含义。形象既是客观主题的表象，也是客观主体的本质反映形式，是现象和本质的关系，也是具象和抽象、物质和精神的统一。②

随着时代的发展，"形象"一词在不同的社会时期存在不同的内涵和表现。在英文中由"Figure"演进到"Identity"具有一种身份性，来体现其个性、特征和识别性，即物质要靠这些特征来进行识别，否则无法认知。③ 其指向范围也从强调个人转向组织、集体，由表象更多的指向内涵、象征意义等。但客观

---

① 卢忠菊.关于大学文化品牌建设的思考：以南京农业大学为例[J].教书育人，2009(36)：7-9.
② 孙湘明.城市品牌形象系统研究[M].北京：人民出版社，2012：15.
③ 孙湘明.城市品牌形象系统研究[M].北京：人民出版社，2012：16.

主体依然是人，形象是人感知客体的过程，是人通过视觉、嗅觉、听觉、触觉、味觉等感官特征对客体从外在表现到深层内涵的整体认知过程。

由此推导"高校形象"即是主体"人"对客体"高校"的外在表现和内在素质的一个整体认知。所谓"高校形象"，便是一个被人们认为是"高校"的事物所呈现出的"形象"。"高校形象"由组成高校方方面面的事物构成，就像"DNA"，携带着某一事物的各种特性，只要有此需求或有过相关经历的人，当这个"DNA"出现，就会唤起对这一事物"形象"的回忆，这些能代表高校特质的形象，或者可以唤醒高校记忆的形象便是我们所说的"高校形象"。

(三) 高校形象与高校品牌的战略意义

1. 有利于高校人员荣誉感的提升

良好的高校形象有利于培养学校师生员工对该校的亲切感和认同感，进而内化为师生员工的荣誉感、责任感以及高校发展的凝聚力，唤起师生员工自觉地投入到维护和提升高校良好形象的行动中去，提高了师生员工的素质，从而更进一步地巩固和发展良好的高校形象。

2. 有利于竞争力的提高

我国高校间的竞争已不单单局限于国内的同等学力学校，来自国外及港澳台地区的压力也十分明显，生源的流失，人才的外流已表现得越来越明显。特色的高校形象将是弥补这一流失的重要手段之一。因此，对高校形象的充分研究，将为建立高校形象系统起到至关重要的作用，使高校形象在建构中形成历史文化和现代文化的多元性相结合共融，形成多样统一的高校形象。

3. 有利于教育文脉的传承

高校形象是高校发展的外在表现，是一个高校由兴起到发展到未来展望的一个记录，承继前人，连接未来，有价值、有影响的传承历史、建筑、风貌、理念、文化等，内在沉淀，外在展现，增强一个学校的文化意蕴，展现独特形象，才是一个长久不衰，持续发展，传承延续的高等学府，才能在国际大环境中提高学校的知名度和美誉度。

4. 有利于高校的可持续发展

文化是进步的不竭动力，是发展的根源，只有掌握住内在本质才能促进外在形象的优化发展。"教育"作为文化继承和传承的重要领域，是文化发展的源头，是整个社会进步的基础表现，而学校作为教育的实物载体，是文化承载的重要体现。高等教育是教育的最高层次，是文化继承的相对终端，是一个结果的体现。由此可见，文化对高校的可持续发展起到了关键的引导和持续作用。

二、高校校园文化品牌的基本内涵、特征及功能

（一）高校校园文化品牌的基本内涵

高校校园文化品牌是高校校园文化的重要载体，实质上就是品牌理论在高校校园文化建设实践过程中的具体运用。高校在充分了解自身条件和外部形势的基础上，立足于本校文化的特点和基本属性，将具体的物质文化、制度文化和精神文化有机整合，从而形成校园文化品牌，校园文化品牌是高校与师生和社会进行有效互动的重要路径。具体来说，就是指高校品牌所蕴含的深刻而丰富的文化内涵，它通过明确品牌定位，建立特色鲜明的文化品牌，并进行有效的品牌传播、再进行相应的品牌维护和品牌创新，通过校园文化的不断积淀，体现了受众对象与文化品牌的利益认知和价值追求，是一种具有精神内核的品牌形象。高校校园文化品牌建设建立在高校校园文化发展的基础上，是对高校原有文化不断提炼和凝结的行为。高校校园文化品牌在内部表现为：校风校训、文化氛围、学术风尚、教风和学风建设等方面，它影响到一所学校的精神风貌，影响到它培养出来的学生的道德素质高低和文化水平。其外在地表现为：树立良好的高校校园文化品牌形象。高校校园文化品牌形象的好坏是高校师生和社会大众所给予评价高低的基础，集中体现了高校的美誉度和影响力。高校校园文化品牌建设必须要有其独特性和一定的公众认知性，而且应该涵盖校园文化的各个方面，物质文化、精神文化、制度文化和行为文化等多方面多角度加以整体考虑、系统规划。由此可见，校园文化品牌需要外在形式和内在精神的有机结合，校园文化品牌建设需要以创新意识为主导体现自身的鲜明特色，以科学思维为主导建立、经营和管理校园文化品牌。

高校校园文化品牌属于校园文化建设的一个重要组成部分，其目的是当代大学生的身心全面发展，校园文化品牌要为大学生创造一个覆盖面和辐射面广泛的文化氛围，就必须从文化品牌的管理文化、环境文化、师生文化等各个方面同时进行。因此，校园文化品牌的建设应该涉及校园文化建设的方方面面。

总的来说，一个优秀的校园文化品牌应当包含三个层次：一是表层的物质文化建设，如代表一所高校的品牌名称、品牌标志、品牌口号、经典的校园品牌活动等等，这些外在形式的校园文化品牌主要从表层的感官上给予受众对象以深刻印象和强烈感受，表层物质文化的合理塑造，有助于校园文化品牌的形象树立，对于展示高校校园文化品牌具有十分重要的作用。二是中层的制度文化建设。制度文化主要指为了保证校园文化品牌的稳定运行而规划和实施的一系列制度原则、措施细则和考核标准，它主要保障校园文化品牌经营的稳定性。三是深层的精神文化，即校园文化品牌的内在理念和精神追求，不仅是校园文化品牌的精神核心和本质所在，也是构成校园文化品牌竞争力的灵魂。深层的精神文化决定着校园文化品牌深刻内涵的独特性，对高校校园文化品牌的建设起到统率的作用。

对于高校校园文化品牌，表层的物质文化既是其具体表现，也是校园文化品牌的具体成果，深层的精神文化则是高校校园文化品牌的内在价值和核心灵魂，是其长久发展的动力支持，中层的制度文化则是保障文化品牌有效运行的系统保障，三者紧密联系，相互配合，共同促进校园文化品牌的持续健康发展。

从以上论述可以看出，高校校园文化品牌即是指高校在校园文化建设方面形成的有特色的、有较高知名度的、比较成熟定性的且具有特定内容和形式完美结合起来的高校特色文化。具体来说，高校校园文化品牌就是在高校百花齐放的各种校园文化长期发展过程中所形成的，通过提取、总结和凝练，再加以包装、宣传与推广，使其在全校师生心中具有较强的影响力、号召力和凝聚力，在校内外形成一定的知名度和社会认可度，吸引广大师生积极参与或积极实践的校园文化特色项目。

（二）高校校园文化品牌的特征

高校校园文化品牌作为一所高校校园文化的凝结，具有其独有的特征，具体来说主要包括：

1. 普遍性与特殊性的统一

高校校园文化品牌作为高校校园文化的特殊载体和具体凝结，是高校校园文化的精华，是高校中多种校园文化协同作用产生的结果，任何一个高校校园文化品牌都不可能脱离高校校园文化而独立存在，而是需要高校校园文化从各方面给予支撑和维护，因此可以说，高校校园文化品牌具有高校校园文化的普遍性特征。另一方面，高校校园文化品牌又具有其独特性。高校校园文化品牌之所以成为品牌，最根本的价值就在于其鲜明的独特性、与其他校园文化的差异化和个性化，并在贴近校园、贴近师生的基础上体现出独有的特色和自身的独特魅力。

2. 成熟性与系统性的统一

纵向来看，高校校园文化品牌在其自身的发展历程中，是成熟性与系统性的统一。一个优秀的高校校园文化品牌是高校校园文化建设过程中的长久积累与文化凝结，而不是短时间内就可以形成的，具有一定的成熟性。在其成为品牌之后，又要求其不断完善，具有系统性，生生不息，不断发展，经久不衰，带动校园文化的整体蓬勃发展，并对师生的人生观和价值观产生影响。

3. 知名性与优质性的统一

品牌是高校校园文化发挥吸引力和影响力的重要因素，是高校向师生和社会传输其文化理念和文化价值的主要媒介，这就要求高校校园文化品牌需要以其独特的文化品位、文化价值产生一定的社会影响力，在校内外形成较高的知名度，得到全社会的认同，从而使高校校园文化品牌像磁场一样吸引在校师生和社会大众认可并不断吸取高校文化中的营养和精华。仅仅具有一定的知名度，没有底蕴的高校校园文化品牌难以产生强大的吸引力和凝聚力，而高校校园文化品牌自身发展的能力也会大大降低，因此，高校校园文化品牌必须具有相当的优质性。高校校园文化品牌的打造，根本目的是实现校园文化的教育功能，校园文化品牌的主体是在校师生，一个好的校园文化品牌应该具有较高的文化价值和历史积淀，这样才能更好地实现文化育人的根本目的。

（三）高校校园文化品牌的功能

1. 育人功能

高校校园文化建设的根本目的是育人。高校师生在长期教与学的过程中创造了校园文化，校园文化反过来又可以熏陶、影响和塑造高校师生的思想行为。高校校园文化品牌作为高校校园文化的凝结，校园文化理念和文化价值的升华，倡导真、善、美，赞颂亲情、友情、真情，追求知识、进步、自由、文明、和谐，潜移默化地影响在校师生的人生观、价值观。蓝德曼指出，"人类生活的基础不是自然的安排,而是文化形成的形式和习惯……人的行为则是靠人自己曾获得的文化来支配。"①随着时代的发展,社会政治、经济、文化等各方面都发生了急剧的变化,科学技术不断更新、世界格局不断变化、国家竞争日益激烈、思想意识形态日益多样化等等,都要求高校校园文化品牌进一步增强文化育人的功能。

2. 娱乐功能

高校学习阶段是大学生受教育、长知识的重要时期,日益严峻的就业形势使得当代大学生担负着繁重的学习任务,在学习专业知识之余还要参加各种技能训练,健康、娱乐性的校园文化活动不仅能够使他们锻炼身体、释放情绪、形成积极乐观的心态,而且能够起到"以美育人""以乐醒人"的作用,不仅促进大学生身心的全面健康发展,同时也促成当代大学生形成健康的人生观和价值观。同时,大学生在这一阶段正处于生理和心理由稚嫩向成熟的转变时期。

在高校校园里有意识地开展主题鲜明、形式各样的校园文化品牌活动是进一步促使大学生德、智、体、美、劳全面发展的有效手段,有助于当代大学生不断提高个人素质,增加生活经验、丰富个人阅历。丰富多彩的校园文化活动寓教于乐、寓教于美,也提高了高校德育工作的娱乐性和艺术性,使大学生在喜闻乐见的校园文化活动中自觉接受高校思想政治教育工作的内容。

3. 凝聚功能

凝聚力是指群体成员之间为实现群体目标的过程中相互协作的程度,是群体成员对所在群体和其他群体成员的情感表现,是群体吸引力和向心力的表现,外在的表现为群体成员的个体行为对群体目标任务所具有的信赖性和依从性。高校校园文化品牌的凝聚功能主要是通过高校校园文化塑造一种统一的文化氛围和价值理念,通过丰富多样的校园文化活动,以一种潜移默化的方式使师生之间进行思想感情上的沟通、道德信念上的融合,并在此基础上培养和激发他们的集体观念和团队精神,不断聚合形成一致的凝聚力。优秀的校园文化品牌如同一个强效的黏合剂,能够在潜移默化的过程中将自身想要传输的价值理念和学校精神通过群体规范、舆论导向和情感认同等方式灌输给在校师生,最终形成一致的群体理念。这种一致的群体理念经过不断地深化和积淀,就表现为

---

① 蓝德曼.哲学人类学[M].彭福春,译.北京:工人出版社,1988:277.

在校师生较为稳定的内在心理特征和外在的行为习惯,使全校师生的思想意识、行为规范得到相当程度的联系和巩固。

4. 辐射功能

现代高校是一个开放的教育系统,与社会环境联系日益密切,高校校园文化品牌在提高高校知名度和美誉度的同时,也成为了社会文化不可或缺的一个重要部分。高校校园文化品牌在学校内部对全体师生思想和行为产生凝聚功能,实现高校内部的文化认同和统一,在学校外部则对社会产生不同程度的辐射功能,帮助建立高校外部的社会公共关系,增强高校校园文化品牌的影响力,进一步实现高校校园文化品牌的核心文化理念在全社会多个层次、多个领域的认同。一个优秀的校园文化品牌不仅能够在学校内部实现价值理念的统一,还可以在一定范围内对其他高校、社会组织乃至整个社会产生重大影响,这就意味着高校能够在更深、更广的范围内吸引社会的普遍关注,意味着高校能够更有效、更圆满地实现自身在学术研究、文化引领、社会服务以及国际交往等各方面的整体目标,同时也意味着高校校园文化品牌能够为全社会带来更多更好的经济效益和社会效益。

三、高校校园形象的价值体现

(一)文化价值

教育是一个文化塑造的领域,从其产生到发展、从理念到表现都是文化塑造的结果。只有充满文化氛围的校园才是可持续发展的。对于高校而言,创新的办学理念、优质的人才培养模式、良好的教师体制、人性的规划管理、文明的校园文化等,都是建立在文化充实的基础上。高校的文化价值是基础,是植树育人的根本出发点,只有完善文化氛围和体系,才能更好地建设整个校园。此外,对外的宣传交流,归根结底也是文化的交流。无论是理论学术的交流,还是文化活动交流,或是人才的交流,归根结底都是文化的交流。

(二)经济价值

高校形象的构建和完善,在很大程度上提高了高校自身的竞争力、知名度和美誉度,这对于学校的招生培养具有很大的优势作用。优质的生源是学校发展的基础动力,优秀的毕业生是学校口碑的基础保障。更重要的是,高校的教

第七章　高校校园文化品牌形象建设与传播

育是产学研结合的教育，学校的实力直接体现在与产业合作的效果，优质的合作必定带动社会经济层面的进步，进而提高学校的办学能力和研究实力，改善办学环境，带动各方面的交流，形成一个更加良性的发展环境。

（三）社会价值

教育的终极考验是接受社会的检验。因此，学生能否通过学校的教育获得社会的认可成为学校教育成功与否的一个重要标准。当今高校的教育已不单纯满足于基础知识的掌握和科学研究的水平，更多看重的是社会实践能力。很多高校选择与企业合作，实现校企联盟，完成向社会输送新鲜血液的重要工作。总结而言，高校培养的人才也是社会的人才，是向社会输送源源不断的动力，支撑整个社会的全面发展。

第二节　高校校园文化品牌实物建设

文化的理论基础是通过技术实物基础进行全面表达。通过形式阐述理论内涵，在实物设计过程中，要注重体现理论，传达理念，表达思想。学校的办学理念、人才培养方式、管理模式、校园文化和精神价值等，都是通过视觉传达系统呈现的，特别是充满强烈的视觉冲击力的视觉符号系统，将具体可见的外观形象与其内涵特征的抽象理念结合成一体，成为视觉主体。

一、高校视觉形象系统基础设计与构建

高校形象在文化建构方面的技术实物主要体现在学校的标识、标准字、标准色，是整个视觉识别体统的主体视觉形象的基本要素，是学校的整体地位、办学规模、发展理念的外在集中表现，是视觉形象设计的核心内容，构成了学校的第一特征及基本气质，同时，也是广泛传播、取得公众认同的统一符号。在基础部分的设计中，要重视其简洁性、直观性、寓意性、易读性和传播性。视觉符号要给人留下深刻的印象，对学校文化信息起到传达目的。在解决了视觉形象基本要素的基础上，其他应用设计方面的内容就能迎刃而解。

（一）校视觉形象系统基础设计

1. 标志设计

在视觉识别系统中，标志是应用得最为广泛、出现频率最多的要素，具有发动所有视觉设计要素的主导力量，是综合所有视觉设计要素的核心。[①] 高校标志是高校形象的典型代表，是对内对外视觉形象展示的核心窗口。它蕴含高校的特性、高校的办学理念、人才培养和历史文化等理论内容，是抽象的集合体。高校的标志不仅是高校理论的向导，也是高校精神面貌、发展调性、品质品味的重要指标。

2. 标准字

标准字在整个视觉形象识别系统中地位仅次于标志，通常与标志配合使用。标准字除了起到校名识别的作用外，也有一定的美化作用，选择恰当的字体配合标志使用，使整个形象相得益彰。标准字的选用在另一方面还体现出了一定的文化内涵，汉字是中国特有的传统文化，是我国文化的典型代表。

首先，书法是中国文字特有的传统文化表现形式，历史悠久，内涵丰富。高校作为文化教育的传播者，自身的形象应是文化的代名词，教育的承载体。高校形象中的标准字采用书法体就是一种文化载体的象征，同时具有很强的易读性。其次，选用名人的手写体一方面体现文化的深层底蕴，另一方面造型上别致，作为整体形象，识别度更高。能够借用名人效应提高高校自身的知名度和美誉度，对高校的发展起到了良好的推动作用，延伸性更强。

文字是高校形象内容的最直观的体现。在字体的选取上，应注重字体的潦草性相对要低，要有较高的识别性。字体与标志两者经常作为组合形象出现，因此要有相对的协调性和统一性，使之达到整体和谐。此外，字间距和排列也要讲求美观和谐。

3. 标准色

颜色与人的行为和心理有着密切的相关性，其在运用的领域也有特别性格。因为人们对颜色的印象能够迅速形成，并且很难改变。[②] 颜色可以影响人的思维，

---

① 张鹏. 校园视觉文化环境设计 [M]. 广州：岭南美术出版社，2005：26-27.
② 法尔曼 K, 法尔曼 C. 色彩物语：影响力的秘密 [M]. 北京：人民邮电出版社，2012：78.

第七章　高校校园文化品牌形象建设与传播

改变人的行为，并引起一系列的反应。颜色是一个动力学因素，每种颜色都有特定的象征性语言或价值。

标准色是作为一种行业形象而特定的一种色彩或一组色彩，运用在一切视觉传达设计的媒介上，通过色彩特有的知觉和影响力来刺激心理反应，以表达行业的理念和行为特质。高校的标准色的选用应从高校的历史文化背景和学科建设背景为出发点，使用能够表达办学理念和校园文化特色的基础色。在调查统计的高校标准色中，选用最多的为蓝色、红色和绿色，其次选用的还有紫色、棕色、黑色、黄色和金色。

从颜色所表达的隐性含义来讲，蓝色表达内在的精神，象征着真实、纯洁。蓝色是代表高远、智慧和诚实的颜色，它可增强人的独立自主性，激发精神上的努力，并能够将理性与情感联系在一起。蓝色还可消除由生活压力所导致的紧张情绪，促进平静而有条理的思考。这种颜色在高校标准色的选用上非常适合，高等院校是治学的场所，是智慧的领域。高等教育崇尚独立自主、宣扬努力拼搏，更是培养学生平静理性的品性。这种颜色多被理工类、电子类、财经、海洋类大学选用。而不同明度的蓝色所呈现出来的效果也各不相同。明亮的蓝色给人一种温柔、善于社交的印象，深蓝显得有效率和权威。

红色是一种富有动感的颜色，它可以激发身体的活力。红色使人感到温暖、安全、威严，同时触发自信感、力量感、生动感和热情，甚至表达一种坚持自己主张的性格。校园是年轻的氛围，是活力的象征，朝气蓬勃、自信大方、张扬个性是人才培养的方向。用红色表达这种理念十分到位，同时，红色的温暖感会给群体成员以安全感和归属感。这种颜色多用于文科类、综合类大学，这类学校多注重学校文化的构建和学生精神内涵的培养。

绿色是自然的颜色，是生命、休息和抚慰的象征，给人带来平静与安定的感受，可将人的心理维持在一个理想的状态。绿色逐渐成了环境与自然主义的代名词，倡导环保、回归自然。在众多高校中，绿色多作为农业大学的标准色选择，提到农业就自然想到绿色——生命的颜色。同时，绿色也是一种可持续发展的代名词，也象征着学校持续发展的状态。

还有部分学校选择紫色和黄色。紫色给人以温暖的鼓励，有助于专心仔细思考，同时还容易使人产生高度自信心。黄色具有明亮、大胆和外向的性格，代表阳光、年轻、快乐的颜色，同时具有高度的注目性和创造性。

（二）高校视觉形象系统的应用设计

视觉应用要素是学校的物质环境的组成部分，物质环境是影响人的心理的重要因素。充分利用这一因素对人的影响作用，借以强化学校形象，是学校应用系统设计的根本指导思想。①

高校视觉形象要素主要是在导视系统中的应用。所谓校园导视系统就是在校园的室内外空间中起到指示和引导作用的标识符号。它是通过图形符号和文字的组合，起到指引方向和标识地点的作用。对于高校标识的设计，除了明确的指示作用外，导视系统的设计风格和形式也是高校文化和理念的体现。高校的导视系统一般安置在高校的校门入口、建筑的出入口、室内外墙体、楼梯出入口、校园路口空间等显著位置，是公众能够接触到的视觉形象。当观者在游览或使用整个空间过程的每个阶段，必须根据看到的信息做出决定。导视设计者就是要在公共空间里提供准确的信息，帮助需要的人顺利无误的获得结果。也就是说，观者运动的顺序应该尽可能轻松简化。在设计过程中要注意标识安放的位置、标识的内容和表达方式，要具有强烈的逻辑性。

二、高校形象的听觉符号表现

与其说高校形象是理念和视觉上的塑造结果，不如说是各种感官塑造的结果，是以视觉为主导的多维度感官综合的反应。人们经常说"所见所闻"，这里的"所闻"便是"听到的事情"的意思。可见，听觉作为第二感官在高校形象的构建上也起到了相当重要的作用。单纯就听觉感知而言，可将听觉符号分为三类：语声、乐声和环境声。

（一）听觉符号之语声

语声，一般指说话的声音。在高校校园中最常听到的便是人群的谈论声和广播声，最具代表性的当属"广播"。校园广播以其受众群体的特殊性、广播节目的针对性为特点适用于校园环境，特别是在丰富校园生活、普及教育知识、加强沟通联系上，起到了重要的作用。广播这一媒介从某种意义来说主要服务于校园内部环境，它主要用于各种公共场合，如举行全校的活动、通知、升国旗、课间操、播送课间音乐等。从功能上，校园广播更多的服务于师生员工，从意

---

① 张鹏. 校园视觉文化环境设计 [M] 广州：岭南美术出版社，2005：26-27.

义上，校园广播也是提升校园文化精神，展示学校风貌的一种有力途径。广播中播放的国内外时政要闻、学校发展的方针政策、选取播放的音乐、歌曲点播等栏目都是丰富学生校园生活，提升理论精神，展现校园文化的一种重要手段。

高校的听觉符号除了广播还有一种特殊的表现形式，即外语角。随着全球化的迅速发展，外语学习成为中国教育的重要组成部分。而高校作为向社会输送优秀人才的终端，对培养国际化人才起到至关重要的作用。高校外语角的设立，一方面是对学生外语培养提供便捷服务，同时也是对高校教学水平和国际开放程度的有力保障。目前我国很多名校都开设外语角，甚至提供专门的外教进行现场辅导，场景感十足，很受学生欢迎，很多社会人士也会参与其中。外语角的交流自由、开放，相对课堂而言，学生表达自然、不拘束、不畏惧，从心态上也轻松很多，自信很多。更重要的是这里有很强的互动性，较之课堂的"填鸭式"或"单向式"效果明显。

外语角的设立旨在提供学生外语学习交流的平台，也无形中成为校园文化的一个象征。外语角的设立在一定程度上成为高校开放程度和交流水平的评价标准。外语角的设立不仅提供了同校师生之间的交流，也为校与校之间提供了交流平台。

不同学校的师生在这里相互沟通学习，是校园文化之间的一种碰撞。这种碰撞代表的不仅仅是个人，也是学校之间的求同存异，经验学习，在宣扬本校风貌的同时，吸取他校的精髓，达到良好的共荣效果。

（二）听觉符号之乐声

乐声即音乐之声。音乐不像文学那样直接运用语言来反映社会生活、表达思想感情的，也不同于美术作品那样具有明确的形状、色彩等可视性。概括地说，音乐是一门听觉艺术，它通过在时间中展开的音响，以表演的方式来塑造形象和表现人们的思想感情。

对高校学生而言，优秀的音乐对他们的人生观和价值观具有良好的引导作用，能够提升审美，鼓舞士气，缓解压力，净化心灵等，不仅是文化教化，更是道德教化。校园中传播音乐和提升音乐鉴赏能力的方式有很多，例如校园广播的音乐播放、校园新年音乐会、校园歌手大赛、高雅艺术进校园等。这些形式都能在不同程度上对高校的学生教育培养和高校形象塑造起到积极的作用。

在众多的音乐形式中,有一种特殊的高校表现形式,即校歌。校歌是一个学校的办学理念、教学理念、培养理念、精神风貌和校园文化的有机统一和集中体现。

对内是凝聚学校师生的纽带,对外,是一个学校的形象代表。从校歌的分类和发展历史来看,不难看出,校歌是时代的产物,是纪念事件、人物的载体,更是宣扬精神和文化,鼓舞斗志的武器。对于校歌歌词而言,校歌融汇了校风校训、学校的办学和发展历史、学校的育人宗旨、学校的服务理念,是一所高校的文化标志和精神旗帜。对于校歌而言,它的声调、旋律、节奏是一种独特的宣传武器和一种具有识别性的符号,无论是铿锵有力还是温婉流畅,都代表着一所学校的办学性质和培养理念。校歌的旋律在精神上是具有激励作用的,同时也是学校荣誉感的代表,学生的传唱便是一种荣耀的体现,甚至校歌的词曲作者的知名程度都会为学校带来荣誉,特别对于毕业校友而言,熟悉的旋律是一种温故。

(三)听觉符号之环境声

这里的环境声特指非人工制造的自然的声音,包括鸟声、水声、风声等。自然环境的声音是最真切的声音,是不加粉饰,原声状态的声音。当今高校之间的竞争也包括校园环境的竞争,因此高校也更加注重校园环境建设。绿化程度就是这部分建设的一个重要衡量标准。风吹动树叶的声音、春夏鸟鸣的声音、喷泉的声音、雨水拍打水面的声音,这都从一定程度上反映了一个学校绿化的程度。在钢筋水泥的教学区域间穿插小桥流水、风吹树叶和鸟鸣蛙叫的声音,给学生紧张压力的学习空间中增添自然的轻松质感,不仅使学校师生心情愉悦,也是提高学校美誉度和知名度的有效途径。

三、高校形象的嗅觉符号表现

高校形象的听觉符号是形象的一个代表,那么从嗅觉上也存在其形象代表。在听觉上前面提到"鸟语",在嗅觉上自然少不了"花香"。提到"花香",当今高校很多都根据自身的特点选取一种植物作为自己学校的代表。学校选择校花的原则有:第一,地域性。植物因地域而生,学校根据自身所在的地理位置,选择适合的花种进行栽培种植,作为校花的选择。第二,学校性质。每一种植物都有其生长特性，都代表一种精神，学校在校花的选择上也会根据自己学校的校风校训、办学理念和教学宗旨选择适合自己，能够表达自己的花种。

校花的选择对外是一个学校形象的代表，是一种精神的体现，是一种理念上的识别；对内，种植开花植物在校园中，不仅仅是绿化环境，美化校园，花香四溢，沁人心脾，在充满学术的环境氛围中增添几许花香，更加陶冶情操，缓解压力，心情愉悦。优美和谐的校园环境、和谐的学习和生活氛围、和谐的师生关系对于高校形象的提高具有重大意义。

无论是植物的种植还是动物的饲养，对于校园环境而言归根结底就是绿化程度的衡量。校园已不单纯的局限于传授知识，更多的是培养人格，平和积极的心态，乐观向上的作风，都离不开环境的塑造。除了学习氛围的环境塑造，生活环境的塑造也尤为重要，优美安静的环境，不仅适宜学习，也能让师生心情放松愉悦，春季万物复苏，秋季果实累累，小桥流水伴着鸟鸣蛙叫，一派校园和谐之景。校园的和谐自然带动社会的和谐、文化的和谐。

四、影响高校校园文化品牌建设的因素

高校校园文化是整个社会文化的缩影，高校校园文化作为社会文化的一个重要组成部分，时刻受到社会大环境的影响。影响高校校园文化品牌建设的因素主要有两方面：内部因素和外部因素。

（一）影响高校校园文化品牌建设的内部因素

影响校园文化品牌建设的内部因素主要是指高校品牌认识不足，品牌意识不强。虽然当前我国高校普遍重视校园文化的建设，尤其是注重校园文化经典品牌的打造，但仍然存在对校园文化品牌建设的重要性认识不足的情况：

首先，部分高校认为校园文化品牌的建设仅仅是使高校校园文化进一步丰富化的手段，是一种"有了更好，没有也无所谓"的产品，缺乏对校园文化品牌建设应有的关注和投资，使校园文化品牌建设失去了发展的动力。

其次，即使部分高校认为校园文化品牌的建设是高校发展的必然要求，对整个高校的发展起到不可替代的作用，但仍没有将校园文化品牌建设提升到整体规划的高度去对待，没有将建设校园文化品牌放在高校整体办学和培养目标的整体背景下去进行，而仅仅将文化品牌建设作为某一个部门的任务，而忽视

高校整体资源的整合和相互配合，这很容易导致高校在口号上将文化品牌建设提得很高，但实际上对校园文化品牌的投入不足，管理不善。

再次，校园文化品牌建设主体意识不足。高校领导、管理者和全校师生员工都是校园文化品牌建设的重要主体，是加强校园文化品牌建设和推广的重要组成力量，然而在部分高校看来，文化品牌的建设主体仅仅局限在某些特定的组织部门或责任人身上，忽视了其他高校师生的参与对校园文化品牌建设和推广的重要作用，对其他师生参与校园文化品牌建设的支持力度不够。此外，部分高校在建设校园文化品牌上还存在认识偏低的情况，将校园文化品牌建设仅仅停留在一些低层次的文化活动上，而忽视深层次的精神理念建设。高校对文化品牌建设的认识上的偏差，将最终导致校园文化品牌的影响力、创新力和认可度的降低，使校园文化品牌最终陷入发展的困境。

最后，目前部分高校对校园文化的品牌管理缺乏系统设计和统一规划，没有将校园文化品牌建设纳入高校的统一发展规划，使得校园文化品牌处于松散杂乱的发展状态，校园文化品牌的发展也缺乏相应的系统性，导致校园文化品牌不能最大限度地发挥其育人功能，难以实现综合效益的最大化。

（二）影响高校校园文化品牌建设的外部因素

1. 经济因素的影响

当前我国正处于改革开放的重要阶段，社会主义市场经济蓬勃发展的关键时期，社会主义经济体制不断深化变革，社会利益格局不断调整，整个社会经济结构复杂多元。作为社会主义文化的一种亚文化形态，高校校园文化一方面体现了社会主义市场经济的时代特征，自由、民主、公平的社会经济要求在高校校园中不断得到扩大；另一方面，高校校园文化也不可避免地受到社会主义市场经济带来的冲击，并在高校校园内产生了一定的影响，给高校校园文化品牌建设带来了冲击和挑战。高校师生尤其是大学生是校园文化品牌培育的重要主体，同时也是对社会环境反应最敏感、最迅速、最集中的一个群体，社会主义市场经济这把双刃剑，在给高校校园文化品牌的发展带来各种机遇的同时，也冲击着校园文化品牌建设主体的心理。

2. 文化因素的影响

随着经济全球化的不断发展，各种文化思潮通过不同的渠道不断涌入高校校园，文化和价值的多元化使得当代大学生在价值选择上有了更广阔的空间，一些优秀的文化理念不断充实大学生的头脑，他们的价值需求呈现出前所未有的活跃性和多元化，但同时，一些不良的文化理念也对大学生产生了影响，甚至使他们对自己的人生信念和社会主义信仰产生了怀疑和动摇，这就要求高校在建设校园文化品牌时更应该坚守文化育人的阵地。

3. 科技手段的影响

校园网络是高校校园传播文化的重要载体，网络、手机等信息传播手段不断发展，对高校校园文化品牌建设产生了很大影响。特别是随着信息网络在当代大学生中的急剧发展，一些网站、论坛、博客等出现的负面信息也对大学生产生了不良影响，给大学生的身心健康带来了伤害。高校校园文化品牌建设也应该充分认识到校园网络在文化传播中的重要作用，有效利用校园网络等传播媒介，开辟校园文化品牌建设的崭新渠道。

第三节 高校校园文化IP形象设计与推广

高校校园文化建设是一种群体文化，它的主体是学生群体，并包含高校教师及行政人员在内，校园文化的主要特征是高校校园精神。可以说高校文化也是社会整体文化中的一员。高校校园文化一般取自该学校的精神文化的含义。高校校园文化的特性为互动性、渗透性和传承性，恰好也是IP形象所具备的特性，一个优秀的IP形象在高校校园文化建设中可以起到提升学校的文化品位的作用。

一、高校校园文化IP内涵

IP（Intellectual Property）即"知识产权"，也被称为"知识所属权"，由于定义的立场与角度以及方法的各有不同，因此理论界对其定义目前仍存在争论。IP与生俱来的法律属性决定了其改编和发展都是在一定的法律授权范围之内的，但随着社会生产环境的变化以及泛娱乐时代的到来，加之IP本身的扩展性和裂变性，使得IP最初的狭义的定义出现了扩展，其内涵和外延也都随之发生了变化。

高校校园文化与IP形象最大的不同在于：高校校园文化提供的是功能属性，而高校校园IP形象提供的是情感寄托。打造高校校园文化IP形象，在定位上延续了高校校园文化想要传达的核心内涵，在形象构建上增加了对当代审美的理解，创造出符合现代年轻群体观点的内容，创造流量及热点。高校校园文化想要吸引更多的学生群体，就得用学生喜爱的内容和方式进行沟通，在受众心中产生情感共鸣，并乐于分享这种共鸣，这才是一个好的高校校园IP形象。精心策划包装、产业化运作等一系列营销手段，都是提升社会认知高校校园IP形象的经营模式。

二、高校校园文化IP形象的意义及影响

（一）高校校园文化IP形象设计的现实意义

高校校园文化在塑造学生的人生观、价值观和世界观方面有着至关重要的作用，一方面，积极向上的校园文化能够激励学生的学习欲望及奋斗欲望；另一方面，高校校园文化的发展情况也映射着高校学生的精神素质及文化修养。所以高校校园文化离不开学校师生长期地、积极地建设。

IP形象作为高校校园文化的载体，通俗地解释是指那些最能代表某所高校校园文化的特定符号。它们以一种简单直观的方式向群众展示高校校园文化的精神内涵。IP形象的设计丰富多样，并有较强的亲和力，能为高校校园文化发展注入新的活力。并且IP形象多为卡通的造型，也更符合学生群体的兴趣喜好。

IP形象能够将高校校园文化所蕴含的历史积淀及其中庞大的价值体系具象化，解决由于其内涵深刻且多样化导致难以勾起人们的兴趣去了解它的问题。并且高校校园文化中的思想、精神及价值并不是单独存在的，它需要通过某种载体，以物质、行为的方式展现出来。高校校园文化可以透过校歌、校训、历史建筑、校园活动来传递，它们展现着高校的核心价值观及历史底蕴。校园文化的传播与校园IP形象互相依赖、相互作用，两者缺一不可。

如何将高校校园文化提炼出来并设计成具体的IP形象、从而起到传播的作用也是高校校园文化IP形象开发的意义。基于高校校园文化的IP形象设计一旦获得高校师生的认同，它能够将其背后的源远流长的历史文化及精神文化代代相传，甚至在国际上也能造成一定的影响力。

（二）高校校园文化 IP 形象设计对高校校园的意义

高校校园文化细分开来一方面可以看作是包含校园环境、校园建筑、公共艺术品等的显性文化，另一方面可以看作是包含建校历史、办学理念、校庆文化、社团活动等在内的隐形文化。在众多的具象文化中进行提炼，选取最具代表性的文化作为设计参考元素。结合高校师生共同记忆，如校园标志性建筑、传统校园庆典等等进行整理规划，这些元素对后续的 IP 形象设计起到至关重要的作用。

高校校园文化 IP 形象对高校校园来说能够让人们通过 IP 形象感受并联想到其背后所蕴含的校园精神及校园内涵。校园文化符号的提取对后续的 IP 形象设计起到至关重要的作用，是高校校园 IP 形象设计的基础步骤。校园文化符号提取的侧重点在于寻找文化的共性，将校园文化进行分类，将更为全面细致的文化提炼出来。提取的符号越经典越能引发群众的联想及认同感。高校校园文化 IP 形象设计是立足于高校自身的校园文化资源，突出其文化价值及美感价值，因此能够表达 IP 形象的象征意义。

基于高校设计的 IP 形象核心是校园文化，并且它要能够引起师生对校园的回忆，引发出师生对高校的情感交互价值。通过设计加工把抽象的文化具象到可感知，并赋予 IP 形象独特的个性特征，为师生内心所认同的某种校园文化精神内涵通过 IP 形象找到归属感。并且具象化的校园文化能帮助人们更直观地了解它。而文化作为 IP 形象的核心要具有鲜明的代表性，同时文化的准确性也显得特别的重要。

（三）高校校园文化 IP 形象设计的影响

1. 增强高校校园文化的识别性

IP 形象的开放，能够有效建立并帮助传播高校校园文化，同时还可以为学校带来额外的经济效益和社会价值。高校校园文化 IP 形象的开发不仅要依托于大学内部丰富且高品质的资源，也要号召全校师生及社会人士参与其中，以更加开阔与包容姿态接纳更多建议与创新想法，这个过程本身其实也是大学精神的体现，也是品牌文化传播的过程。高校校园文化的 IP 形象设计可以在企业品牌传播中增加与其他高校校园的区分度。根据特定高校校园文化设所设计出的形象一般都具有很强的识别性和专属性，一个优秀的 IP 形象可以很好地区分高校校园形象。校园文化IP形象的开发不仅能够极大地促进高校精神文明建设，还是高校校园文化传播的重要手段，有助于提升高校的校园影响力与校园价值。

2. 提高高校校园的影响力

文化是高校的灵魂，高校是文化的发源、创造与传播的沃土；文化是高校最标志性的属性，校园IP形象设计是高校品牌文化建设与推广的有效方式。将抽象的文化概念转化为具象的形象衍生产品后，伴随着产品的流通，就实现了品牌的流动与传播。从形象的使用过程中，师生们可以感知到学校的品牌文化、进而接受并认同；当校友们对母校产生自豪感和荣耀感时会借由各种途径表达及传播出去；社会大众便可通过师生的情感外露与宣传感受到高校校园文化的魅力，感受到高校的精神气质。

三、高校校园文化IP形象设计

基于高校校园IP形象的开发是其高校校园文化建立的关键构成之一。设计高校校园文化IP形象的目的是通过开发高校校园文化创意产品以塑造学校品牌形象，进而传承和传播高校校园文化。在设计中趣味性是内在动力，IP形象是趣味性最有力、最直接的表现形式。在网络发达的今天，优秀的IP形象随处可见，简单好看的IP形象已不再能满足人们的需求。通过增加IP形象的趣味性，甚至在"怪诞"中与观众产生共鸣，也是可大胆尝试的选择。不仅是在IP形象的外形设计上，在IP形象后期的展示中也可以加入能够与用户互动的"趣味环节"。一个小小的细节巧妙应用也能拉近与用户的情感距离。

（一）IP形象设计

1. IP形象角色设计

IP形象的具象设计上可以是人物、动物甚至食物。需要根据该高校校园文化独特的特征设计角色。它可以是代表了该高校的精神文化，又或者是特色专业，甚至是高校校园中的某处亮点。IP形象的本质包括两方面：内容化特征和人格化属性。

内容即指代IP的原点，也是它的起点。IP形象能否成为超级IP，取决于其内容强度。内容是IP最基础最核心，也是最能表现其长久生命力的关键所在，它涵盖了原创差异化内容的持续创造力、传播能力和影响能力。

基于高校校园文化的IP形象需要在满足功能的前提下，深入探究校园文化及精神内涵，连接起与群众的沟通桥梁。如果说内容是IP的起点，那么形成独特的人格魅力则是IP的进阶步骤，它会伴随着人们对该IP的认知熟悉程度逐渐深入。一个好的IP形象具有内容力和人格魅力，更具有连接力与温度。如果只停留在满足功能的层面，那么IP形象会显得没有内涵及特色。这样才是一个有情感与温度、有风格与个性的校园文化IP形象。

校园文化源自高校的校园生活，其文化及情感是高校校园IP形象的灵魂。基于高校校园文化的IP形象从某种程度上迎合了师生对校园生活的深层次情感，所以它的开发及设计需要符合并满足群众的想象与期待，将高校悠久的历史文化和独具特色的高校校园意象设计成IP形象及实物展示，使其成为能够满足受众情感需求的高校校园文化IP形象。

2. IP形象动作设计

IP形象的动作设计要能够突出并增强该形象独特的个性与特征，使得IP形象能够传达出打动群众的视觉效果，这就需要在IP形象动作设计上更加严谨。

3. IP形象表情设计

在设计IP形象的表情时，需要根据该形象的个性、剧情的需要、周围环境以及情景表达的内在意义来进行设计。表情可以表达形象内心最细微的变化，不同的形象在面对相同的事件可能会露出不同的表情。

眼睛是心灵的窗户，在设计表情时可以着重从IP形象的眼睛入手进行设计绘制。例如惊讶时眼睛多呈放大的圆形，瞳孔因为惊吓缩小；开心的表情眼睛因为笑容挤成一条月牙形；而泪眼婆娑、双目无神多为忧伤的表现。当然，仅仅关注眼睛是不够的，只有做到五官的和谐配合，才能使得形象的情绪变化做到更好。

4. IP形象个性设计

想要IP形象更深地烙印在师生群体中，需要对其注入个性与情感。从单个IP形象设计来看，可以根据该IP形象所寄托的精神文化来设计其性格特征，例如高校的IP多为学识渊博的教授、好奇心强的学生、在某一专业领域具有较强的成就的青年教师的形象。从情感联系方面来看它也可以是一对情侣、一对亲友甚至一个家族，这样的IP形象更具贴近师生的实际情况。

5. 基于校园文化构建IP形象背景故事

基于高校校园文化量身设定一个IP形象，不仅要让IP形象带有高校校园物质文化上的设计元素，还需要IP形象蕴含校园精神文化。结合高校校园文化建设历史为IP形象设定背景故事。富有故事性的IP形象有着强大的吸引力，它是设计作品与用户之间的一座桥梁。基于校园文化设计的IP形象，除了在高校校园文化基础上创建IP形象外，更应该做好形象的内容，为IP形象构建故事背景。内容才是IP的根，没有内容的IP形象就会成为没有内涵的卡通贴画。

在故事背景的设计上可以基于该高校的价值体系，即价值观念、办学理念等。或者可以从高校所处地理环境、所在城市特征风貌入手，在场景设计上直观地运用高校校园特色建筑、湖泊、角落等元素宣传该校文化，加深受众群体对该校的印象。

（二）基于IP形象的文创产品设计

基于校园文化设计的IP形象的侧重点一是文化，二是创意。如今市场上千篇一律的IP形象已经使大众司空见惯，不再能吸引大众的兴趣，因此在满足市场需求的前提下，应注重IP形象创新性的文化创意产品的开发。随着社会进步及物质生活的提高文化创意产品的出现与发展是必然之势。基于高校校园文化的文化创意产品是一所高校精神文化建设的反映，其核心是将校园文化的价值通过再创造的方式增加新的价值，满足高校师生的精神需求，增强该高校的社会影响力。优秀的高校文化创意产品是高校精神文化建设成就的重要体现，设计上具有较高的美感及艺术性，其传达出的精神内涵是积极向上、有正确的引导意义的。

基于校园IP形象衍生出的文化创意产品要求其设计具有创新性，一方面，能够将IP形象艺术与高校校园文化结合起来相互影响、相互推进。另一方面，成功的校园文化创意产品还需要符合市场需求，创造出能够实现文化传承及文化传播，并兼顾文化价值与经济价值的IP形象文化创意产品。

四、高校校园文化 IP 形象的宣传与推广

（一）线下推广方式

1. 基础手段

通过开放并发布宣传手册、招贴海报、宣传传单、校园卡片、印有 IP 形象的校服等方式提升高校校园文化 IP 形象知名度和影响力。

2. 策划活动

在校内外发起针对学生群体的校园活动，比如在校园内举行公益活动、娱乐表演等等。

3. 软文推广

每所高校都有属于该校的杂志社、报刊、校园网站等。为了增加校园 IP 形象的曝光度，让本校师生了解到校园 IP 形象，可以选择让师生写一些软文发表在相关平台上。

传统式的线下推广是被动式推广，而主动式线下推广更容易和受众之间产生互动。通过制造话题、强化品牌等方式对校园 IP 形象进行宣传推广。

（二）线上推广方式

1. 内部资源渠道

校园站内推广即利用校园官方网站来推广校园 IP 形象，将校园 IP 形象放在站内最显眼的地方，或者用户最关注的板块添加 IP 形象信息。也可以在校内贴吧、论坛发布高校 IP 形象相关信息，引发用户参与讨论，提高 IP 形象受关注度，快速吸引用户关注 IP 形象。

（1）EDM 邮件推广。EDM，全称为 Email Direct Marketing，意思为电子邮件营销。高校通过整理学生信息获取邮件地址，并通过邮件推送的方式对校园 IP 形象进行宣传推广。邮件推广是一种比较古老的推广方式，它相比于现代其他推广方式局限性较大，几乎没有二次传播能力。

（2）微信公众平台推广。在订阅号推送 IP 形象相关的宣传图文。从 IP 形象的设计理念、设计过程、IP 形象的性格介绍、故事背景简介等多方面入手，增加 IP 形象的专业性，获取师生的认同感。推送内容最好以生动有趣的风格向师生介绍该 IP 形象。如果推送图文具有较高的创意符合师生的兴趣，或许还能带来师生的自发分享。

（3）官方微博运营。高校在新浪微博申请官方微博，并发起IP形象相关话题，转发微博抽取用户获取校园文化IP形象文创产品等，通过让群众带高校话题转发微博以此提升活动气氛热度。能够有效将高校IP形象带出校园，提高IP形象在校外的知名度。

2. 外部资源渠道

（1）论坛发帖推广。可以在校园论坛、校园贴吧等论坛里发活动推广帖。互联网论坛、百度贴吧等大型社区都是活动信息推广的重要渠道。而且在天涯、豆瓣等社区有详细分类不同类别的频道，在对应高校及IP形象的频道上发布活动信息能获得更好的反馈信息。

（2）自媒体平台。自媒体平台是由以各个品牌名称注册的传播平台，相较于微信公众号、新浪微博等营销手段，自媒体平台能做到多渠道宣传，能够获得持续输出内容，吸引大量用户。值得注意的是微博、微信公众号等推广方式都是可以自己操作的，但自媒体平台需要审核过程，可能有被视为广告不予通过的风险。

（3）营销平台。现代越来越多的公司通过H5营销平台对公司品牌及活动进行推广，如易企秀、iH5、Kaka等软件。校园IP形象也可以通过H5营销平台制作并上传IP形象相关的活动页面，并通过二维码分享的方式，对高校校园IP形象进行宣传。

第四节　高校校园文化品牌传播规律与策略

从高校校园文化品牌传播的要素来看，大学校园文化品牌传播有着不同于商业品牌传播注重经济效益和短期效益的特性，高校校园文化品牌传播更注重社会效益和长远效益。这是由高校校园文化的特点和高校教书育人的使命决定的。

一、高校校园文化品牌传播的规律

（一）从传播内容上看，更注重公益性，教化育人

高校校园文化品牌具有很强的公益性。从传播内容上看，大学校园文化品

牌传播融合了更多育人的教化性内容，这是由大学的基本功能决定的，也是由高校校园文化品牌传播的思想导向性和内容学术性决定的。企业遵循的是价值规律，其原则是适者生存和优胜劣汰，追求效益最大化，而高校校园文化品牌遵循教育规律，更关注社会效益。高校的主要职责是教书育人。虽然教育产业化一直被讨论，许多教育机构也游走在商业伦理和教育伦理之间，但是公益性仍是高校校园文化品牌的基本特征。只有遵循教育规律的高校校园文化品牌，才是符合"教育本性"的品牌。

（二）从传播方法上看，注重新媒介的人际隐性传播

高校校园文化品牌的传播不能照搬商业品牌传播的频繁促销、密集广告等方式，过度营销的宣传方式并不符合高校校园文化的品牌气质。高校校园一直给人一种宁静纯净的感觉，而人际传播和公关传播可以淡化宣传色彩，达到与公众的良好互动。人际传播成为主导的传播方式，建立在强关系链中的口碑传播使传播内容具有更高的可信度，传播目标对象精准，更具有亲和力和感染力，能够发掘潜在顾客，缔结品牌忠诚。在自媒体时代，人人都有"麦克风"，人际传播的范围、时效和信息量都得到了跨越式的发展，是一股不可忽视的新生力量。

（三）从传播时效上看，要准备好打持久战

高校校园文化品牌传播不是一蹴而就的，其传播效果一般很难在短期内见效，必须依靠长时间的不断积累才能使品牌效应深入人心。而这种效应很难通过口号、标语、广告这些商业传播方式快速达到。所以，大学校园文化品牌的传播必须要有打持久战的心理准备，眼光放远，姿态放低。所谓"十年树木，百年树人"，教育是一项长期的事业，任何急功近利、浮躁浅薄的想法和做法都是不可取的。

二、高校校园文化品牌建设的策略探析

（一）综合分析，明确品牌定位

品牌定位是指高校在充分认识自身文化特色的基础上，了解和分析高校师生和社会大众的需求，以建设合适的文化品牌。并将文化品牌作为媒介将高校的文化理念和精神文化传递给受众对象。校园文化品牌定位是品牌建设成功与

否的关键,直接影响着校园文化品牌建设的成效,定位过低,则校园文化品牌建设达不到预期的成效;定位过高,则容易导致校园文化品牌建设虚拟化、概念化、成为"空中楼阁",造成人、财、物的巨大浪费。

首先,定位受众对象的价值需求。明确高校校园文化品牌建设的定位,必须了解其受众对象的价值需求。具体来说,一个校园文化品牌的成功与否,并不在于其价值理念有多深刻,而主要取决于是否真正符合高校师生和社会大众的价值需求,这种价值需求也恰恰证明了校园文化品牌存在的价值。高校师生作为校园文化品牌的直接作用对象和承载主体,需要校园文化以潜移默化的方式影响自己的思想言行,一个优秀的校园文化品牌必须坚持与学生的发展相结合,为学生的全面发展而服务。而高校又是传播社会文化的前沿阵地,其独特的价值追求和精神文化也势必成为社会大众的普遍需求。

其次,定位高校的优势特色。不同的高校在其具体办学模式、学校风格和文化气质等方面存在诸多不同,不同高校的师生在不同的校园氛围中接受熏陶和陶冶,不同的高校师生身上都有属于自己学校的独特印记。随着我国高等教育的不断发展,我国高校也呈现出多元化和开放性的特点,每个高校在办学理念、价值追求、办学目标、历史传统、专业学科的设计上都有所不同,有些高校具有综合优势,有些高校则具有比较优势或者特定的学科专业优势。这正体现了不同高校在建设校园文化品牌过程中的差异化特点。而这种差异化充分体现了高校校园文化的独特性,是高校校园文化品牌的核心和本质。

最后,定位高校所在地域的特色。高校立足于具体地域的环境下,其所在地狱的特色也影响着高校文化品牌的建设思路。比如地方高校的发展更多的是于当地的密切关联,其办学方针直接面向地区发展,在一定程度上为地域发展和经济建设服务。因此,高校应该在坚持价值理念的前提下,充分结合高校所在地区的政治经济文化发展水平,建设具有地方特色的校园文化品牌,这也是校园文化品牌发展的动力所在。

(二)提高认识,增强品牌意识

高校要充分认识到建设校园文化品牌的重要性,这是建设校园文化品牌的前提。随着高校竞争日益激烈,各个高校都越来越重视"特色办学""创一流",其实所谓的"特色办学"和"创一流"实质上就是"创品牌"。然而,"创品牌"

不仅仅是高校领导者或校园某一部门的责任，全校师生和教职工都是校园文化品牌建设的重要主体，因此，高校首先要增强全体师生的品牌主体意识。充分发挥在校师生尤其是大学生的主观能动性，调动其积极参与校园文化品牌建设，并让其充分认识到自己的主人翁意识。

（三）深化理念，提升品牌价值

首先，凝聚品牌力量，体现大学精神。大学精神是高校在长期的办学过程中，由全体师生共同努力通过不断积淀、整合、精炼出来的一种被人们普遍认可的价值观念和群体意识，它反映了高校独特的价值取向和精神理念，是校园文化的核心和灵魂。校园文化品牌建设是将品牌的理论具体应用到校园文化建设过程中，使校园文化凸显其独特性，从而受到在校师生和社会大众的认可和赞誉，并产生一定的知名度和影响力。因此，校园文化品牌建设离不开大学精神的引导，塑造优秀的校园文化品牌，必须立足于高校的精神文化。

其次，依托学校特色，体现优良传统。一方面，高校校园文化品牌的建设，必须立足于高校总结继承与提炼深化自身办学历史与优良传统的基础，必须充分利用高校的优良传统文化资源不断浸润校园文化品牌建设。如果高校抛弃了自身多年积累的文化特色和传统资源，一味求新求变，那么其独特的办学特色和品牌个性将面临丧失的危险。另一方面，高校校园文化的建设不能脱离优秀的民族文化传统。不同国家的人生活在不同的文化背景下，受到特定的文化传统的影响，因此，其对教育的理解、对教育的需求、对教育的评价都有所不同。

一个高校要想建立优秀的文化品牌，必定要与本民族的优秀传统文化相一致，体现民族传统和民族特色，才能被社会大众所认可。民族文化传统存在于每个社会大众的内心，将民族文化传统融入校园文化品牌建设中，才能符合民族的审美情趣，更容易使社会成员对其产生共鸣和认可。因此，在建设校园文化品牌时，应当体现民族传统文化内涵，否则，不管这个文化品牌多么国际化，都不可能被社会大众认可。

中国传统文化博大精深，饱含着各种丰富的文化遗产，这也为我国高校建设校园文化品牌提供了丰富的文化资源，如尊师重道、和谐仁爱等。

（四）注重设计，树立品牌形象

首先，文化品牌命名的设计。一个优秀的校园文化品牌名称会使受众对象产生丰富的联想,从而对校园文化品牌较快地产生认同和接受。校园文化品牌需要合适的品牌名称,这是受众对象识别和记忆文化品牌的重要途径。一般来说,高校校园文化品牌的命名设计不外乎两种方法,一种是创造一个崭新的品牌名称,一种是在现有的高校文化传统的基础上进一步深化原有的品牌名称。但无论哪一种方式,都应该遵循易读、易记、易懂的原则,并应该充分体现文化品牌的精神内核和鲜明特色,总的来说就是要求校园文化品牌的命名简洁明快、独特新颖。

其次,文化品牌形象的设计。校园文化品牌的形象设计是各个文化品牌之间相互区别和凸显个性化的重要途径,也是高校师生和社会大众识别和认知文化品牌的有效方式,更是高校提高文化品牌竞争力的有力工具。高校校园文化品牌的形象设计应当具有长期规划性,遵循社会历史文化的客观发展规律,将历史性与时代性有机结合,成功的校园文化品牌形象设计可以有效提高文化品牌的知名度和认可度。

最后,文化品牌产品的设计。文化品牌产品是校园文化品牌建设的具体化外在化表现,一个文化品牌想要被公众认知和赞誉,必须通过接触具体实在的文化品牌产品,并从中产生感受和共鸣。优秀的文化品牌产品可以大大提高高校师生和社会大众对品牌的共鸣和认可,因此,高校在建设校园文化品牌时还应注重文化品牌产品的设计,不断丰富文化品牌载体,在产品设计上充分体现文化品牌的思想性和艺术性,如打造精品的校园文化品牌活动,关于文化品牌的理论著作,文化品牌的相关视频以及其他各种形式的文化产品形式。

(五)规范机制,加强品牌管理

首先,加大投入力度。第一,整合全校资源,加大人力投入。校园文化品牌的建立需要高校有效整合各方面资源,形成合力,最大限度的发挥各类资源的价值,为校园文化品牌的发展提供强有力的支持。第二,加大物质资源的投入。高校校园文化品牌的建设过程离不开物质资源的支持,高校要充分重视校园文化品牌建设,进一步加大对品牌建设的扶持力度,从人力、物力、财力等各方面提供保障,使校园文化品牌能够持续、有效、稳定地发展。校园文化品牌的建设不是单纯某一个部门就能完成的,需要高校各个部门的相互协作和全力配合,需要全校师生的积极参与和共同努力。

其次，建立规范的管理机制。第一，要建立明确的品牌管理组织。明确品牌管理组织就是要求确定品牌管理的主体，培养品牌管理的核心团队，专门负责校园文化品牌的运行，对品牌经营和管理进行系统规划，统一协调，不断使其规范化、具体化，可以从组织结构、人才资源和具体职权等方面做出具体的规定和限制，随时关注校园文化品牌的运行情况并及时做出战略调整和应对策略，为校园文化品牌的长效运行提供及时有效的组织保障。第二，制定规范的品牌管理制度。规范的品牌管理制度是校园文化品牌长期稳定运行的重要保障。一方面，高校应该制定出校园文化品牌的建设及管理规划，具体包括宏观层面的品牌管理战略规划和微观层面的具体管理过程的每一个环节与细节，并确保其与本校的发展战略规划、学科专业建设规划、师资队伍建设规划及校园文化建设规划紧密结合。在制定规划时要从物质文化建设、精神文化建设、行为文化建设和制度文化建设等各方面统筹规划，并具有针对性、可操作性。在具体实施过程中针对实际运行情况及时调整管理制度，以适应品牌管理的需求。另外，高校还应该制定出严格可行的校园文化品牌管理的执行和考核制度，以明确在具体的校园文化品牌建设和管理过程中的主体对象、具体职责及职能分工，利用相应的奖励措施和惩罚机制有效约束和激励确保校园文化品牌的稳定运行，保证实效性。

最后，建立校园文化品牌监督机制和保护机制。校园文化品牌的管理机制要想规范化，必然要建立一套健全的品牌监督机制。合理的品牌监督机制主要针对已经建立起来的文化品牌，对其运行状况给予必要的跟踪，以确定在持续运行的过程中是否适应社会的发展、是否能跟上高校发展的步伐，是否满足了高校师生的需求，并根据高校师生的评价、社会大众的评论，对其进行必要的反馈和测试，以保证文化品牌运行的连续性和持久性，防患于未然。高校校园文化品牌是高校在长期办学过程中对自身办学理念和价值追求的积淀成果，是全校师生长久以来共同努力下得到的智慧结晶。因此，校园文化品牌不可避免地包含不同程度的知识产权，如校园文化品牌的商标设计、文化专利、商业秘密等。在我国社会主义法治社会的大环境下，高校必须树立校园文化品牌的法制化意识，运用法律武器保证校园文化品牌的健康运行，维护全校师生的智力成果。

（六）拓展外延，注重品牌传播

首先，确定传播受众。品牌之所以被称为品牌，本质就在其独特性和品质性得到了受众对象的接受和认可。确定传播受众，就是要求高校在综合分析和科学调研的基础上，确定校园文化品牌传播的受众目标。一般来说，校园文化品牌的受众主要分为高校内部师生员工和高校外部的社会大众。因此，校园文化品牌的传播过程也分为对高校师生的内部传播过程和针对社会大众的外部传播过程。一个优秀的高校校园文化品牌必定是被本校的师生认可和赞誉，深入到师生员工的内心，并在师生的日常行为中体现出来。而且，在高校校园外部，一个优秀的校园文化品牌还需要被社会大众所了解和接受。这就要求高校在建设校园文化品牌的过程中，必须学会必要的传播方式和手段。虽然基本上每个高校都拥有自己的校园文化品牌，并且都在有意识地宣传自己的文化品牌，增加其知名度，但因为缺乏有效的传播手段，导致原本优秀的校园文化品牌并不被人熟知，认可度较低，文化品牌建设的实效性大大减弱。

其次，创新传播方式，开辟创新渠道。有效的校园文化品牌传播需要合适的传播方式，随着科技的不断进步，高校在传播校园文化品牌时，必须不断与时俱进，充分利用先进的科技手段，创新传播方式，开辟崭新的传播渠道。传统的文化品牌传播方式多是利用校报、阅报栏等传统媒体形式对校园文化品牌的介绍和报道，来达到传播校园文化品牌的目的。现在，随着网络技术的发展，给高校校园文化品牌的传播提供了更多更有效的传播途径选择。校园网络平台作为当代大学生表达情绪、发泄情感、思想交流的重要渠道和舆论平台，理应成为高校进行文化品牌传播的新平台。因此，这就要求高校建立技术先进、安全有序、覆盖广泛的校园网络系统，将网络作为传播校园文化品牌的重要阵地。在此基础上，高校还要积极探索各种形式的网络资源，如微博、校园论坛、微信、贴吧等，在校园内营造一种积极的文化品牌传播氛围，充分传播校园文化品牌的内容和理念，进一步提高校园文化品牌的知名度和影响力。

最后，高校校园文化传播还需要注重对社会资源的有效利用。随着高校的日益开放，当代大学生的视野日益开阔，高校与社会环境的相互作用也日益明显。校园文化品牌传播的不应局限于高校校园内部，传播方式也不应局限于校园资源，还要充分利用社会资源。高校要与政府、社会组织、企业等紧密联系和互动，最大限度地通过这些资源发扬品牌、推广品牌。

第七章 高校校园文化品牌形象建设与传播

（七）加强高校校园文化创意产品的营销传播

高校校园文化创意产品是基于固定文化环境、历史脉络而产生的，与普通的文化产品不同，区别在于对校园文化的把握、消费群体的文化水平、文化的创意呈现。高校校园文化创意产品作为校园的物质传播载体与校园文化的非物质类传播相比，其品类丰富、设计独特、传播性广、认同度强、投入少、产出快。

市场营销学中不同的营销活动概括成四大类营销组合工具，即营销中所说的"4P"理论：产品（Product）、价格（Price）、促销（Promotion）和渠道（Place）。

笔者认为在高校文化创意产品的市场的语境里，所谓的企业和团队指的是生产、经营、销售文化创意产品和文化服务，以追求利润增值和传播校园文化内涵为目的的组织。

1. 产品策略

好的品牌的关键点在于拥有好的产品，产品是市场营销过程中的核心要素。产品策略是企业生产、营销、传播的基础，4P理论其他三点要素（价格、促销、渠道）也是围绕着产品展开。制定产品策略时要尊重产品的差异化，如定制化、性能质量、合格质量、特色、形式、可靠性、耐用性、可维修性、风格等。针对这些产品差异化的特点生产满足消费者需要、欲望与需求的校园文化创意产品。随着消费者不断追求独特新颖、精致美观的产品，校内竞争也在不断加剧，所以在创作校园文化产品时，必须考虑到消费者的五个价值层级，即：核心利益、基本产品、期望产品、附加产品、潜在产品。

高校校园文化创意产品可以分为精神类与物质类。消费在面对在面对同一文化创意产品时会有不同的认知，消费者的喜好也会有明显的分歧。一种产品不可能吸引所有受众，这需要对校园文化产品的多种文化元素进行深入分析研究，创作、衍化、丰富文化创意产品；同时，需要针对不同消费需求制定不同的营销传播方案，最终让消费者乐于消费、购买产品。

2. 价格策略

市场营销策略中，价格策略是能产出经济效益的重要元素。价格策略可以根据市场与顾客需求及时、快速地做出调整，而产品策略、促销策略、渠道策略在调整时会耗费更多的时间。企业必须考虑到定价的多种因素，如公司、消费者、竞争者与市场反馈。对于校园文化创意产品而言，在制定价格时分为六步：一是选择要定价的文化创意产品，有了确定的产品才能更准确地制定价格。

二是确定消费市场对该创意产品的购买需求。价格的差别会影响文化创意产品需求量的不同,针对不同的消费需求制定价格。三是需核算、预估该产品的制作成本。校园文化创意产品市场的需求量给产品价格设置了上限,而产品成本又是其下限。四是若有竞争者就分析对方的成本、价格。在高校市场竞争中,文化创意产品如果具有竞争对手没有的特色,可以将这一特色转化成自身产品的价值,反之需要弥补不足。通过与竞争对手的对比分析,能更有效、更准确地制定价格策略。五是选择行之有效的定价方法。六是确定产品最后的价格。企业再进行市场营销时也要考虑诸多因素,比如经销商、代销商的建议,考虑消费者的心理预期等。

由于市场变幻莫测,文化创意产品价格制定后,根据市场需要会做出相应的调整。同时,文化创意产品的定价往往不是以制作成本为主,其定价的特点在于文化的高附加值。文化创意产品的消费不是日常的柴米油盐,价值的估量在于所承载的文化内涵与消费者的需求度,核心价值在于文化本身而非产品的技术、材料。文化创意产品的营销传播中,消费者在付出经济价值时,看中的是文化产品的文化附加值,并满足自身对校园文化的需求。许多高校逐渐认识到校园文化创意产品的价值意义,也给予政策支持,甚至支持学生对校园文化创意产品进行开发运营,以促进校园文化的传播,增强学校的文化认同感与树立品牌形象。

3. 渠道策略

渠道营销策略是管理者面临的重要的决策,企业所选择的渠道营销策略将对其他决策产生深远影响。校园文化创意产品的渠道营销策略是指运营团队依靠各种中介商的营销推广,致力于使某种文化创意产品可以被使用或消费的过程。影响渠道的因素有地点、商品分类、覆盖区域、运输方式、库存等。在此主要分析针对高校校园文化创意产品营销的三种渠道模式:垂直渠道模式、间接渠道模式、线上销售模式。

(1)垂直渠道模式。垂直渠道模式是指由文化创意产品的创作者、营销人员、分销商等形成的统一的整体。成员之间拥有一定的产权、特约代理关系。在垂直渠道模式中,创作者、营销人员、分销商都可能对高校文化创意产品的营销起支配作用。

(2)间接渠道模式。间接渠道模式是指依靠高校内部已有的专门的创意产品商店、格子铺、报刊亭、文化用品店等进行盈利。学校给予政策支持，校园文化创意产品才能发挥应有的文化内涵。

这种模式充分考虑各渠道商的利益，避免不必要的冲突，使文化创意产品带来可观的经济效益。

（3）线上销售模式。线上销售模式借助互联网和移动终端的影响，利用当下"低头族"的网络消费倾向进行线上销售，根据网络消费特点制定宣传、销售计划。线上销售能够解决年龄、文化、地域等因素存在的差异化，及时满足消费者的欲望、需求，当下许多营销团队经常采用线上销售模式。

4. 促销策略

促销是营销活动中的关键组成部分，主要由短期的激励工具构成，用来促使消费者或经销商购买特定产品或服务。在此主要列举两点：针对高校目标市场，抓核心消费群；充分运用公共关系里的新媒体营销手段。

（1）抓核心消费群。伴随高校校园文化创意产品的发展，产品种类日益丰富，消费需求更为广泛。单靠一种产品不可能吸引所有的消费群体，要有针对性，有计划地对高校校园文化市场设计生产品类丰富、个性新颖的创意产品。首先，抢占消费市场，就要针对核心消费群体的消费需求，投其所好，尊重差异，为核心消费群体"量体裁衣"，核心消费群体在哪里就将产品推到哪里；其次，占领核心消费市场后，由点及面，向周围进行营销传播，向潜在消费群体与周围消费群体扩散，将文化创意产品有步骤、有计划、有次序的传播给消费者。

（2）充分利用新媒体营销手段。技术在不断发展，网络信息也在高速前行，数字移动端成为当下传播的主流媒介，其中微信、微博等社交媒介承载了多数的传播信息，在高校文化创意产品的营销传播中要充分发挥新媒体新媒介的作用。与新媒体的结合运用，丰富了文化产品的营销传播渠道，也带来了微信、支付宝等更为便捷的支付方式，使资金的流动快捷便利。高校校园文化创意产品的消费群体是基于对产品的自我需求、吸引而产生的购买行为，这种文化消费是对校园文化传承、物化的过程。

对校园文化的传播是高校校园文化创意产品营销的精神支撑，校园文化创意产品在营销传播过程中与新媒介的运用联系紧密。随着网络技术和数字技术的发展，数字移动媒体迅速扩展，文化创意产品要想打开市场必然离不开新媒体技术的推广宣传。首先，新媒体的营销运用可以更好地呈现文化创意产品，能在产品推出市场之前进行调查分析,通过网络将文化产品的创意点、文化内涵传递给消费者。其次,通过新媒体营销手段可以及时掌握市场变化,了解消费群体对文化创意产品的意见,并做出相应方案;最后,始终活跃在市场第一线,将文化创意产品推广给受众的同时,不断打造文化亮点,传达与校园文化有关的信息,树立品牌形象,为后期其他产品的推广、营销铺好坚实的基础。所以,将校园文化创意产品与新媒体营销手段紧密结合,一举多得,影响范围广。做好前期宣传、网络销售和线上反馈等环节的工作,达到树立品牌形象、抢占市场等多重优势。

5. 品牌策略

品牌策略包括品牌创建、品牌形象、品牌传播、品牌延伸、品牌更新等方面。高校文化创意产品的运营者应该采取更为准确的品牌策略来满足消费者的需求,来吸引消费者购买产品,从而获得较好的经济效益。

(1)创建品牌。品牌的产生是伴随产品而来,是产品市场无限增容后,产品的异彩纷呈,导致消费者无法识别,而需要一种符号表征具体产品,在消费者心目中形成区位差的产物。

高校校园文化创意产品的品牌是建立在品牌产品内涵基础之上的文化品牌。在高校市场的消费体验主要表现为两方面:第一,消费者对产品所能提供的文化价值越来越重视,即使是一件纯实用的产品,消费者也会关注它在精神方面的价值;第二,在满足基本物质需求之后,消费者对精神文化领域产品的需求也越来越强烈。文化创意产品团队所要创建的品牌,不仅需要注重品质以及消费者可以获得的独特价值,而且它的主要含义是消费者对品牌所代表及所传达的价值观、文化倾向的体验与认同。团队在文化层面上所具备的张力,也是文化创意产品团队自身实力的象征。

品牌的直观展现是标志、名称与宣传语,可以体现不同品牌的差异性。直观、贴切的品牌符号可以强化消费者对团队产品或服务的接受度。借助品牌可以识别一种产品的来源或生产者,使得消费者(不管是个人还是组织)要求特定的生产商或分销商对其行为负责。创意文化产品团队在高校市场里树立自己的品牌形象,更容易被消费者熟知和接受。

(2)树立品牌形象。对于校园文化创意产品的创作、营销团队而言,创建一个贴切的品牌名称、树立品牌形象,可以在激烈的市场竞争中更具优势。

第七章 高校校园文化品牌形象建设与传播

创建一个贴切的品牌名称与团队自身文化和直接的产品含义等密不可分。

品牌形象的树立不仅是消费者认识文化创意产品的过程，也是认识、熟悉创作团体的过程。品牌作为企业的形象和文化符号，必须以体现自身形象和文化为品牌发展的目的。高校校园文化创意产品在营销传播的过程中既要抓准核心卖点，又要树立品牌意识。例如：苹果、可口可乐、耐克等企业对自身品牌的营销使得消费者熟知度、信赖度高，深入人心。而在校园文化创意产品的营销过程中，经常出现"昙花一现"的情况，很多产品经不住市场的检验便销声匿迹。这就是没有树立良好的品牌形象，没有用品牌抓住消费者，无法持续、循环发展的结果。所以，要提升文化创意产品的影响力、争取更多的市场份额、实现长线持续的运营、获得更多的社会效益与经济效益就必须有品牌意识。

（3）强化品牌。品牌强化是高校校园文化创意产品营销传播的重要手段。笔者认为营销者可以通过以下两个方面传达品牌意义来强化品牌企业的品牌：第一，品牌代表什么产品，它的核心利益是什么，它可以满足什么样的需求；第二，品牌是如何使产品看起来更优良，强大的、令人喜爱的、独特的品牌联想应该存在于消费者的头脑中。文化创意品牌的形象会随市场弱化，使消费者对该品牌产品或服务的购买力减弱，致使经济效益下滑。所以，高校文化创意产品团队需要制定品牌强化的策略，提高产品或服务的质量，扩大市场份额。团队在对品牌强化时可以采取以下三种策略：文化提升策略、产品强化策略和市场强化策略。

首先，文化提升策略是高校校园文化创意产品团队品牌强化的核心，文化创意产品的文化属性必不可少，团队可以对校园文化进行深入挖掘与利用，寻找符合消费者需求的文化符号，将这些文化符号凝练在文化产品中，形成特色鲜明、独树一帜的高校文化创意产品。这种借鉴高校自身的办学理念、校园风貌、历史传承、文化内涵创作的产品，才会抓住消费者精神需求，进而依托高校文化提升品牌形象。这种文化的提升不是体现在单一的文化名称中，而是将高校文化符号融入产品品牌的整体形象中。

其次，强化文化创意产品的策略，是对产品和服务进行迭代升级，提升品牌形象。例如对包装、价格等进行更新，突出产品特色，针对顾客的欲望与需求提供多样的产品和服务。或者通过交付方式、售后服务等强化品牌形象。产品强化策略必须在尊重消费者的欲望与需求的基础上，保留和提升产品自身的优势、特色，吸引消费者购买这些新产品和服务。如此一来，通过对产品的强化使团队的品牌形象深入消费者的内心。在大众创业、万众创新的背景下，许多创业团体经常采取这一策略对产品和服务进行升级更新，强化品牌形象。

最后，市场强化策略是指校园文化创意产品团队的运营人员通过营销传播方法来强化品牌。在营销时可以运用菲利普·科特勒的"10P"理论，如渠道策略、权力关系、线上线下营销、广告宣传等，以此突出产品的优势与卖点，来获取消费者的喜爱与购买。市场强化策略的重要因素在于运营人员在营销传播过程中发现、利用产品的自身优势，并运用营销传播方法放大这一产品优势，从而强化品牌形象。同时，可以为品牌赋予个性、独特的形象吸引更多消费者。

第八章 高校校园文化创新与发展

第一节 高校校园文化创新

人类的历史是文化传承创新的历史，高等教育则是优秀文化传承的重要载体和思想文化创新的重要源泉。高等教育在人类文明史上的重要作用，就在于它既是历史文化的传递活动，又是历史文化的创新活动。它既执行文化的社会遗传功能，又执行文化的时代变革功能。高校作为文化传承与创新的前沿阵地，在人才培养、科技创新和服务社会等方面发挥着举足轻重的作用。

一、高等学校校园文化创新的契机——新媒体

新媒体是一个相对概念，"新"对应着"传统"，是指立足于计算机、网络技术并借助电脑、手机、互动式电视等载体传播互动式信息的媒体，数字化与互动式是其本质特征，而与之相对应的则是包含电视、报纸杂志、广播等形态的传统媒体。新媒体环境是相对于传统媒体所形成的新的人际传播环境，是

传播者借助新媒体进行信息传播和人际互动所形成的氛围。

以手机、电脑、移动互助设备终端为代表的新媒体被人们广泛使用，甚至对于许多人而言，离开了这些电子设备生活就无所适从。新媒体以其强大的渗透力和辐射力影响着无数人的生活娱乐方式、理想道德信念和行为习惯。新媒体深植于生活的每一个角落，以其巨大的传播魅力感染着无数使用者，已然成为了现代人生存的重要的媒介生态环境。新媒体环境是相对于传统媒体所形成的新的大众传播的环境，是信息传播者利用新媒体技术进行信息传播，开展人际互动中所呈现的氛围。①

新媒体环境作为一种新型传播环境，其独特的传播优势和强大的渲染力影响着越来越多的用户。大学作为新思想、新技术、新工艺的策源地和辐射区，往往更易接受并传播新事物。新媒体以其强劲势头席卷校园，各类电子产品在校园随处可见，大学生已成为了新媒体极其重要的使用群体。新媒体中所蕴含的伦理价值观念也势必会影响大学生，因而探寻新媒体环境对大学生的影响、对高校校园文化建设的影响就显得十分必要。

新媒体运用数字技术对信息进行数字化压缩，并通过各种终端进行信息搜索、存储与传播，在全球范围内实现了知识传递和文化交流，丰富了大学生的文化生活，开阔了眼界。同时，新媒体将信息技术引入教育管理领域，通过多种媒体形式整合传播信息服务于教育现代化，推动了大学生的个性化发展，提升了教育效果。

1. 新媒体为校园文化建设创新创建了良好氛围

新媒体的交互传播和无限制参与，在为大学带来丰富信息、注入文化血液的同时，又有助于培养大学生平等意识和民主观念，促进了主体精神的勃发。新媒体打破了真实世界和虚拟世界的界限，使得受教育者的学生身份和教育者的知识权威身份同时被消解，加速了平等文化的发展，促进了大学生主体意识的苏醒与主体地位的确立，使其能充分发挥自身能动性。

新媒体作为以人为指向的"分众媒体""自媒体"，所提供的个性化、专业化媒介服务使用户在载体使用上突出自主性。新媒体的开放性和自由性，使

---

① 陈小雷.新媒体环境对大学生思想政治教育的影响与对策[D].石家庄：河北师范大学，2011：10.

第八章 高校校园文化创新与发展

得大学生可以借助其表达自己内心真实想法，倾诉自己的情感思绪，发表独到见解，展现个性特征，真正将话语权掌握在自己手中。新媒体随心所欲的生存样态推动着大学自由而兼容的文化精神的形成。

新媒体构建起了覆盖面广泛的信息网络，大学生可以挖掘其中的各种教育资源，汲取人类文明精华，激发出文化创新动力。在新媒体提供的自由开放平台上，主体思维开阔，眼光敏锐，创意和灵感充分涌现，从而为创新精神的培育奠定了基石。新媒体为师生的思想交流与碰撞提供了新载体，为社会参与提供了新媒介，为抒发个性提供了新手段，广大师生的创作热情和才能被大大激发。新媒体为校园文化建设注入了科技气息，提升了校园文化活动的科技含量和开展水平，有助于广大师生科技精神和创新精神的培养。

2. 新媒体为校园文化建设创新增添了新内涵

新媒体提升了信息传播速率，丰富了校园文化内容。依托数字技术、移动通信技术和计算机技术的新媒体，构建了一个资源丰富、形式多样、覆盖面广、传播便捷的多元化体系。新媒体以其独特的优势，全天候、多角度、全方位的传送社会最新信息，将不同的文化形态和价值观念呈现在人们面前，真正实现了"资讯无屏障"。新媒体环境利用其广阔的虚拟空间，将大量学术信息、政治信息、娱乐生活信息等存储其中，成为了高校校园文化建设可供利用的信息源，不断丰富着文化建设的内容。

新媒体的超时空性，打破了传统校园文化的时空限制，拓展了其发展空间。一方面，高校可以推进传统校园文化内容传播，将有关学校建设和发展以及师生学习生活、工作等内容再现于网络，推进了传统校园文化的网络化、科技化和现代化。另一方面，新媒体又为校园文化建设创新提供了新的物质技术手段。高校通过设立主题教育网站、创建QQ群、开设BBS、撰写博客等方式传播信息、交流思想。此外，新媒体以其强大的包容性促进了多元文化的交流与并存，实现了不同国家、不同地域高校间的文化交流和借鉴，为校园文化建设提供了丰富的信息文化资源，提升了优秀文化的影响力和辐射力。

3. 新媒体为校园文化建设创新提供新的物质基础

互联网和手机已成为大众日常生活的重要组成部分，在大学生中使用广泛、影响深远。传统高校校园文化建设主要依靠报纸、杂志、广播等传统媒体，灵活性不足，而新媒体环境以其独特特点，日渐成为高校校园文化建设的崭新环境，有着传统环境无法比拟的优势。新媒体信息传播迅速、获取便捷，打破了传统的时空界限，提升了信息传播效率，增强了教育的时效性；新媒体可以运用多媒体技术将文字、图片、视频等信息融为一体，通过互动化的交流方式，增强了教育的吸引力。

新媒体拓展了校园文化载体，借助新媒体，高校间可进行广泛的文化交流、借鉴与融合；既可以通过学校网站使学生掌握学校发展规划、党团建设和日常服务等基本信息，又对学生进行了主流意识教育。电子邮箱、网上聊天、手机等成为师生交流互动的新媒介。博客、微博已成为抒发个性的新手段。新媒体的广泛运用，拓展了高校校园文化建设的空间和内涵。

4. 新媒体为校园文化建设模式的变革增添了新动力

新媒体环境下，信息获取的便捷性和主体意识的觉醒，使得大学生可以借助网络获取学科前沿知识和广博的课外知识，甚至可以在未知的领域为长者引路，出现了一种"文化反哺"现象。新媒体带来的信息多元化和接受主体性，大大冲击了传统的以教师为中心的填鸭式、灌输式的被动教学模式，促进了以学生为中心的个性化教学模式的逐步形成，促进校园文化传承方式的创新。

新媒体环境下，大学生可借助终端获取丰富信息知识、聆听讲座、参与学术交流，而不必局限在规定的时间地点；大学生根据自己的需要和兴趣选择学习内容和资料，变传统的被动灌输为自由主动的学习；大学生更习惯自由度高的探究性学习模式，主动地浏览信息，发挥自我教育管理能力。这些都为新型教学模式的产生、发展与成熟带来了极大便利，要提升高等教育质量，就亟须适应新媒体环境的新型文化传承方式。

二、高等学校校园文化创新的内容

（一）对传统内容的继承与发展

1. 坚持先进方向，统领文化建设

坚定的社会主义办学方向。任何社会的进步和发展，文化都充当"先行军"。我国的大学是具有社会主义性质的大学，其文化建设必然要坚持正确的政治方向，坚持社会主义先进文化的前进方向，坚持以社会主义核心价值体系来引领，坚持办人民的大学。无论是在日常的教学科研，还是在管理服务中，都要始终坚持马克思主义指导思想，以培养社会主义人才和促进大学生全面发展为目标，努力建设反映时代特征、符合基本国情、体现学校特色的校园文化。社会主义的指导思想和办学方向，是中国大学建设的根本所在和重中之重，是不能忘却的根本。尤其是在新媒体环境下大学面临多重文化思潮冲击时，必须牢牢把握本民族文化发展方向、路径和命脉。因而要继续加强"两课"教育，巩固社会主义意识形态的哲学基础；要继续大力开展主题教育活动，宣扬革命精神，坚定社会主义理想信念；要大力崇尚科学，反对迷信，提高青年学生的政治鉴别力和政治免疫力；要锲而不舍的加强文化阵地建设，弘扬社会主义主旋律，减弱落后腐朽文化的破坏力和西方文化的影响力。

兼收并蓄，融合创新。高校校园文化要想成为活水之源，就需加强文化联系，促进文化交流，加速文化融合，激发文化创造。在坚持主流文化和核心价值观的同时，也要兼收并蓄，允许与提倡百花齐放、百家争鸣，鼓励各种文化观念争锋、碰撞，各种才能竞相迸发，为高校校园创造和谐、自由、开放的文化环境与舆论氛围，创造富有特色的高校精神。一方面，主导文化要回归生活世界，恢复文化对社会生活的维持和创造并促进人类进步的本原意义；另一方面，要使主导文化和多元文化的思维方式、价值观念与行为模式之间形成文化共生态，让主导文化和多元文化形成良性互动、同生共长。①

大学要始终立足于自身的实际和发展，坚持文化自觉、自信和自强，积极反思，把握定位；要促进中华优秀传统文化的时代化与扩大化，从中汲取文化养分；要与外国优秀文化广泛交流、博采众长。

2. 重塑大学理想，培育大学精神

大学区别于其他社会组织的独特气质在于它是一种精神性的存在。大学以精神为最上，有精神，则自成气象，自有人才。②大学精神是大学的灵魂，是大学文化特性的标志，是大学历久弥新的动力和源泉，是大学生命力、凝聚力和创造力的表征。大学精神作为一所大学所拥有的相对稳定的群体心理定式和精神状态，体现了大学的价值和生存意义，同时又以价值观念和行为规范的形式约束着大学的行为。大学之所以能存在和发展，之所以能担当社会责任，

---

① 周茜蓉，程金生.文化建设要实现一元主导与多元共荣的均衡[J].中国井冈山干部学院学报，2013（3）：36-42.

② 衣俊卿.大学使命与文化启蒙[M].哈尔滨：黑龙江大学出版社，2007：6.

之所以能教人成才和传承创新文化，关键在于其特有的精神气质和丰厚的文化底蕴。弘扬大学精神应当是校园文化建设的核心所在，是高校校园文化存在的前提。

要培育优良校风。校风作为高校在办学过程中形成的具有学校个性特征的行为道德风尚，对大学生具有规范引导和凝聚作用，是大学精神的集中体现和培育手段。面对新媒体带来的挑战，要大力营造"崇尚科学、追求进步、严谨求实、善于创造"的校园风气，在充分挖掘学校历史传统宝贵资源的基础上，对大学未来进行展望与构想，形成办学理念和特色，提炼大学精神。要通过各种途径展示大师风采，发挥其精神引领和文化塑造功能；要继续举办校庆纪念活动，建好校史陈列室，写好校史，提倡师生牢记校训、学唱校歌、佩戴校徽、使用校标，激励师生继承和弘扬学校优良传统；要坚持严谨求实的治学态度，激发师生员工强烈的求知欲和谦逊作风；要继续创设鼓励创新的学校环境，提倡创造性地学习，培养创新精神。

重塑大学理想。追寻大学精神，塑造大学理想就显得十分必要。大学理想表明了大学对未来的一种向往和追求、设计和构想，指明了大学生的发展方向和前进路径。现代大学不仅致力于构建理想，更应致力于将其内化为师生员工的内在追求和积极行动。这就需要大学将个人的全面发展融入校园文化发展理念中来，需要将个人的前途命运与学校的发展轨迹紧密相连，需要将个人的全面发展与社会发展需求密切结合。

3. 规范文化行为，凸显人本理念

完善的规章制度、管理体制和行为规范，是科学民主、高效管理的有效保证，是师生行为举止的参照标准，是规范与调控校园文化的有力手段，是构建良好校园秩序的有效前提。因此，不仅要制定科学合理、体制健全的规章制度，更是要充分发挥出制度的规范引导作用，这就需要在制度的制定、执行和落实上做到公平正义、以人为本。

要凸显以人为本。第一，在大学制度的生成上，保证师生员工的广泛参与，要听取不同的观点和建议，整合各方信息以利决策，对于事关切身利益的制度，要让各相关利益群体表达对制度生成的看法和自身利益追求，切实发挥参与者的行为对制度生成的实际影响力；第二，在制度内容上体现为学生服务的理念，制度设计建立在学生权利本位基础上，注重制度的人文关怀与思想行为导向，用制度去引导人而不是去管理人；第三，在校园制度的文字表述上要彰显人本，尽量避免"严禁""禁止"等带有浓厚命令色彩的词汇，而多使用提倡性条款，语句表达精练准确；第四，师生可提议对相关制度进行修改、完善与更新，这样能对现有制度进行纠错并促进其自行修复，保持制度的与时俱进。

要彰显公平正义，这是校园制度取得公信力的保证和发挥功能的基点。首先，制度设计要坚持向善的价值取向，以正义、美好与和谐充盈大学生的内心；其次，要做到在制度面前地位平等，制度要充分反映学生意志，尊重学生的人格尊严和其他权利；再次，在制定上要严格遵守相关程序，保证所涉人员的利益表达，反映绝大多数人的利益诉求，要在实施上保证"制度面前一律平等"，做到不偏私和一视同仁。

要注重刚柔并济。优良的制度不仅要有严肃性与规范性，还需具有亲和力并彰显人性。将严格、约束和惩罚与尊重、保护、奖励相结合，将制度规范与宽容相结合，促进学生个性化发展，将管理与信任相结合，促进学生自我管理。这样通过严格的制度惩戒辅之以春风化雨式的思想教育和人文关怀，就能充分发挥制度的管理、教育和引导功能。

4. 开展文化活动，塑造文化品性

师生员工日常的言谈举止和第二课堂活动构成了高校中最能直接感受到的具体的活的文化形态，是校园中最亮丽的一道文化风景线。形式多样的文化活动，既能调动学生参与热情、丰富知识体系、提升综合能力、获得精神享受、促进个性发展与潜能发挥，又有利于营造主题突出、品位高雅、气氛浓厚、特色鲜明的高校校园文化氛围。

弘扬主旋律与注重多样化、增强趣味性相结合。校园文化活动设计一方面必须紧扣时代主流思想，弘扬社会正气与良好风尚，反映学校特色、灵魂与精髓。在活动中体现和巩固校园精神，真正使校园文化活动成为培育学校个性的重要载体。① 另一方面，要注重以学生为本位，考虑学生多方面的发展需求，活动形式要新颖灵活，应使各风格、题材、样式的文化活动相互竞争、相互促进。既要注意活动的趣味性，又要体现学校对学生的尊重并给予晓之以理、动之以

---

① 王任. 关于高校校园文化活动建设的思考 [J]. 皖西学院学报，2006（6）：149-150.

情的关爱和关心，让学生自觉、主动、乐意地参加到活动中来。①

树立品牌活动。校园文化活动品牌是校园文化活动的精品与典型代表，是其良好形象、优质服务、广泛影响的突出表现。文化活动品牌化建设有助于发展壮大校园文化事业，彰显大学鲜明个性，提升学校生命力与凝聚力。倡导和繁荣校园文化活动，必须树立精品意识，实施精品战略，努力创造出更多的适应师生精神生活需求的、思想性和艺术性相统一的、具有强烈吸引力感染力的、深受广大师生欢迎和参与的优秀形式和内容。②

开展丰富多彩的社团活动。借助丰富的课余文化活动形式，大学社团将其长期积淀凝聚而成的社团精神渗透于社团活动中，像一只无形的手，对学生的学识眼界、能力素质和思想品德产生着潜移默化的影响。通过提升科学素养和创新能力的学术科技活动拓展大学生的文化视野，通过广泛的活动组织与参与提升社会实践能力，通过社团来扩大人际交往，形成良好的身心状态。

强化校园特色庆典活动。大学在致力于文化立校的同时，应该办好校园庆典活动，让这些典礼成为学生心灵的洗礼，成为学生时代最美好的回忆之一，成为学生毕业后心系母校的一缕红线。③应重视和做好校庆工作，加强对校史的宣传、鼓励校友为学校发展献计献策以及举办文艺会演等，让学生感受学校蓬勃的文化气息，深厚的历史韵味，增强对学校的认同感和使命感；重视开学典礼，注意其庄重神圣性，注重学校办学精神的传达，唤醒学生责任意识和使命感；做好毕业典礼工作，重视学生最本真的情感和人文素养、建立家园式的互动、提高毕业生参与的积极度以还原大学毕业典礼本色。

5. 设计文化情境，营造文化氛围

环境是大学得以存在和发展的基础和保障，环境由人创造又反过来造就人，因而良好的物质文化环境能够成为推动高校校园文化发展的有力载体。

大学物质文化建设不仅在于建筑、设施、景观等外在形象的塑造，更要凸显文化内涵与精神熏陶，使得学校的每一个教学设施、设备和环境变化反映出学校的办学思想和教育价值观，营造出积极向上的思想观念氛围和精神意识环

---

① 刘开源，叶旭洋. 论高校校园文化活动的创新 [J]. 新闻爱好者，2011（13）：119-120.
② 刘俊，陶凤华. 对校园文化活动创新的思考 [J]. 江西省团校学报，2001（3）：23-25.
③ 于斌. 隐性德育视角下大学校园文化建设研究 [D]. 长沙：湖南师范大学，2012.

境。新媒体环境下的校园环境建设不能仅仅停留在物质层面,更要加重文化砝码。

要大力加强物质环境中的文化含量,校园主体建筑要布局合理,讲究文化品位,大学校门、教学楼设计要赋予其深刻的历史底蕴和文化内涵,图书馆要外形美观,管理规范和服务人性化,校史馆建设要尊重历史并抓住特色;校园绿化要巧妙布局并增添文化底蕴,校园花草树木布局要体现高尚品德,要借助绿化设计文化长廊,为学生提供文化交流空间,校园绿化要因地制宜,要注意与周边布局和整体环境的和谐;要加强具有历史内涵和文化韵味的景点保护与建设,如雕塑、碑文、纪念馆等,要注意结合学生受众的群体特征进行语意设计,语意表达要具有艺术特性,赋予充分的想象力,还要注重设计的整体协调性,保证主题、空间与色彩的一致性;要加强校报、校刊、广播、闭路电视、宣传橱窗等宣传阵地的建设,充分发挥舆论宣传阵地在校园文化建设中的积极作用;要重视历史的传承,保护古老建筑,建筑历史标志,建设具有历史文化底蕴的校园;要注重培养学术造诣深、具有人格魅力和善于治学育人的学术大师,这样大学才能焕发蓬勃生机。

(二)对现代内容的创新

1. 促进载体整合,充分发挥校园文化建设的合力

新媒体的发展为高校校园文化建设提供了发展载体。新媒体技术为传统的课堂教学增添了生动性,促进教育内容"从平面化走向立体化,从静态走向动态,从现实时空趋向超时空",新媒体能将文字、图片、动画、视频融为一体有具很强的吸引力和感染力;教育工作者可以通过 QQ 群和飞信、邮件发布群消息,运用短信进行个别沟通,构建空间和运用微博进行思想引导和文化熏陶,关注 BBS 掌握学生群体动向和关注热点。新媒体为教育、管理工作的开展提供了便捷。

利用新媒体拓展校园文化载体,密切各载体联系,促进载体合力的形成。新媒体能以自身强大的兼容性和超媒体性,推进校园文化各载体实现多元互动、资源共享和信息交流,将各载体的"各自为政"凝聚成强大合力。强大的信息整合能力和大众传播功能,使新媒体能借助"媒体联动""资源共享""实时互动""即时传播"等方式增强校园物质、制度、组织和活动等载体的教育效

果和社会影响力。

新媒体促进了教育合力的形成。新媒体的超时空性，使得学校、家庭和社会能以网站、QQ群、博客等形式掌握学生基本情况，参与到学生的教育中去。新媒体也促进了校园教育合力形成，教师、管理者可与学生更便捷的交流沟通，扩大了教育面，新媒体的交互性和匿名性也调动了学生自我教育的积极主动性。新媒体促进了家庭、学校、社会、学生四位一体的教育体系形成，易于形成教育合力。

2. 促进教学方式变革

新媒体为大学生创造了一个可以自由发挥、展露个性的平台，起到了挖掘潜能，吐露心声，宣泄情感的作用，既为大学生的心灵成长提供了空间，又为教育工作者把握学生情况，进行针对性教育提供了方向。这要求教育工作者不仅要注重课堂教学，也要重视网上教育；不仅要注重群体教育，也要注重个体化教育；不仅要注重知识教育，更要注重思想教育、心理疏导与行为指向。

利用新媒体来促进学生自主性学习方式的发展。在新媒体提供的自由海洋里，大学生根据兴趣和爱好选择和运用信息，只需一点鼠标，无数数据库知识就可展现眼前，无论遇到什么问题都可寻求百度等搜索引擎，网络上还有无数网友可出谋划策。手指轻轻一动，便可关注新闻大事，搜索资料，讨论社会热点，观看网络视频，享受知识大餐，汲取精神养分。信息获取的方式具有极大主动权，完全颠覆了"我说你听"的思维定式，促进了学生主体的探究性学习模式的发展。这就要求教育工作者能树立平等观念，积极采用、开发、改进新方法，能有效发挥学生主动性，调动学生学习兴趣。

3. 再造校园文化传播环境

充分利用新媒体提供的丰富信息养分。新媒体上的各种资源都能被便捷、迅速、全面地挖掘，新媒体无疑成为了大学生汲取信息和知识的理想渠道和途径；新媒体在信息传播与接收上打破了传统媒体的时空界限，实现了即时、快捷、多视角传播，表现出了极大的开放性与时效性，大学生能够第一时间获取关于事件的最新信息。

充分利用新媒体促进平等便捷的交流体系的构建。新媒体打破了信息传播者与接受者的明确界限，个体能以互动的方式进行交流，享有同等的参与权和话语权，促进参与者的身份平等。学校师生可以借助飞信、QQ、微博、手机等即时通信工具进行互动沟通，对热点话题展开评论讨论。这种交互性的交往方式，既密切了师生联系，促进了双向交流，也有助于自由民主气息在大学校园的滋生。

充分利用新媒体提升信息传播速率，扩大校园文化的影响力。新媒体以病毒式的裂变方式进行信息传递，一条热门信息会被数以万计的人浏览、转载和评论。大学制作的网页、发布的公告、上传的学习资料和视频文件，能被无数用户使用，使其受到文化熏陶和思想启迪。

三、传承和创新高等学校校园文化的必要性和重要性

（一）传承和创新高校校园文化的必要性

1. 弘扬社会主义先进文化的必然要求

高校校园文化离不开社会文化的渗透和影响，它既源于社会文化又影响着社会文化。高校校园文化是先进文化的重要源头，是社会文化的重要组成部分，高校作为先进文化的发源地和思想库，对发展与弘扬我国的先进文化，具有不可替代的地位和特殊作用。

中国特色社会主义文化源于人民大众，具有鲜明的时代性和深厚的群众性，在社会发展的过程中，传承和创新高校校园文化一方面可以使校园文化与社会相适应，另一方面可以丰富和发展社会文化的内涵，为社会文化的发展注入新鲜的血液，使社会文化保持旺盛的生命力。高校校园文化的传承和创新对学生和教师无疑是一种积极的熏陶过程。高校的教师是高素质的文化群体，担负着传道授业解惑的责任和使命，其言谈举止对整个社会群体起着重要的示范作用。大学生作为青年中接受高等教育的知识群体，不仅在全社会青年中具有一定的示范作用，而且在他们走向社会后，亦将在全社会起着积极的示范和导向作用。所以，传承和创新高校校园文化必将对社会主义先进文化的传播产生积极的影响。

2. 实现高校职能和创新发展的现实需要

众所周知，人才培养、科学研究、社会服务、文化传承是现代高等教育的四大功能，要发挥好高校的功能不仅需要制度的约束，而且需要文化的引导。通过对高校校园文化的传承和创新，可以进一步优化育人环境，构建良好的校

园文化和精神氛围，能促进学生形成稳定、健康向上的文化意识，带动大学生人文素质的提升；可以熏陶高校的创新精神，形成严谨笃学、与时俱进的优良教风，促进师生在科学研究过程中遵守学术道德，创造出更多优秀的学术成果；可以更好地为社会发展提供人力、智力的支持，将更多的高素质人才和更先进的科研成果回报于社会，促进社会全面发展。

高校是先进文化产生的重要源泉，一个国家要想站在时代的前沿，就离不开高校校园文化的传承与创新。在社会的发展中，任何一所大学的文化都是历史沉淀的结果，同时也随着学校的发展不断地完善改进。创新是大学的灵魂和生命力之所在，传承已知、探索未知是大学的使命，高校需要审视自己的校园文化，将有助于学校发展和社会进步的传统文化传承弘扬下去，打造属于自己的文化品牌；在时代发展的进程中，高校迫切的需要创新校园文化，使之与时代发展相适应，通过先进的校园文化引领社会文化的发展，承担起学校对社会所肩负的神圣使命。

3. 加强和改进大学生思想政治教育工作的迫切需要

高校校园文化具有思想政治教育的功能，是思想政治教育的重要载体，而思想政治教育又对高校校园文化的传承与创新起积极作用。随着我国改革开放的进一步深入，西方文化的不断涌入使得国内文化呈现出多元化的趋势。在激烈的文化碰撞与整合中人们的思想观念和生活方式不可避免地受到复杂的社会环境的影响。而大学生作为特殊的群体，他们思想活跃，接受新事物的愿望和能力突出，这就使得他们的价值观念和行为方式容易受到多元文化的影响。在这种情况下，大学生的思想政治教育工作出现新的情况和特点，高校迫切的需要传承和创新高校校园文化，加强和改进大学生思想政治教育工作。高校应该坚持思想政治教育工作中的成功经验，面对新的问题新的情况，要以校园文化为载体，开展各种各样的文化教育活动，引导学生树立正确的世界观人生观价值观，提升大学生思想政治教育工作的水平。

（二）传承和创新高校校园文化的重要性

1. 有助于推动社会主义文化大发展大繁荣

大学是传播知识和创新知识的地方，也是信息汇集、文化交融、人才荟萃的地方。高校校园文化是社会主义文化的重要组成部分，校园文化的发展离不开社会文化的渗透和影响,优秀的校园文化也时刻被社会所吸纳。传承和创新高校校园文化,必须坚持马克思主义理论的指导,坚持社会主义方向,不断丰富和完善社会主义文化建设理论,使我国在建设中国特色社会主义文化的进程中有明确的指导思想,为我国社会主义文化发展引领道路。传承和创新高校校园文化要给正在成长中的青年学生提供学习文化、品味文化的机会,通过知识的传播、人才的培养、师生的互动来增加师生投入文化建设的热情,引导大学生坚持正确的文化传播导向,从而能够把积极健康的主流文化传递给身边的每一个人,对社会主义文化的建设产生积极的影响。

2. 有助于高校营造良好的育人环境

文化是一种无形的资产,它在一定的环境中产生,同时又影响着某种环境。在高等教育已经逐渐普及的今天,高校的招生规模日益扩大,院校的面积也逐渐增长,特别是一些新建高校的出现和高校新校区的建设使得高校校园文化建设的工作任重而道远。校园的地理位置、建筑结构、自然景观、治学理念、教学传统等诸多因素都对学校的发展有着深刻的影响。因此,高校的全体师生员工一定要重视高校校园文化建设,积极参与高校校园文化的传承与创新,使高校校园文化能够与时代发展的需要同步,使高校校园文化能够满足广大师生对于先进文化的需求,为学校的自身发展提供有力的支持。

3. 有助于传承和借鉴国内外优秀文化成果

在经济全球化的背景下,世界各国联系越来越紧密,各种文化思潮不断涌入中国,在这一特殊时期,应该逐步提升校园文化软实力,加强对大学生的传统文化教育,弘扬和培育民族文化,合理借鉴国外优秀文化和优秀文化成果,以社会主义核心价值体系来引领文化建设的方向。

高校是文化教育的重要场所,校园文化的建设需要文化的传承,大学阶段仍然是人们汲取知识的重要时期,这就要求高校教育者和管理者注重对中国传统文化的教育与宣传,通过课内课外多种形式向大学生传播相关知识,使大学生接受祖国灿烂文化的熏陶,引导广大学生学习中华民族的优秀传统文化,肩负起中华民族伟大复兴的重任。同时,在文化氛围浓厚的大学校园中,大学生应该通过多种渠道主动汲取国内外新的优秀的文化,积极参加丰富多彩的校园活动,投身于高校校园文化的创新实践中,引领校园先进文化的发展。

4. 有助于提高大学生综合素质

随着我国高等教育的发展,越来越多的青年人进入大学,在积累了知识后迈向社会。高校是育人的重要场所,通过对高校校园文化的传承与创新,可以形成良好的校风学风,帮助大学生养成良好的生活习惯和学习习惯,对大学生的思想和行为进行约束;可以扩展大学生的视野和陶冶大学生的情操,帮助大学生提高审美水平和道德水平,使大学生树立正确的审美标准和崇高的道德理想;可以丰富大学生的课外活动,为大学生培养兴趣爱好、开阔知识提供广阔空间,有利于大学生的个性成长和创新性思维的形成;可以培养大学生的集体意识和合作精神,使大学生能够正确处理个人与集体、个人与社会的关系,使他们将来能够为社会做出更大的贡献。

四、高等学校校园文化创新的成果

高校校园文化是中国特色社会主义文化的组成部分,长期以来,很多专家和学者专注于校园文化的研究,他们在充分借鉴已有研究成果的基础上,吸纳国内外相关理论的研究成果,在马克思主义相关理论的指引下,结合所研究对象的自身特点,从不同层面、不同角度进行理论创新,出版了许多文章或著作,为高校校园文化传承和创新做出了巨大贡献。与此同时,在激烈的竞争和复杂的环境下,为了更好地发挥其职能,各个高校都根据学校自身的特点和优势,提出了不同发展目标、办学理念。同时各高校注重对人才的引进、校训的凝练、大学精神的培育,全方位的提升学校校园文化品位。

(一) 物质文化建设在继承中不断创新

随着中国国民生活水平的日益提高,人们的物质生活得到不断丰富,人们对于教育事业的关心、投入也逐年增加,以此来不断满足人们对科学文化知识日益增长的需求。物质文化作为高校校园文化建设的载体,最能直接体现高校校园文化在传承和创新中的成果。

大多数高校在物质文化的传承中都能保留学校传统的布局与特色,增强学校在办学历史过程中的物质文化积淀,在此基础上主要从两个方面不断创新物质文化。一是校园人文和自然景观得到改善。为了学校形象的提升和特色的彰显,在充足的资金保障下,当前大学在合理布局的基础上,纷纷建立了标志性建筑和主题雕塑,有的还专门建立了校史馆和科研展厅,设置独具特色的校园景点以及路名、楼名,种植花草树木,打造整洁、美观、优雅的校园环境,营造了良好的校园文化氛围。二是校园的硬件设施得到完善。随着科技的不断进步,现代化的多媒体教学设备、专业化精密化的实验仪器和校园网及无线网络的覆盖大大提高了教师的办公效率,改善学生的学习条件。高清的电子显示屏、报刊的电子阅览设备、新兴的电子通信工具逐渐在校园中出现,增添了校园现代化气息,再加上对已有的体育馆、图书馆、实验室、艺术中心等设施的不断改进,校园文化传播的物质载体得到丰富,使得高校校园文化的创新呈现出可喜的局面。

(二)大学生思想政治教育工作成效显著

高校的思想政治教育工作重在培养大学生正确的世界观人生观价值观,促进大学生的自由全面发展。高校校园文化作为一种特殊的意识形态,通过显性和隐性两种教育途径的结合,能够直接或间接的影响着大学生的观念追求、价值标准、行为规范,使大学生的思想政治教育工作能够不断适应环境的变化,满足时代的需要。因此,高校应努力维护校园文化繁荣发展的良好态势,提炼大学精神,让大学校训、校风逐渐融入大学生的思想之中,使大学生的理想更加崇高、信念更加坚定,目标更加明确,思想政治教育的导向、凝聚和激励作用得到充分发挥。高校管理者要将大学生思想政治教育的主动权牢牢地掌握在手中,把校园文化传承与创新作为加强和改进大学生思想政治教育的重要途径。

通过对高校校园文化的传承与创新,大学生的思想政治教育工作在坚持正确原则、保留好的方法的同时,打破了传统的思想政治教育的模式,不再是单纯的由教育者进行说教,而是使大学生作为平等的主体参与到思想政治教育工作中,增加了大学生接受教育的自觉性、选择性和创造性,为大学生全面发展提供了空间。在校园文化的引领下,各个高校普遍重视对中华民族优秀文化的传承与弘扬,无论是在课堂内还是在课堂外,不断加强对学生传统文化的教育,增强青年学子对民族的认同感。高校通过政治观、价值观的正确引导,使广大师生始终以马克思主义为指导,为中国特色社会主义共同理想而奋斗;通过举行主题鲜明的教育活动和创新型人才的培养,培育广大师生以爱国主义为核心的民族精神和改革创新为核心的时代精神;通过开展丰富多彩的社会实践活动和教育活动，践行社会主义荣辱观。

在高校校园文化的熏陶和洗礼下，校园文化活动日益丰富，积极健康的文化氛围日渐浓厚，不仅丰富了大学生思想政治教育的内容，而且还进一步拓展了大学生思想政治教育的方法和渠道，增强了大学生思想政治教育的针对性、吸引力和影响力。

（三）校园制度文化建设趋于完善

大学校园制度文化是大学在教学、科研、管理、生活、活动当中，为了规范和约束大学师生的行为，维护正常的教学秩序和生活秩序而制定出的各种规章制度中体现出的文化。随着中国特色社会主义先进文化的蓬勃发展，高校校园文化也有了突飞猛进的发展，高校园制度文化建设趋于完善。它主要体现在：一是大学关于校园文化建设和维护的管理方法凸显了时效性。近年来高校的指导性机构开始逐步制定出有关校园文化建设的各项管理规章制度，加强了对以学生社团为主体的学生组织的指导与管理，增强了对哲学社会科学研究会、报告会等的管理，提升了有关校园论坛的管理，从而在某种程度上抵制了不良文化和腐朽生活方式对学生的侵蚀与影响。同时，创设网络文化的发展平台和空间，并从体制和政策上制定管理和引领条款，明晰了"谁主管主办、谁就负责"的管治准则，实现了岗位责任制的管理原则。二是国内已经有许多高校把校园文化建设归为高校发展的宏观规划中，给高校校园文化建设的可持续发展提供了制度保障；三是大学生社团的管理规章制度更加健全。我国高校加大力度制定切实可行的规章制度，为大学生社团活动有序开展做了保障，还展现出大学生社团在校园文化建设中的地位。如大学生社团如何加入、队伍管理、活动督管、评估等制度，促使高校校园文化的制度文化更加健全。

（四）学生综合素质提升的平台不断丰富

近些年来，政府和学校一直致力于素质教育的开展，在这一背景下，各个大学在延续已有的行之有效的学生培养模式的基础上，不断寻求新的突破，在校园文化的传承和创新中，通过开展丰富多彩的校园文化活动，为大学生全面发展搭建新平台，使大学生的综合素质得以提升。比如，学校在完成对学生的基础教育前提下，邀请知名学者或社会名流来校开办讲坛、举行讲座，丰富了学生的知识，拓展了学生的视野；举行形式多样的文艺活动和体育活动，提高

第八章　高校校园文化创新与发展

了学生的艺术修养和文化品位，增强了学生的体质，磨砺了学生的意志品质；组织和开展主题鲜明的社会实践活动，培养了学生爱国主义、集体主义的观念，增强了学生的社会实践能力等。总之，各个高校都能够结合学校自身特点和所处地域情况，在高校校园文化的传承和创新中不断夯实人才培养的基础，为大学生德智体美劳的全面发展提供保障。

（五）校园行为文化建设日趋规范

高校校园行为文化是高校校园文化的主要体现者。人是积极的社会行动者，通过自己的行动创造丰富的文化，并从中吸取精华指导行为，进而再生产或改变已有的文化或制度。随着规模的不断扩大和功能的复杂化，国内现代化大学的组织演化为两大类，一类侧重管理，一类侧重学术，它们有着不同的行为文化特征。各高校坚持以社会主义先进文化为指导，弘扬教育主旋律，使大学生在日常生活、学习工作中都有一个积极向上的行为态度。如高校校园社会实践活动的意义，在于发挥实践教育的功能意义，引导大学生向社会学习、向群众学习、向实践学习，在实践中进一步加深对中国特色社会主义先进文化的理论学习，促使大学生的行为文化更加有序规范。

第二节　高校校园文化建设创新路径

新时代高校校园文化建设面临全新的发展环境，使高校校园文化建设创新的机遇与挑战并存，故而大学应开拓思路，不断创新，寻求解决之道。

一、坚持文化自信引领高校校园文化建设

（一）弘扬中华优秀传统文化，提升高校校园文化软实力

中华优秀传统文化是指"中华民族在长期的历史发展中，由于特殊的自然环境、经济形式、政治结构、意识形态的作用而形成的文化积累。它不仅以经典文献、制度等客体形式存在着，而且广泛地以在长期历史过程中积淀而成的民族的思维模式、知识结构、价值观念、伦理规范、行为方式、审美情趣、风

尚习俗等主体形式存在着"①。博大精深的中华传统文化是高校校园文化建设的重要来源。高校校园文化建设应充分利用中华优秀传统文化，从中汲取智慧与力量。将中华优秀传统文化融入高校校园文化建设中，无论是对校园文化的健康发展还是对学生关于中华优秀传统文化的认知，甚至是对中华优秀传统文化自身的传承，都具有极其重要的意义。在经济全球化时代背景下，西方文化给传统文化的传承与发展带来挑战。基于校园文化建设中传统文化缺失的现状，根据校园文化建设主体、内容、目的，高校应把传统文化与高校校园文化结合起来，将丰富的传统文化融入高校校园文化建设中，从众多的传统文化资源中挖掘优秀的成分，赋予传统文化现代价值。

1. 发挥中华优秀传统文化的导向作用

高校校园文化建设最深层次的目标是确定学校的核心价值观，即一所学校的办学理念和育人目标。中华优秀传统文化包含了中华民族优秀的道德品质、优良的民族精神、崇高的民族气节、高尚的民族情感以及良好的民族习惯，这对高校校园文化建设具有重要的导向作用。任何一种文化都不是凭空产生的，都是对先前文化的继承与发展。传承性是文化的一个重要特征，不管处于何种历史背景下，先进的生活方式、价值观念、行为规范都会超越时代的藩篱，得到不同时代人们的认可和接受。通过挖掘优秀传统文化中讲仁爱、重民本、守诚信、崇正义、求大同的核心价值理念，使优秀的传统文化成为涵养高校校园文化建设的重要源泉。

高校校园文化作为一种特殊的文化形式，从产生到发展都不能脱离传统文化中优秀的传统美德、人文精神、价值观念、处世态度、道德情操。"文化传承最核心的是价值观。中华文化在几千年的发展中，以儒家倡导的仁孝诚信、礼义廉耻、忠恕中和为中心，形成了一套相当完整的价值体系"②，这种价值体系不仅是高校校园文化建设的内容，也是当代大学生所追求的价值目标。国家的强盛、民族的富强不仅体现在经济上的富足，更重要的是文化上的高度自信。在今天高校校园文化建设中，中华优秀传统文化所提倡的"孝、悌、忠、信、礼、廉、耻""仁、义、智、信、温、良、恭、俭、让"等修身信条，仍然具

---

① 陈张承，魏茹冰，郎彩虹.新时期高校思想政治教育有效教学研究[M].北京：新华出版社，2016：53.

② 冯友兰.阐旧邦以辅新命[M].上海：上海远东出版社，1994：230.

有重要的借鉴意义,应融入高校校园文化活动的各个环节中。

中华优秀传统文化和校园文化建设的有机融合不仅能促进大学生道德品格的健康成长,而且使大学生对传统文化有更为广泛的认知,同时提高大学生对传统文化的认知度,促使大学生树立文化自信,使优秀的传统文化生生不息、代代传承。建设高校校园文化的目的是通过先进文化的熏陶和引领,提高大学生的思想道德素质,培养出拥有健全的人格、高尚道德情操的人。高校要将校园文化建设的根深深地扎入到传统文化的沃土里,从传统文化那里吸收养分,生根发芽,形成枝繁叶茂的高校校园文化。因此,高校校园文化建设坚持以优秀传统文化为导向,大力弘扬和传承中华优秀传统文化,不仅是坚守中华优秀传统文化阵地的需要,更是我们今天重建道德高地和伦理秩序、弘扬民族精神、培育和践行社会主义核心价值观的需要。

2. 利用中华优秀传统文化的教育资源

中华民族是一个具有五千年文明历史的古老民族,在它的历史发展中,创造了许多优秀文化,这些优秀传统文化蕴含着丰富的教育资源,包括思想、文字、语言、民俗等多方面的内容。根据高校校园文化建设的特点、目的、建设主体进行有选择性的运用。所选择的内容一定要符合社会发展要求,符合先进文化本质要求,符合社会主义核心价值观要求,并且有助于大学生成长成才成人。中华优秀传统文化的基本精神在高校校园文化发展演变中起着主导作用,对大学校园精神文化建设有其重要的意义,其基本内容主要有以下几方面:

(1)"天人合一"的生态自然观。通过生态自然观的传承,让学生懂得人作为自然界的一部分,应该与自然和谐相处,在自然界面前有敬畏之心,树立尊重自然、善待自然、爱护自然、保护环境的意识。

(2)"以人为本"的学生观。以大学生的道德实践、道德修养为主旨,以大学生的思想提升、价值实现为目的,是一种道德的人本主义。它对构建大学生的道德,提升大学生的修养,激发大学生的活力,发挥大学生的主体作用,有着重要的意义。通过"贵和尚中"思想的学习,让学生树立起人际关系、人与集体关系、人与社会关系、人与自然关系的和谐理念。在处理人与人关系时,以一种包容的心态对待他人,减少分歧,求同存异。

(3)"天下兴亡、匹夫有责"的爱国主义精神。深入把握这一精神资源,让大学生意识到爱国主义精神是中华民族得以发展的精神支柱,爱国是一个人

高等学校校园文化建设与创新发展研究

最基本的道德品质,每个人心中都应存有爱国之情。大学生要将爱国主义精神转化成学习的动力,不断提高自身的素质和能力,今后为国家、人民贡献自己的力量和智慧。除此之外诚实守信的道德品质、厚德载物的人文精神、刚柔相济的坚韧精神、德行仁善的伦理道德、重义轻利的义利观等也是校园文化建设中需要传承的优秀传统文化。

(4)"刚健有为"的进取精神。进取精神是中华民族能在历史的长河里,生生不息地向前发展的精神动力和力量源泉。通过传承这种精神,让广大学生敢于面对困难、勇于接受挑战,树立积极健康的人生态度。"仁爱"的思想要求人与人之间要相互理解、尊重、关爱。通过仁爱精神的培养,让大学生在市场经济环境中,正确处理好个人与集体之间的关系,个人与国家之间的关系,同学之间的关系,以及师生之间的关系。在日常生活中要学会关爱、体谅、理解、帮助别人,拉近人与人的距离。

3. 拓展中华优秀传统文化的传播平台

互联网改变了我们的生活方式、学习方式、思维模式。新时代的大学生喜欢通过网络阅读文化、感受文化、品位文化。通过网络传承中华优秀传统文化已成为一种时代潮流和趋势。大学要重视传统文化校园传播媒介的基础宣传作用,如在校园广播中开设有关中华优秀传统文化类的节目、在宣传栏内开设传统文化专栏、在校报上发表有关传统文化的文章等,将传统文化与高校校园文化结合起来,为师生学习和了解传统文化提供一个良好的平台,使大学师生对传统文化有更高层次的认知。形式上要多样化,避免单一化。坚持"贴近实际、贴近生活、贴近学生"的原则,利用主题团日活动、周末文化活动、大学生艺术节、民族传统节日等适时进行传统文化教育,把传统文化教育融入教育教学中,推动传统文化进校园。以传统节日为契机,围绕春节、清明节、端午节、七夕节、中秋节、重阳节等传统节日开展一系列活动,通过对传统节日来历、风俗习惯的了解,增强大学生对传统节日的认知和认同。举行关于传统文化的知识竞赛、演讲比赛、辩论赛、诗词诵读等活动,使学生在学习中感受传统文化的魅力与力量、在参与中陶冶情操、在践行中提高人文精神的目的。

总之,通过开展形式多样,内容丰富的校园文化活动,让存在于经典著作里、珍藏于博物馆、展览馆里、体现在风俗习惯里、留存在记忆里的传统文化真正走进大学生的日常学习和生活中,走进大学生的内心。让他们能更加直观地感受到传统文化的博大精深，认可传统文化中的价值追求、处世原则、人文精神等，进而喜欢传统文化，以及主动地弘扬、传播优秀传统文化。课堂教育是校园文化建设的重要途径，要牢牢运用好课堂教育，把传统文化融合与渗透到各个专业课程中。学校可以开设与传统文化有关的必修课和选修课。

（二）传承革命文化，确保高校校园文化价值导向

中国革命文化具有特定的含义，它主要是指"五四运动"以来，中国人民在中国共产党的领导下同西方列强及国内各种反动势力做斗争过程中所创造的，以马克思主义为指导，以争取民族独立和人民解放为主题，极具中国革命特色的先进文化，其中蕴含着丰富的革命精神和优良的革命传统。中国革命文化的形成和发展，是马克思主义文化理论指导中国革命实践的重要胜利，它用中国人独有的革命情怀和独特的革命语言向世人表达了世界无产阶级的革命理想，即建成共产主义社会，其中井冈山精神、遵义会议精神、抗战精神、延安精神、沂蒙精神、西柏坡精神等革命精神和优良革命传统不仅是激励中国人民革命前行的不竭动力，而且也是激励当代中国人为实现中国梦而不懈奋斗的强大支撑。同时，还应该注重相关的保障措施，以便更好地引导校园文化建设，从而营造一个良好的校园革命文化教育氛围：弘扬革命文化，有助于推动高校校园文化建设，促使大学生树立高度的文化自信，进一步促进中国特色社会主义文化大发展大繁荣。

1. 坚持革命文化的价值导向

目前，随着社会主义市场经济改革的进一步深入，受经济全球化趋势的影响，多元文化的思潮大量涌入，对我国的革命文化产生了一定的冲击，同时也对正处在成长和发展关键期的大学生产生了一定的影响。一些拜金主义、享乐主义、个人主义在大学生中有所凸显，在高校范围内最显著的表现是过分注重功利主义，而忽视了对校园文化的创新以及对校园精神的培养。这就使得我们的校园文化建设迫切地需要一个强有力的引导，使其不至于在社会经济快速发展的进程中偏离轨道、迷失方向。革命文化中所蕴含的坚定的理想信念、伟大的爱国主义情怀、科学的价值观念、艰苦奋斗的精神、勇于创新的改革精神以及高尚的道德情操等内容为解决校园文化建设趋于功利化这一问题提供了解决思路。把革命文化融入高校校园文化建设，可以为其提供正确的价值导向，引

领高校校园文化建设朝着正确的方向不断前进。

2.融入革命文化资源

校园环境作为校园文化的物质载体,是主体生活于其中、能够感知的环境因素的现实总和,如校园内的建筑物、道路等。校园环境大部分是人工创设,很少一部分是天然形成的。校园环境的创设,离不开有教育意义的内容和艺术表现形式,这就为革命文化资源融入大学校园环境提供了机会。校园环境的显著特点是感知性和实在性,能够给大学生身临其境的感觉,使其中蕴含的教育因素在不知不觉中传递给大学生。推动革命文化资源融入高校校园环境,就是要通过精巧的设计,使革命文化资源有所依附,从而渗透到大学校园的每一个角落,构建具有特色的大学校园。在环境的濡染中,让蕴含教育意义的革命文化资源为大学生所领悟。

由于高等教育大众化,很多学校的规模落后于社会需要,自然面临着建立新校区的问题。新校区的选址,校园创设的整体布局都要尽可能融入地方革命文化整体氛围中,借助地方革命文化资源,使大学生受到革命文化的熏陶。在高校校园内部环境创设上,将革命文化资源的教育意义同多样化表现方式相结合,如在校园中设立历史人物雕像、主题宣传橱窗,向大学生展示中国革命道路的曲折历史,激发大学生为中华之崛起而读书的情怀;在校内开辟专门的纪念场所或建立历史展览馆,以庆祝中国共产党领导中国革命进程中的重要历史事件,让大学生接受翔实、真切的历史教育,激发大学生爱国热情和顽强奋斗的精神。通过悬挂主题标语、横幅等,对大学生形成感官冲击。多样的校园环境是积极推动革命文化资源融入大学校园环境创设的有效途径。

校园精神文化主要通过校风、校训、办学理念、文化氛围等得以彰显。要推动革命文化资源融入校园精神,使校园精神的凝练和认同得到革命文化资源的助力。一是校园精神凝练需要革命文化资源助力,校园精神是学校在办学过程中逐步形成的,并非一成不变,需要不断地予以丰富和拓展。革命文化资源中蕴含着爱国主义、集体主义、顽强奋斗等精神资源,这在任何历史时期都是价值引导的重要内容。校园精神只有不断汲取革命文化资源的养料,才能得到凝练、丰富和拓展,从而对校园主体产生持续的吸引力。二是校园精神认同需要革命文化资源助力。校园精神的凝练,主旨是将学生积极认同转化为主体内在的精神力量。相较而言,革命文化资源中的革命力量和爱国情怀因历史见证和中国特色社会主义现代化成就的印证,更易引发大学生的情感共鸣。在革命文化资源的濡染中,推动学生对校园精神的积极认同,培养主体的归属感和文化自觉意识。

3. 开展形式多样的革命文化教育活动

高校应该充分利用各种革命文化资源积极开展形式多样的革命文化教育活动,以更好地丰富校园文化活动的内容。组织大学生参观革命文化遗址、革命根据地,通过现场的讲解和亲身感悟,大学生会从内到外升华出另一种情感,真正通过实践理解和掌握道德准则,是理论学习所感悟不到的。其次,通过组织祭拜革命先烈、慰问老革命家及家属,在与理论学习中的主人公亲身交流的时候,对于"革命文化"所体现的教育成果会有深刻的体会,能够深入理解社会主义核心价值体系的爱国主义、艰苦奋斗的精神。在这样的过程中,将"革命文化"的教育基地充分建立并利用起来,理论与实践相结合,学生们进行革命历史的考察等实践活动的同时,重温革命记忆、感受革命熏陶、从而树立崇高的理想、坚定的信念、获得思想和人格的升华并对社会主义核心价值体系的构建有了更深的责任感和使命感。学生们在革命前辈的事迹上体会到传承的意义,民族自豪感和成就感会油然而生,自身也不会受到落后思想腐蚀。只有这样,才能真正有助于大学生的思想政治教育,能够在校园里更好地传承和弘扬革命文化,使革命文化更好地融入高校校园文化建设,以便于真正发挥"革命文化"的育人功能。

(三)发展社会主义先进文化,激发高校校园文化活力

社会主义先进文化是高校校园文化建设的思想精神旗帜,为大学校园精神文化建设提供坚强的思想保证、强大的精神动力、良好的智力支持、坚实的道德基础。社会主义先进文化一个重要的特征就是与时俱进的创造性,总是走在时代潮流的前方,能够给高校校园文化建设提供正确的发展方向,建设更具特色的高校校园文化。

1. 坚持马克思主义指导思想不动摇

马克思主义是社会主义意识形态的旗帜和灵魂,作为一种先进文化,它是建党立国的根本性思想,明确了社会主义的性质和基本方向。必须坚持用马克思主义的核心思想和方法论观点来解读并分析大学校园中所存在的不同文化现

象和文化形态。用马克思主义辩证唯物主义的具体方法论观点来解读并分析其所存在的原因和意义,准确把握不同文化现象、文化形态之间的相互关系,并积极探索不同文化现象、文化形态的历史发展进程,精准预测未来的发展方向和发展脉络。在此基础上不断发现、挖掘、总结积极的、先进的、向上的、健康的文化因素并发扬光大,摒弃消极的、落后的、反动的、病态的文化因素,去粗取精、去假存真,最终用来指导高校校园文化实践活动。研究各门具体科学,要善于运用马克思主义立场、观点、方法去辨明研究方向、掌握科学思维,得出合乎规律的认识,而不是照搬现成结论,更不是代替具体科学的研究。坚持用中国化的马克思主义来指导实践,牢牢掌握意识形态领域的主动权和话语权,并对发挥文化自信引领高校校园文化建设是一种精神依托,具有正确的引领方向。

2. 发挥社会主义核心价值观的引领作用

社会主义核心价值观是社会主义核心价值体系的观念凝练,是以马克思主义为指导,以中国特色社会主义共同理想,以爱国主义为核心的民族精神和以改革创新为核心的时代精神,以社会主义荣辱观为内容构成的社会主义核心价值体系的基础上,概括为更加精炼的24个字作为表达内容,即国家层面上以"富强、民主、文明、和谐"为价值目标,社会层面上以"自由、平等、公正、法治"为价值取向,公民个人层面上以"爱国、敬业、诚信、友善"为价值准则。社会主义核心价值观是当代中国精神的集中体现,凝结着全体人民共同的价值追求,对国民教育、精神文明创建、精神文化产品的创作和传播具有引领作用。

高校是国家的思想文化高地。高校校园文化是追求真理、求实创新的文化。其中,居于核心地位的是高校校园精神文化。它是大学在长期办学实践中形成的办学理念和大学师生共同的价值追求。社会主义核心价值观是社会主义先进文化的精髓。弘扬高校校园文化精神,必须以社会主义核心价值观为引领,践行社会主义核心价值观是实现高校校园文化建设健康发展的根本方向。

高校校园文化有主流与非主流之分,高校校园文化建设中所形成的主流文化是社会主义先进文化的一部分,是民族精神、时代精神与大学精神的凝聚和积淀,通过大学主流文化的熏陶来提升人的境界,提高人的素质,促进人的全面发展。主流文化是和谐高校校园文化建设中起决定作用的主导因素,也是构建和谐校园最有力的思想和道德上的根基与保障。由于市场经济、多元文化、互联网络等诸多方面因素的影响，当前高校校园文化中出现了如网络文化、短信文化、卡通文化、宿舍文化等新的校园文化形式，越来越受到大学生的关注和青睐，并对主流文化产生了不可忽视的重要影响。同时，利用好社会主义核心价值观中的爱国教育，将高校校园文化与具有时代特征的爱国主义教育相结合，在校园文化活动中以爱国主义教育作为切入点，引导大学生增强民族自信心，了解国家的历史，培育爱国情怀，树立正确的人生观、世界观和价值观。同时在发挥高校校园文化活动的载体作用时，高校要重点针对不同层次大学生的心理、思想特点，将爱国主义教育内容以润物细无声的方式溶解、贯穿于校园活动之中，以大学生喜闻乐见的形式，利用历史事件的契机，使爱国主义潜移默化融入学生心中，使大学生切实受到爱国主义的影响和熏陶，从而增强大学生的社会责任感和爱国情怀，激发他们的强国动力。

3. 加强对高校校园文化建设的主体引导

高校校园文化建设是学校全面发展和提高的基础条件和丰厚土壤，是学校实现腾飞的平台和支点。高校校园文化是全体师生员工所创造的，校园文化所渗透弥漫的精神氛围，需要依靠全体师生员工的共同努力。高校校园文化建设首先要提高教师师德水平，发挥其率先垂范的作用，这在校园文化建设中具有根本性意义。教师的思想状况、言谈举止直接影响着校园精神氛围营造的内涵，影响着学生思想品德的塑造。其次要提高各层次管理人员道德修养、人文素质，以及他们培养、建设校园文化的自觉性、责任感，使其管理行为符合社会主义先进文化建设的要求，并且通过科学的、人性化的管理，不断丰富和推进高校校园文化建设。同时要增强全体教职员工的育人意识、服务意识、质量意识，增强他们对校园文化的认同感和归属感，这有助于富有时代特色的校园文化和校园精神的形成。最后要发挥大学生自身具备的活跃思维和较好素质能力的特点，增强大学生自我教育、自我管理、自我服务的意识。通过各级党团组织、学生会的有力组织实施，积极引导广大学生参与各类社团活动、青年志愿者活动和社会实践活动，丰富知识，锻炼能力，提高大学生的审美情趣和高尚情操，所有这些知识性、娱乐性、开创性于一体的文体活动也会对大学生的科学感受力、文化领悟力产生不可替代的作用。更为重要的是，高校校园文化将赋予大学生一种文化意识和文化特征。由于长期置身于校园文化形成的浓郁精神氛围中，大学生在潜移默化中受到熏陶，不自觉地形成文化意识和文化品格，这也是大学教育最本质的意义所在。

二、坚持观念创新，树立新理念

（一）树立整体观念，促进网上和线下文化建设的有机结合

新时代高校校园文化建设面临全新的发展环境，要适应并充分运用这种变化，就需要改变传统的思想观念，增强主动意识，把握新媒体阵地的主动权。新时代各类异质文化信息充斥网络，影响着大学生正确价值观、是非观的形成，因而要牢牢把握网络主动权，以饱满的热情去抢占网络阵地，利用新媒体传输主流价值观、加强教育引导、密切师生联系。加强网上构建的同时也不能忽视线下工作，既要充分重视网络教育作用，又要注意社会现实环境和学校教育对大学生的深刻影响。

坚持网上指导与线下教育内容相结合。一方面要将线下教育内容搬到网上，加深大学生的认识和理解，扩大校园文化的辐射范围和影响力；另一方面，对于重大的热点问题和难点问题，如若在网上难以言透，则需在线下开展有针对性的面对面的教育加以引导。

坚持网上教育与线下社会实践相结合。网络传播的形象化，强化了大学生的感官接受形式，但弱化了理性思维能力和行动能力。因而，在加强网上教育的同时，还需积极开展相应的社会实践活动，以促进大学生全面健康发展。

坚持网上教育与线下解决现实问题相结合。鉴于新生态环境的自由性，很多大学生愿意在此吐露心声，这就为教育工作者结合学生实际，有针对性的教育引导提供了便捷。教育工作者收集大学生的愿望诉求，尽力满足其中的合理要求，这就密切了师生关系，做到了教育贴近实际，也能保证网上教育的效果。

（二）树立一元主导与包容多样的理念

1. 坚持社会主义核心价值体系主导下的多元文化发展

新环境下多元文化的共荣共生，为大学生带来了丰富的文化资源的同时也增加了正确选择的难度。作为培养人的文化高地，高校应始终推崇先进文化的主导方向，也就是要加强社会主义核心价值体系的指导，在其统领下鼓励高校的多元文化发展。要坚定地以马克思主义作为高校文化建设的指导思想，以社会主义共同理想汇聚力量，以民族精神和时代精神作为精神动力，以社会主义

荣辱观作为道德基础,在此基础上允许和鼓励各种思想文化并存、交流、争论、探讨,这样既能彰显教育内容的丰富性和生命力,又能满足教育对象的个性差异和自主性选择,增强教育的针对性和灵活性。

2. 坚持社会主义核心价值体系主导下的高校特色发展

高校是社会活的细胞,必须具有鲜明的社会主义属性,在其发展过程中社会主流文化是在何时何处都决不能言弃的根。当前的新环境加速了校园文化交流,促进了校园品牌文化的传播,推动了校园文化创新,为高校特色化发展提供了方便。各高校应将创建一流大学的普遍规律与基本国情、区域发展和本校实际有机结合起来,在多元文化激荡交融和大范围的激烈竞争中创建出具有鲜明文化个性的高校。

3. 坚持社会主义核心价值体系主导下的学生个性发展

新环境自由开放的空间和多样的表达方式,为大学生抒发情感、展示真实人格以及张扬独特个性提供了舞台和媒介。新媒体在拓展人的自主活动空间、赋予个体充分自由和选择权、增强主体精神和自我价值实现的同时,也会导致主体盲目追求个性解放与绝对自由,漠视权威、无视规则、忘却责任。因而,在个性化发展中牢牢把握社会发展方向和共同的价值规范,以建设中国特色社会主义核心价值体系来引领大学生的个性发展,促进个人和社会的相互促进和共同发展。

三、充分利用新媒体优势,拓展高校校园文化建设的新阵地

(一) 树立与新媒体传播特点相符合的教育理念

1. 注重针对性与时效性的教育理念

新媒体获取信息的便捷性和超时空性的特点,使得学校能够随时随地的掌握学生第一手的思想动态并针对不同传播对象运用相应的传播媒介进行教育引导,也能将群体教育与个别指导有机结合,切实提高教育成效。新媒体虚拟性使教育者能在潜移默化中以他者的身份进行引导,降低学生心理防备,其提供的个性化服务,如短信、QQ信息、私信等能有效地保护受教育者的隐私。根据"黄金24小时法则",事件在发布24小时内不能及时引导舆论,就会失去主导权,出现"舆论绑架",容易造成正面声音淹没在"口水"之中,因而教育者须注

重教育时效性，以最迅速的信息发布方式澄清事实，让客观、公正、权威的声音先入为主。

2.树立平等互助、疏导结合的教育理念

新媒体促进了平等文化发展，大学生主体意识愈发彰显。教育管理者摒弃单向灌输模式，取而代之要树立紧密结合新媒体规律的教育理念，树立教育平等观念，要树立教师主导下的学生主体意识，要树立个性化教学理念，构建起学生的自主性，促使其以主人翁姿态来学习。同时要树立学生主体的教育理念。教育者要尊重受教育者的主体地位和个性价值，使其尊重需要得到满足；要对受教育者充满信心，相信其经过教育引导必能成人成才，驰骋在社会大舞台；要相信学生的才能，鼓励其充分展现聪明才智；要理解大学生的现实需要和心理诉求，多换位思考，加强情感交流与支持；要关心大学生的生活近况和困惑迷茫并帮助其解决问题，走出困境；要宽容对待大学生，承认不同个体的真实存在及其差异，找寻原因，共同解决。

3.注意教育的吸引性和生动性的教育理念

新媒体的图文并茂、声像具备满足了人们的视觉享受，也为学校教育带来了变革，在教育内容上要保证其吸引人眼球，在教育方式上要注意其生动性，在教学语言上要有感染性。新媒体环境下的学校教育，需要多用生动典型的事例，多用鲜活通俗的语言，多用学生喜闻乐见、生动活泼的形式，多用疏导的方法，这样可以为大学生提供真实的表达效果、较强的感染力。

（二）加强新媒体与传统媒体融合与合作

新媒体具有信息海量性、高度开放性、互动兼容性等特点，而传统媒体具有充足的人力资源、内容的深度性和品牌说服力，促进新旧媒体的融合是发挥媒体合力的重要途径。新旧媒体无论是在传播形式和内容，还是在产品、服务和技术上都存在着差异，但其相互融合、优势互补已成为大势所趋。利用所长，有力推动新旧媒体的深度整合，将网络传播的时效性、海量性、互动性与校报、刊物、广播传播的权威性、深度性相结合。一是促进渠道融合，将广播、校报、电视等传统媒体融入新媒体上，把传统媒体的权威性和导向性发挥到校园网站和手机上来；二是传统媒体也要注意从新媒体上开发信息资源，寻求大学生关注热点进行深入解读，释疑解惑，增加关注度；另外，在传统媒体中融入新媒

第八章 高校校园文化创新与发展

体的及时互动性,大学生可以通过留言、评论方式对阅览内容发表看法和建议。通过新旧媒体融合,能扩大信息的传播面,达到信息增值的目的。

(三)开发教学软件和数据库

注意开发既符合时代要求又符合大学生身心特点的教育教学软件和数据库。新媒体环境下,教育管理者要重视网络教育资源的开发,创建有益于身心健康的数据库,紧跟高校校园文化建设的创新步伐。建立"网络教学平台和教学资源中心",精心设计和完善学习资源,发布电子图书、教学视频和相关文件,方便学生反复查阅和经常性学习,实现课堂教学和网络的有效互动,提升教学效果;建立涵盖国内外名师公开课、名人演讲、纪录片以及最新热门电影电视剧等的校园视频网络体系;加强图书馆数据库开发,既丰富学习资源,又要开发手机与图书馆的对接体系;开发和引进以学习为主题的教育游戏,在仿真的教学环境中,通过解决虚拟的复杂问题,激发学生兴趣,从而在潜移默化中达到教育效果。

(四)创建具有特色的主题教育网站

打造融思想性、知识性、艺术性、服务性于一体的主题教育网站,应集新闻中心、常规性栏目区、讨论区、综合服务区等于一体。最大化教育效果,既要注意把握先进性,做好典型宣传、热点透视和舆论引导工作,更要增强校园网站吸引力。网站内容要贴近学生生活实际,贴近师生网络文化需求;要资源丰富,信息客观多样,正反面的信息都有,引导学生学会辨别和自主地做出结论;要更新快捷,运行便捷;要形式多样,充满活力和吸引力;要设置议题,引发思考讨论并给出指引。保证网站内容健康积极,信息务实有用,形式直观新颖,提高受教育者的注意力、关注度和认同感,通过入眼、入耳达到入脑、入心的目的和效果。

网站建设需处理好网站内容的思想性、严肃性与学生要求的多样性、活泼型的矛盾。为了更好地传播、渗透和贯彻教育思想,就需用其他生动活泼的内容与形式去充实、渲染、陪衬和烘托。让网站"动"起来,即每天有信息和内容,网站首页必须设立新闻区,以重大的新闻焦点栏目、校园动态吸引人们访问;让网站"活"起来,即设立搜索引擎、建立多重链接、建立娱乐游戏、组织有奖回答、邀请名人做客、建立网络聊天室等激发浏览者兴趣;让网站"实"起来,即架起虚拟空间和真实空间的沟通桥梁,线上线下工作同步进行。

网上教育功能的实现离不开服务。要拉近大学生网民与教育网站的距离,就必须积极尝试网络教育功能与服务功能的综合配套,借助便捷的服务,增进大学生网民对其中所包含的教育内容的认同。教育者要树立起服务意识,通过开展网上心理咨询、开设网上毕业生就业服务系统和设置"校长信箱"等措施,提高网上服务水平,从而发挥网上教育功能。此外还应结合学生的需求建立"志愿服务网站""社团工作网站""勤工助学网站""心理导航"等与学生利益密切相关的网站,以服务学生。

(五)打造高速的互动交流和传播渠道

教育者要充分运用即时通信工具加强师生沟通,共同探讨有关学生思想、学习和生活所遇到问题,并通过经营网络空间和撰写文章等手段,以自身学术品格、人格魅力和高尚作风感召引领大学生。学校应积极和通信公司联合制定针对不同消费群体的手机报和校园版手机视频,以此来加强学生、教师和学校间的交流。利用新媒体工具做好品牌活动、精品示范课的宣传、导向和传播作用。在校园内建立导航体系来进行路径指引、展现校园风貌、分享学校建设成果,传递大学精神和理念。

在打造校园虚拟交流平台时,教育工作者要高度重视新媒体建设效果的评估,及时了解学生对校园新媒体的使用、接受和满意状况。青年学生喜欢接触新事物,习惯探索和创新,注意力和兴趣点易发生转移,从BBS的流行到QQ的风靡再到撰写博客的时尚乃至"微博"热。教育者要了解校园新媒体对学生的吸引力,根据新媒体技术的发展及时做出调整,不断打造新的新媒体平台,在利用新媒体开展信息的交流和沟通中吸引和凝聚青年学生,开展教育。

(六)开展新媒体文化活动

新媒体时代,以新媒体为依托,将新媒体文化建设与校园文化建设紧密结合,将新媒体文化纳入校园文化建设的总体布局中,营造出具有鲜明时代特征、独特个性魅力的校园文化环境。高校可开展诸如网络文化节、程序设计大赛、微视频创作大赛、感恩短信征集、拍客大赛、网络辩论赛等活动,既能提高学生对新媒体文化的审美力、鉴别力与防御力,又能丰富校园文化内涵,加强了"虚拟"与"现实"的联结,实现线上和线下教育有机结合,增强教育效果。以手机为载体开展的短信征集活动和以网络为平台开展的师德标兵评选、炒股大赛、网页设计大赛、微文征集等活动，构筑起了一道别具特色的科技文化风景线。同时，新媒体传播的即时性、兼容性与开放性，大大增强了校园文化活动的教育效果和社会影响力。

四、强化管理手段，优化校园文化网络环境

（一）建立配套的校园新媒体管理制度

为防止垃圾信息的侵入、病毒的传播和黑客行为的产生，规范网络行为主体，形成良好的网络环境。高校应建立和健全一套特殊的管理体制，如信息发布审批制度、校园网管理、检查、值班和汇报制度以及岗位责任制等，对不良信息进行严格审查，防止青年大学生不法行为的发生，确保校园信息安全和大学生理智上网。各大学网站的具体管理办法应互相借鉴，取长补短，不断完善，并将其制度化。

（二）加强对网络舆情的监控与引导

加强对网络舆情的监测、管理与引导，净化高校的网络环境。新媒体环境下，网络舆情日益成为影响大学生思想和行为的重要力量。高校网络舆情作为反映大学生思想动态的晴雨表，对于掌握突发事件动向、预警群体性事件发展、维护高校舆论稳定有着重要作用，因而要重视对网络舆情的监管。

首先，建立一体化的信息防控体系，建立防火墙，提高对信息流的防范过滤功能，阻截不文明信息在高校的传播，组建一支由师生员工共同组成的网络信息管理队伍，对教育对象进行实时关注和全程跟踪，通过技术监控、网上调查和思想预测等方式把握学生群体思想状况；其次，发挥网络管理中心的管理监督职能，对屡次散播反动信息、进行非法网络活动的终端使用者提出警告并进行教育引导，对散播的谣言及时发现、及时删除，并及时予以通报；再次，教育管理者要借助网络掌握学生的思想动向和关注焦点，对网络敏感信息汇总并预判其发展趋势，要及时发布信息，对各种不良观点加以阐释，对各种不良情绪加以疏导，把有关思想问题消灭在萌芽状态，做好高校舆情的澄清和引导工作；最后，要设置"意见领袖"，选拔思想素质高、网络技术好的人员来担任，在网络交流中经常引发讨论，发表独到见解，做出个性评论，引发共鸣，建立

起一批"粉丝群"，发挥集群效应，建立网络评论员队伍，站在学生角度客观评价、公正答复，从而引导舆论方向。

第三节 高校校园文化发展趋势

大学是社会主义精神文明建设的重要阵地，高校校园文化随着社会文化的变迁以及自身规律的发展，不断地发展着。但无论外部环境和内部环境如何变化，高校校园文化创新都是一项永恒的工作。

一、大力发展创新创业教育

当前，我国正加大力度发展创新创业教育，以满足建设创新型国家、增强我国竞争力、提高教育教学质量、缓解就业压力等需求。开展创业教育，不仅需要构建适合不同类型高校的创业模式，更重要的是在大学文化层面上形成创业理念、创业氛围，从而使创业的思想与大学的使命、大学的办学理念大学的人才培养目标融合在一起。

当前在我国大力实施创新驱动发展战略，推动大众创业、万众创新的大背景下，创新创业教育有了更加深入的发展。全国高校掀起了创新创业教育的大潮，从完善人才培养质量标准、健全创新创业教育课程体系，到强化创新创业实践、加强教师创新创业教育教学能力建设、改进学生创业指导服务等各个方面，各高校都出台了实施办法和细则。这对于深入推进创新创业教育，对于建设创新型国家，实现中华民族伟大复兴的中国梦具有十分重大的意义。

校园文化建设与创新创业教育相辅相成。一方面，良好的校园文化有助于学生创新创业能力的提高，学校开展的各类科技创新活动、竞赛和创业论坛等，使更多的学生有机会参与到创新创业活动中去，使学校创新创业的氛围更加浓厚。良好的校园文化可以将创新创业教育的目标和内容外显化、物质化、行为化，落实在具体的、微观的教育教学的运作过程中，体现在教师和学生的行为中。另一方面，通过学校创新创业教育的开展，进一步提高学生创新创业能力，更有助于推动校园文化的建设和发展，如具有某方面创新创业能力的学生群体，能够催生和带动某些方面或领域的校园文化活动的开展，在校园文化建设中激发新的发展因子，进一步繁荣校园文化。因此，应加强创新创业教育，提高学生的创新能力、创业素质，形成创新创业意识和精神，为校园文化注入生机和活力。

二、"文化+"对校园文化建设提出新要求

大学作为思想最活跃、最富有创造力的学术殿堂，是新思想、新知识和新文化的摇篮，以其独特的气质来引导人们超越时代和社会的局限，以科学长远的前瞻意识筹划未来，理应成为引领文化发展的一面旗帜。新媒体的发展使得校园网成为了当今高校校园文化发展和传播的重要平台。目前，我国大部分高校开始重视对自身校园主网络的建设，为校园文化开辟了网络宣传阵地。借助校园网络这一便捷平台，各大高校之间的横向互动交流逐渐增多，有助于各高校之间相互吸收他家之长，推动了自身校园文化的多样化创新发展。新媒体环境为校园文化与社会文化提供了频繁接触的机会，高校校园文化逐渐由半封闭状态走向全面开放。

"文化+"是近年来兴起的一个新概念，从本质上讲，就是文化产业的跨界合作与融合。"文化+"是指文化更加自觉、主动地向经济社会各领域渗透，其核心是赋予事物活的文化内核、文化属性、文化精神、文化活力、文态和文化价值，为事物植入文化的基因。

"文化+民族"，为民族注入凝聚力、向心力和内生力；"文化+社会"，使人类社会智慧能动、有机有序、不断进步；"文化+中国"，推动"中国制造"走向"中国创造"；"文化+城市"，使城市成为智慧的家园；"文化+产业"，搭建起产业攀升的云梯，为旧产业和夕阳产业注入新的活力，催生新产业、新创意、新业态，促进文化产业发展繁荣；"文化+N"，拓展无限空间，注入无穷潜力，催生出无尽的创意创新创造。可见，"文化+"把文化提到了前所未有的高度，将其作为一切事物可持续健康发展的根基；同时，文化是一种软实力，"+"什么，怎样"+"，实质上就是一种创新，从这个意义上讲，"文化+"更是一种新思维，是创新驱动发展的生动诠释。在实践中，全国各地都在进行着"文化+"的有益探索，如"文化+城市""文化+科技""文化+金融"等。这些探索以文化为引擎，不断提高各领域发展的层次和水平，形成了新的发展特色和亮点。

高校校园文化应当有更加强烈的文化自信和文化自觉，对自身提出更高要求，不断提升建设的层次和水平，在"文化+"的发展中发挥更大作用。一方面，从精神文化、制度文化、行为文化和物质文化等各方面提出更高要求，对于低层次、杂乱无序的文化建设和活动要大胆取消，整合资源，打造校园文化精品，形成特色和优势，全面提升校园文化水平，以高雅的校园文化吸引和熏陶师生员工，使校园文化成为学校发展之魂，成为学校永不衰竭的力量源泉。校园文化的层次只有更加高端，内容更加丰富，才能得到师生员工的欢迎，才能真正发挥其引领作用，才能在"文化+"中发挥更大作用。另一方面，校园文化的建设要主动融入师生员工，要主动渗透到学校发展的各个方面，包括科学研究、课堂教学、产学研合作、社会实践、科技竞赛等，从而形成"文化+科学研究""文化+科技合作""文化+社会实践"等。提升校园文化建设的层次和水平，不是脱离实际的自我发展、自我陶醉，而是必须扎根于师生员工，结合他们的需求，结合学科建设、科技合作、课堂教学等工作实际，使各方面工作能够发挥文化的引擎作用。只有这样，校园文化的发展才有根基，才能保持旺盛的生命力。

三、"互联网+"为校园文化建设注入新活力

网络的技术条件给教育提供了更加丰富的内容和形式，同时，通过教育者与受教育者的网络活动与交流，将教育理念融入网络环境中，影响和指导受教育者的主体性形成，能够以一种开放式、互动式的手段引导受教育者主体性的有效发挥。

当校园文化遇到"互联网+"时，就为校园文化建设开拓了一片更加广阔的天地。利用"互联网+"思维，有的高校打造出"互联网+"思想教育、"互联网+"文体活动、"互联网+"学生服务、"互联网+"社会实践等，易班、中国大学生在线等网络社区和平台使全国各高校的大学生聚合在一起，增进了大学生的交流和沟通。这些创造性的行为高度契合了"互联网+"的理念和思路，适应了时代发展的趋势，满足了广大师生员工的需求。

可见，互联网进一步扩大了校园文化的活动空间和覆盖面，使校园文化的科技含量大大提高。网络拓展了学生接受知识的范围和途径，使参与式、启发式教学真正成为可能，使终身学习成为发展趋势。网络可以为使用者提供近乎无限的资源空间，借助网络能充分展示丰富多彩、声形并茂的校园文化，使抽

第八章　高校校园文化创新与发展

象的东西具体化，增强校园文化的吸引力和感染力。同时，互联网丰富的信息和传播渠道，也为校园文化的建设提供了便捷，学校可以根据校园主导精神和网络特点，精心策划并开展丰富多彩的网上才艺表演、交流、讨论等活动。同时，利用网络开辟培养学生创新能力的空间，建立科学创意乐园，利用微博、微信等新型网络传播工具，传递具有知识性、趣味性的信息，激发学生的青春活力和才学，发挥学生的创新能力，不断优化艺术文化，进一步促进校园文化建设。

"互联网+"还为校园文化建设注入了新的活力，也进一步丰富了校园文化建设的内涵和外延。同时，作为校园文化的一项重要内容，网络文化的地位更加凸显，在这样的背景下，如何利用好、建设好网络阵地，开展好网络法制宣传、网络文明教育、大学网络道德教育等问题越来越引起人们的重视。健康、合理、高效的网络应用，能够对大学生思想教育、专业学习和文化引导发挥积极的重要影响；反之，如果学校不能很好地管理和引导学生用好网络，导致学生沉迷网络不能自拔、受到不良思想侵蚀甚至走上歧途，就会对学生造成极大的危害。

网络化是现代高校校园文化发展的一个重要发展趋势。高校校园文化深受新媒体各优势的影响，不仅需要加大在校园物质文化建设中投入人力、物力，不断完善各类新媒体基础设施建设，使其符合网络化发展需求，更要辩证地看待新媒体环境对现代高校校园文化的影响，加强高校校园管理文化中的管理工作，在校园制度文化建设中引进网络技术加以监管校园文化中出现的不良现象。因此，在现代高校校园文化的整体规划中，高校应始终坚持建设与管理并重的原则，充分发挥校园里各部门自身的职能，共同积极投身到高校校园文化建设的实践中。高校从单一的教学模式逐步向构建网络环境下的多方参与的立体化模式转变。

因此，"互联网+"对校园文化建设而言既是机遇，也是挑战，但前进的趋势和方向已定，高校必须张开怀抱，大胆拥抱互联网，在这片新的天地加快推进校园文化的发展。

参考文献

[1] 梁晓珊. 高校校园文化建设 [M]. 长春：吉林人民出版社，2021.

[2] 蔡静俏，袁仁广. 高校校园文化建设与发展研究 [M]. 长春：吉林文史出版社，2020.

[3] 周国桥. 高校校园文化建设管理研究 [M]. 天津：天津科学技术出版社，2018.

[4] 闫婕. 网络环境下高校校园文化建设研究 [M]. 长春：吉林人民出版社，2020.

[5] 贾霄燕. 高校校园文化建设探索 [M]. 石家庄：河北人民出版社，2015.

[6] 郭广银，杨明. 新时期高校校园文化建设的理论与实践 [M]. 南京：南京大学出版社，2007.

[7] 赵翔，张博. 高校校园文化建设的多维度探究 [M]. 西安：西北工业大学出版社，2020.

[8] 王艳红. 高校校园文化的构建及发展研究 [M]. 长春：吉林出版集团股份有限公司，2020.

[9] 张文俊，张茜，高汝男. 高校校园文化与就业创业管理 [M]. 长春：吉林出版集团股份有限公司，2020.

[10] 冯刚，孙雷. 新时代高校校园文化建设概论 [M]. 北京：光明日报出版社，2018.

[11] 汤瑞.德育功能背景下高校校园文化建设研究[M].北京：北京工业大学出版社，2018.

[12] 倪铁军.校园文化建设的理论与实践[M].北京：光明日报出版社，2019.

[13] 秦慧媛.高校校报创新发展与校园文化宣传[M].长春：吉林人民出版社，2019.

[14] 王炳堃.高校大学生管理教育与校园文化建设[M].长春：吉林出版集团股份有限公司，2020.

[15] 傅琴.高校校园艺术文化研究[M].武汉：中国地质大学出版社，2016.

[16] 王路江.冲突与融合：多元文化背景下的高校校园文化建设[M].北京：北京语言大学出版社，2010.

[17] 张静.新时期高校校园文化建设的新探索[M].天津：南开大学出版社，2010.

[18] 张理华.高校图书馆与校园文化建设研究[M].北京：台海出版社，2018.

[19] 吕开东，张彬.高校学风建设与校园文化融合发展研究[M].北京：光明日报出版社，2018.

[20] 陶元.文化自信引领高校校园文化建设研究[M].北京：中国原子能出版社，2020.

[21] 王东.新时代高校校园文化建设研究[M].沈阳：辽宁大学出版社，2019.

[22] 刘维娥.高校校园文化论[M].北京：中国书籍出版社，2014.

[23] 卢友锋.高校校园文化建设与德育融合研究[M].北京：北京工业大学出版社，2018.

[24] 陈文丽.高校校园文化与就业创业管理[M].北京：社会科学文献出版社，2018.

[25] 贾露露.昆明理工大学校园文化伴手礼创意设计[D].昆明：昆明理工大学，2021.

[26] 张景璇.基于校园文化建设的大学校园规划设计策略研究[D].南京：东南大学，2020.

[27] 唐万辉.新时代大学校园文化的思想政治教育功能研究[D].西安：陕西师范大学，2020.

[28] 刘佳.大学校园网络文化的育人功能及实现路径研究[D].沈阳：沈阳师范大学，2020.

[29] 刘芳."双一流"视域下我国大学校园文化建设研究[D].合肥：安徽大学，2020.

[30] 吴婧.促进校园文化传播的高校博物馆空间设计研究[D].上海：上海师范大学，

2020.

[31] 吴凯.大学校园文化符号导视系统设计研究[D].大连:辽宁师范大学,2020.

[32] 王艺菲.校园文化传承视角下的大学新校园语言景观研究[D].南宁:广西大学,2019.

[33] 林鑫.当前大学生主流校园文化认同研究[D].大连:大连理工大学,2019.

[34] 谢雨晴.基于高校校园文化的IP形象设计研究[D].武汉:武汉工程大学,2019.

[35] 张爽.高校文化创意产品的情感化设计研究[D].长沙:湖南师范大学,2019.

[36] 张子杨."仁爱"思想融入高校校园文化建设研究[D].郑州:华北水利水电大学,2019.

[37] 李恩.移动互联网背景下大学校园文化载体建设研究[D].武汉:华中师范大学,2019.

[38] 韩娇娇.新时代大学校园文化育人现状与对策研究[D].武汉:华中师范大学,2019.

[39] 吴帆."环境育人"视角下校园文化景观提升设计研究[D].厦门:厦门大学,2019.

[40] 张明,王拓.产教融合校企合作:应用型大学校园文化建设的"道"与"术"[J].邢台学院学报,2022,37(2):156-159,164.

[41] 韩放,徐静,张路.融合校园文化的高校图书馆导向标识设计探析:以大连理工大学图书馆书架标识为例[J].艺术与设计(理论),2022,2(5):52-54.

[42] 周乐乐,李屹楠,李瑞婷,等.校园植物景观营造文化空间应用探究:以中国科学技术大学为例[J].安徽农学通报,2022,28(7):76-79,96.

[43] 赵宝磊.新时代背景下开放大学档案建设与校园文化传承关系的思考[J].天津电大学报,2022,26(1):30-33.

[44] 负艳培.美育视角下应用技术型民办高校校园文化建设研究[J].文化产业,2022(7):154-156.

[45] 双羽,易险峰,张艳武,等.高校校园文化类思政实践资源体系构建:基于中南大学"书香中南"阅读素养教育[J].科教导刊,2022(6):72-75.

[46] 裴韶华,王玮.校园文创产品设计的创新思考:以南京林业大学为例[J].美术教育研究,2022(3):82-83.

[47] 吕朋霞.浅析当前大学校园流行的青年文化现象与背后折射的青年思想动向[J].

科教文汇，2022（3）：39-41.

[48] 吴福茹. 校园文化建设促进大学生思想政治教育路径探究[J]. 宿州学院学报，2022，37（2）：14-16，65.

[49] 康雁冰. "八化"：社会主义核心价值观融入大学校园文化建设的有效方式[J]. 广西教育学院学报，2022（1）：113-118.

[50] 龙穗，王玮. 基于视觉和特色化理论的校园导视系统设计——以南京理工大学为例[J]. 美术教育研究，2022（2）：94-95.

[51] 杨堃. 关于校园公共空间艺术的研究[J]. 大众文艺，2021（22）：45-46.